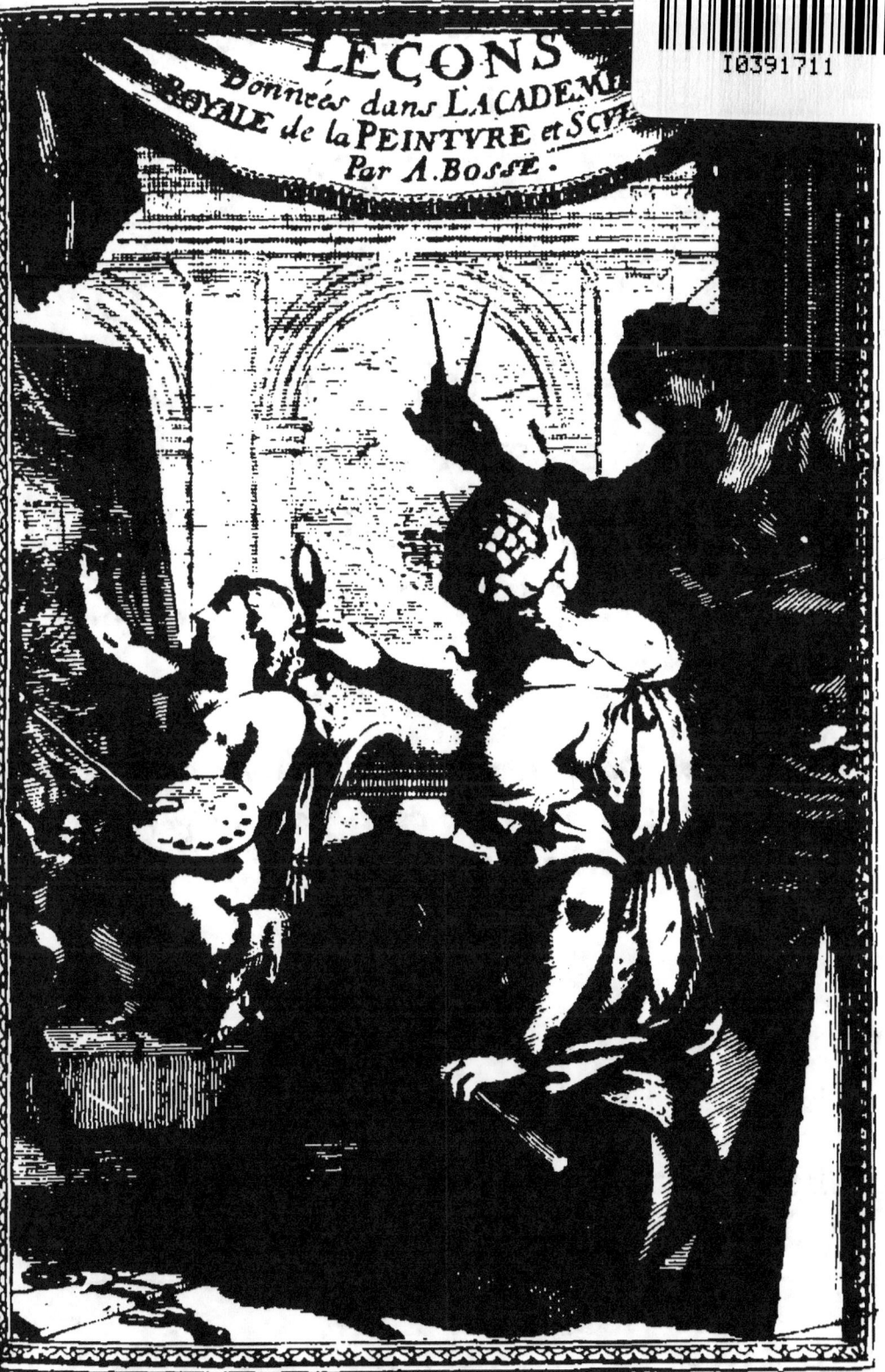

TRAITÉ

DES

PRATIQVES

GEOMETRALES

ET PERSPECTIVES,

ENSEIGNÉES

DANS L'ACADEMIE ROYALE

DE LA PEINTVRE ET SCVLPTVRE.

Par A. BOSSE.

Tres utiles pour ceux qui desirent exceller en ces Arts, & autres, où il faut employer la Regle & le Compas.

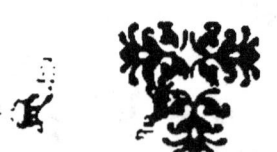

A PARIS,

Chez l'Auteur, en l'Isle du Palais, sur le Quay vis à vis celuy de la Megisserie.

M. DC. LXV.

AVEC PRIVILEGE DV ROY.

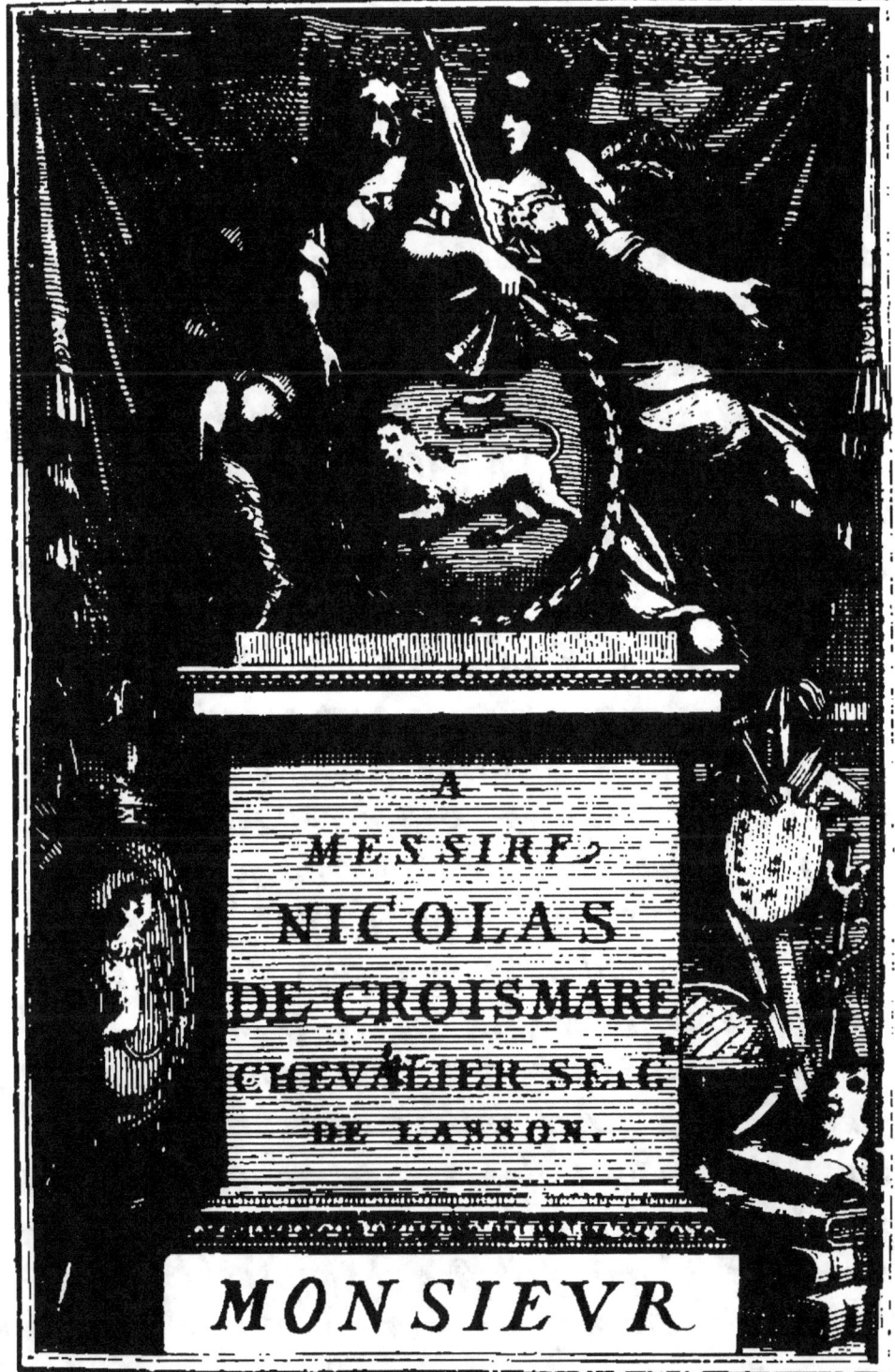

A
MESSIRE
NICOLAS
DE CROISMARE
CHEVALIER Sei.G.
DE LASSON.

MONSIEVR

Pour vous témoigner en ce que je peux la
reconnoissance que j'ay de l'honneur de vostre

ā ij

EPISTRE.

amitié, je prendray la liberté de vous presenter ce Traité des Leçons que j'ay données en l'Academie : Et comme vous sçavez les matieres dont il traite à fonds non seulement par theorie, mais aussi par pratique, & que vous m'avez mesme conseillé de le donner au Public, comme luy estant utile ; parce qu'il prepare à ceux qui veulent s'attacher à la Peinture un chemin facile & asseuré pour parvenir à la juste representation des objets ; j'ay crû qu'il ne manqueroit rien à cet Ouvrage pour le rendre accompli, que de paroistre sous les auspices de vostre nom, qui quoy que fort connu par l'antiquité de vostre noblesse, ne l'est pas moins par vostre vertu & vostre capacité dans les Sciences & dans les Arts, dont je peux dire, MONSIEUR, que vous sçavez si parfaitement les dépendances mutuelles & les secours qu'elles empruntent les unes des autres, qu'il seroit à souhaitter que vous eussiez plus de vanité, pour faire valoir davantage les talens que vous possedez, parce que plus de monde en profiteroit ; & cela me fait ressouvenir de ce que l'illustre Monsieur le Poussin vous a dit plusieurs fois ; CHE NON VI MANCAVA ALTRO CH'UN POCO DI NECESSITA ; d'autant que le besoin vous eust obligé de vous communiquer plus que vous

EPISTRE.

ne faites. Vous me pardonnerez bien, MON-
SIEUR, la liberté avec laquelle je parle, puis
que je sçay que vous estes ennemy des sentimens déguisez & flateurs. C'est sur ce fondement que je finiray, en vous asseurant que je
suis,

MONSIEUR,

Vostre tres-humble & tres-
obeïssant Serviteur,
A. BOSSE.

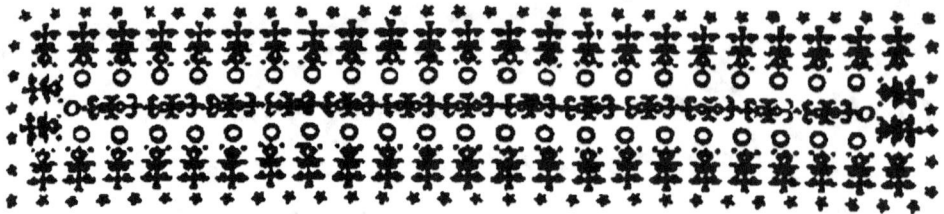

AVANT-PROPOS,

*Lequel avec la Table qui suit sert d'avertisse-
ment pour ce qui est contenu en ce Traité ; afin
que chacun suivant son desir puisse aller d'a-
bord à la pratique, & aux autres particularitez.*

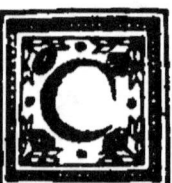OMME de tous les Arts celuy de la Perspective,
Pourtraiture ou Peinture est le plus industrieux,
& dont les ouvrages bien executez donnent plus
de satisfaction aux yeux & à l'esprit ; aussi ceux
qui s'étudient à le perfectionner & en faciliter la
pratique, n'obligent pas peu les Curieux qui en connoissent les
beautez, ou qui desirent les apprendre.

C'est d'eux particulierement que feu Monsieur Desargues a
merité cette reconnoissance, qui par son grand sçavoir en la
Geometrie a découvert cette facile & universelle pratique de
Perspective ; & l'a portée à ce point, de ne pouvoir estre plus
universelle, plus precise, ny plus aisée à concevoir & à executer : ce qui seroit bien hardy à avancer, si la demonstration &
l'experience ne le prouvoient si clairement, qu'il n'y a plus lieu
de le contester.

Il est vray que quelques Praticiens peu éclairez ont voulu,
& veulent encore faire croire, que ces Regles troublent & fa-
tiguent l'imagination, & mesme qu'elles empeschent les belles
idées ; Mais ils ne s'apperçoivent pas que leur opinion n'est
fondée que sur les mauvaises habitudes qu'ils ont contractées
par des pratiques fautives & tastonneuses, desquelles ils ne se
peuvent départir. Cela ne merite pas d'estre icy refuté plus au
long, je le feray dans la suite de ce Traité, où donnant les pre-

eeptes de cette pratique, je marqueray les défauts de la mauvaise, ausquels celuy-cy remedie : Mais à present, il me suffit d'alleguer pour marque de son excellence, sa conformité avec le geometral, & l'estime qu'en ont faite Messieurs de l'Academie Royale de la Peinture & de la Sculpture de cette Ville, qui l'ont proposée à leurs Eleves ou Etudians, comme la plus avantageuse ; députant deux d'entr'eux pour me convier à leur aller expliquer à mes heures de loisir cette maniere, que j'avois estenduë en tous ces chefs dans un premier Volume tres-ample pour tous les Tableaux plats, & depuis en un second pour les Voûtes & superficies irregulieres.

I'entrepris donc à la solicitation de ces Messieurs d'en donner des Leçons en leur Academie, & ay sujet de croire que mon travail a esté utile au Public, puis qu'il leur a esté agreable, & que peu de temps apres ils m'agrégerent à leur Corps par une Lettre que j'ay mise à la fin de ces Leçons, pour leur en témoigner ma reconnoissance, ne mettant pas en compte pour tout ce Corps ce qui m'a obligé de m'en retirer, lequel j'ay déduit dans un Livret imprimé en 1662.

Continuant donc mes Leçons à diverses reprises, je mis en lumiere mon second Volume de la Perspective pour les Tableaux ou Superficies courbes, irregulieres & inclinées ; Mais ayant reconnu que la pluspart de nos Etudians ne pouvoient pas s'en acquerir une parfaite connoissance, à cause de ce qu'ils ne sçavoient desseigner qu'à veuë d'œil, & encore incorrectement, & qu'ils n'avoient aucuns principes de Geometrie, ny de la representation en geometral, qui sont les premiers fondemens de la Perspective ; je témoignay à la Compagnie le besoin que les Etudians avoient d'entendre ces principes, & l'utilité qu'ils en tireroient : Sur quoy la Compagnie me témoigna que je l'obligerois beaucoup de les enseigner dans l'Academie, & d'expliquer à ses Etudians tout ce que je croyois estre necessaire pour leur Art.

C'est ce qui m'obligea à faire les Leçons que je mets à present en lumiere dans le mesme ordre que je les ay données en l'Academie, ausquelles j'ajoûte des remarques sur les fautes que plusieurs commettent pour n'entendre pas le geometral & le perspectif. Ie parle aussi de la maniere de bien desseigner & peindre à veuë d'œil d'apres le naturel, afin que l'on ne tombe pas dans l'erreur ordinaire de desseigner & peindre comme

l'œil

l'œil voit ; mais faire en forte que ce que l'on fera fuivant les regles que je donne, faffe à l'œil du Regardant la mefme vifion que le naturel, veu d'une pareille diftance & élevation d'œil.

I'efpere que ce Traité fera auffi bien receu que mes autres, puis que je ne crois pas avoir rien obmis de ce qui peut fervir à la pratique du geometral & du perfpectif.

Ie diray donc pour finir cet Avant-propos, que de toutes les manieres de pratiquer la Perfpective celle de Monfieur Defargues eft la plus fimple, la plus prompte, la plus facile & la plus univerfelle.

Et avertiray ceux qui ont leû & entendu le Difcours qui eft au commencement de ma premiere Partie de la Perfpective, qu'ils peuvent aller d'icy au IV. Chapitre de ce Traité, à caufe que les trois qui le precedent contiennent un abregé de plufieurs particularitez qui y font, lefquelles ayant leuës & expliquées à nos Etudians, j'ay crû les devoir reïterer, puis qu'ils font à mon fujet. Et pour d'autres qui voudront d'abord en venir à la pratique, ils n'auront qu'à commencer à la premiere Leçon qui eft au X. Chapitre, puis aux Eftampes ou Figures : ce qui pourtant ne les doit pas empefcher de voir en fuite ceux qui le precedent, puis qu'il y a des chofes tres neceffaires de fçavoir que l'on n'a pû mettre dans les difcours des Figures manque de place.

L'impreffion m'ayant laiffé quelques pages vuides d'un cahier, j'ay jugé à propos de les remplir de ce qui fuit, pour répondre à quelques difcours qu'on a faits depuis peu.

Premierement, je maintiens qu'il eft abfolument neceffaire à un Peintre & Deffeignateur, de fçavoir parfaitement la Geometrie dont il a befoin en fon Art.

Secondement, que le contenu aux pages 264. 270. 271. 272. 273. 278. 279. 280. & 281. de ma premiere Partie de la Perfpective qui concerne la Geometrie, eft de demonftration : Mais comme cette demonftration m'a fait remarquer, & à plufieurs autres, beaucoup de fautes dans des ouvrages, cela a foûlevé contre moy une cabale, laquelle loin de profiter de mes remarques, a voulu demeurer dans l'erreur, & m'accufer d'avoir enfeigné de folles, fauffes & erronées doctrines dans l'Academie ; afin de détourner par ces impoftures la jeuneffe de ladite Academie d'apprendre les vrais principes de l'Art, de crainte qu'elle ne devint trop clair-voyante.

Troisiémement, on ne peut me blasmer de parler du merite de l'Architecture & Sculpture; mais bien ceux qui s'y oppo-sent par leurs nouveautez, puis que nous sommes encore à voir qu'on aye pû ajoûter à la perfection des trois beaux Ordres DORIQUE, IONIQUE & CORINTHIEN.

Et en quatriéme lieu, je diray que si la *Perspective* fait voir à l'œil des dépravations aux Tableaux & Desseins, le naturel en fait le mesme, & c'est en ignorer le fonds que d'y trouver à redire; car le but de la Perspective est de representer les objets en sorte qu'ils fassent à l'œil le mesme effet que le naturel: mais il est du jugement de celuy qui entreprend des ouvrages de ne les faire pas d'une si grande étenduë que l'œil ne les puisse embrasser commodément d'une seule œillade: Cela me fait dire qu'il est bien dangereux à une personne qui se met dans le chemin de la Peinture, de rencontrer pour guides & pour Maistres des gens dont le goust est assez dépravé pour trouver des dépravations dans la Perspective, que l'on sçait avoir une alliance si étroite avec la Geometrie.

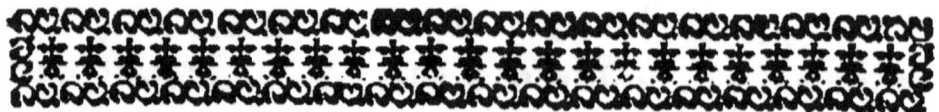

EXTRAIT DV PRIVILEGE
du Roy.

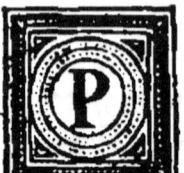 AR grace & Privilege du Roy, donné à Saint Germain en Laye le troisiéme Novembre mil six cens quarante-deux ; Signé, Loüis : Et plus bas, Sublet : Il eſt permis à A. Boſſe, de la Ville de Tours, Graveur en Taille-Douce, de graver, faire graver & imprimer ; vendre, faire vendre & debiter par telles perſonnes qu'il verra bon eſtre, en tous les lieux de noſtre Royaume ; tous les Deſſeins en Pourtraiture qu'il deſſeignera de ſon invention, ou qu'il aura recouvrez de l'invention de quelque autre ; Enſemble tous Traitez concernans les Arts & Sciences dont ledit Boſſe pourroit à l'avenir tracer les Figures & dreſſer les diſcours de ſon invention, ou d'autres ; & ce durant l'eſpace de Vingt années, accomplies du jour de l'achevement de la premiere Impreſſion : Et deffences ſont faites à toutes perſonnes de graver, faire graver, imprimer, vendre, debiter ny diſtribuer durant ledit temps en aucuns lieux du Royaume, aucune choſe gravée ou imprimée, qui ſoit extraite, copiée, contrefaite, imitée en tout ou en partie d'aucun deſdits Ouvrages dudit Boſſe, ſans ſa permiſſion, ou de ceux qui auront droit de luy ; à peine contre les contrevenans de Trois mille livres d'amende, & confiſcation de tous Exemplaires. Le tout comme il eſt plus amplement declaré dans leſdites Lettres ; verifiées & regiſtrés, oüy Monſieur le Procureur General en la Cour de Parlement, le douziéme jour de May mil ſix cens cinquante-trois. Signé, Guyet.

Fautes d'impreſſion reconnuës en ce Traité.

PAge 9. ligne 32. liſez Il faudroit donc : *Et à la fin de la derniere ligne. liſez* mais je renvoye : *Page* 17. *ligne* 15. *liſez* Planches 64. & 65. Page 49. *Planche* 1. *on a oublié de mettre pour titre à ſon diſcours*, Definitions tirées d'Euclide : P. 51. *l*. 5. *liſez*, ligne qui eſt : P. 54. *l*. 27. *liſez*, en cette Planche & diſcours une des maximes : P. 62. *l*. 3. & 7. *liſez*, Eptagone : P. 74. *l*. 9. *liſez*, pentagonal : P. 80. *en bas l*. 3. faut 5 O. *n* 2 : P. 81. *l*. 14. *liſez*, du point 2. *Lignes* 29. 30. 31. & 51. *ſans* F *pour* E : P. 89. *l*. 6. *du bas*, *ſans* E Q 1 : P. 93. *l*. 21. & 24. faut ſſſ en lieu de ſ 3 3 : P. 95. *l*. 21. *ſupprimez* une toiſe 5. pieds : P. 96. *l*. 29. 100 pour *100* : P. 98. *l*. 17. *liſez*, à leur toiſe, &c. *puis aux* 2. *lignes d'embas au commencement*, *liſez* ce *pour le*, & le *pour* ce ; *puis en cette derniere ligne faut* I M *pour* V M : P. 100. *l*. 39. C V B *pour* C V D : P. 101. *l*. 3. *en bas*, *liſez* peindroient *pour* prendroient : P. 104. *l*. 15. g h t pour g h i ; *l*. 18. F Q R G.

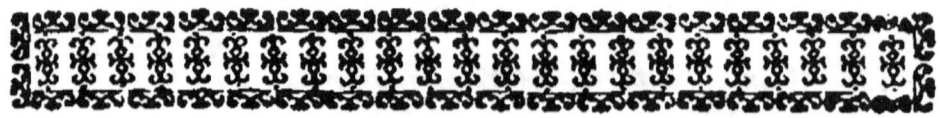

TABLE DES MATIERES
CONTENVÉS EN CE TRAITE',
Tant par difcours, que par Figures.

ẽ iij

POVR LES PLANCHES ET FIGVRES

Qui ont à costé leur discours d'explication.

D ANS la premiere Planche, & jusques à la sixiéme, Est contenu les définitions tirées des Elemens geometriques du premier Livre d'Euclide.

De la 6. jusques à la 14. Est contenu ce que j'ay tiré du troisiéme, quatriéme & sixiéme d'Euclide, qui estoit necessaire à mon sujet.

De la 15. à la 17. Sont les définitions & noms du Solide, & de ses superficies & lignes, tirées de l'unziéme d'Euclide.

De la 18. à 19. Pour faire concevoir les Solides desseignez geometralement & perspectivement par le dévelopement ou abattement de ses superficies sur le plan d'assiette ou niveau.

De la 20. à 25. Deux manieres de representer des Solides geometraux seuls, & aussi d'élevez les uns sur les autres.

De la 26. à 29. Pour representer les lignes & les superficies & solides geometraux élevez & inclinez sur le plan d'assiette ; & le moyen d'en faire leurs plans par les profils, & en suite les varier de position ou situation.

De la 30. à 37. La maniere de trouver les places des jours, ombres & ombrages geometrales causées par la lumiere du Soleil, sur les solides & autres superficies qui les peuvent recevoir, soit qu'elles soient plattes ou courbes, à plomb ou inclinées au plan d'assiette.

La 38. Le moyen de trouver dans le Tableau la place du Soleil, lors qu'il s'y peut rencontrer.

La 39. La pratique de trouver la place des jours, ombres & ombrages à la lumiere du Flambeau ou Lampe, tant sur les solides geometraux que perspectifs.

La 40. & 41. Pour la reflexion des objets les uns contre les autres, & aussi leur representation dans l'eau.

La 42. & 43. Deux manieres de copier une Figure égale & semblable à une autre Figure donnée de position, & le

TABLE DES MATIERES.

Quelques particularitez qui peuvent estre en quelque sorte necessaires & utiles.

FIN DE LA TABLE.

CHAPITRE

CHAPITRE PREMIER.

Ce qui est necessaire de sçavoir pour un travail de la main.

VANT que d'en venir à la pratique effective de la main, il est necessaire de sçavoir plusieurs choses que je mets dans ce Chapitre, qui sont en partie comme j'ay dit tirées de mon premier Volume de la pratique de la Perspective, tant de *l'Avant-Propos* que d'autres discours qui s'y trouvent, depuis le premier Chapitre jusques au quatorziéme, d'autant qu'elles peuvent toutes seules, donner de tres-grandes lumieres, sans avoir entendu ny la Pratique du Geometral, ny celle du Perspectif, à reconnoître & se corriger d'une quantité de fautes, que plusieurs Praticiens de renom commettent en leurs ouvrages; Et le tout bien souvent, sans penser ny sçavoir les commettre, ny les avoir commises.

Il faut donc remarquer d'abord; Qu'en ce qui est des ouvrages faits de la main, quand on les veut entendre à fond, il y a *trois choses* à distinguer l'une de l'autre, afin de ne s'y pas méprendre.

La premiere, *Ce que l'on a à faire.*

La deuxiéme, *Les moyens de le faire.*

Et la troisiéme, *De le faire effectivement.*

Or ce que l'on a *à faire*, est indubitablement ou de choix ou d'obligation.

Et *les moyens de le faire*, viennent ou bien à force de rechercher en tastonnant, ou bien à force de raisonner avec connoissance de cause.

Et que pour *le faire effectivement*, cela consiste en l'operation actuelle de la main. Quand ce que l'on a à faire est d'obligation, il n'y a rien ce me semble à determiner ny à éziter.

Et quand il est de choix, je ne voy pas que pour y bien réüssir, il y ait encore des regles inviolables, puis que ce qui agrée à l'un n'agrée pas souvent à l'autre; Et qu'en matiere de plaire

A

au fens, les gouts ou fentimens font bien differens, & l'accoû-
tumance à une mode ou à un ufage eft une grande piece.

Mais comme je ne pretendois pas traiter de ces chofes dans
l'Academie, ny de plufieurs particularitez qui font dans mon
premier Livre de Perfpective, je me contentay feulement de
leur dire, que la plufpart d'entr'eux, & de ceux qui fe meflent
de pratiquer la Perfpective ou Pourtraiture, fçavent bien qu'il
y a deux manieres d'y proceder.

L'une, à force de deffeigner en taftonnant à la veüe du naturel ou modelle, fans autre conduite que l'œil qui eft fort fujet
à fe tromper, & fans fçavoir la raifon demonftrative de l'effet
que l'ouvrage pourra faire eftant achevé, & que cette maniere
fe nomme *de Pratique.*

L'autre, en travaillant par regle avec conduite & connoiffance de caufe ou raifon de l'effet qu'aura l'ouvrage, laquelle maniere eft celle qu'on nomme travailler en *Perfpective.*

Et il n'y a pas beaucoup de fujet d'étonnement de ce que ces
manieres de pratique de Pourtraiture foient toutes deux en
ufage, mais bien de ce qu'elles ne font pas également familieres à chaque Peintre & autres Deffeignateurs, à caufe qu'elles
font enfemble tellement neceffaires pour avoir moyen d'amener une reprefentation de quelque chofe que ce puiffe eftre au
plus prés du poffible, qu'avec l'une d'elles tant excellente qu'on
la fçauroit imaginer, & fans l'autre on n'eft avancé qu'en partie en cét Art, & l'on n'y fçauroit exceller autant qu'il fe peut.

Car à moins de s'eftre bien exercé dans la pratique de la
Pourtraiture, l'on ne peut dire qu'aucun aye jamais eu l'œil
& la main, dreffez & façonnez à l'execution d'un femblable
ouvrage, & l'on peut dire hardiment là deffus, qu'il n'y a
point d'ouvrier en cét Art, fans un grand exercice dans cette
pratique ; Et d'ailleurs il eft tres-conftant, que fi l'on n'a premierement conçeu comme j'ay dit, *ce que l'on veut faire,* &
fçavoir le moyen de s'y prendre pour y parvenir ; & de plus,
fçavoir la raifon de l'effet qu'on veut que l'ouvrage faffe à
l'œil, on n'y fait que taftonner à l'aventure, fans pouvoir eftre
affeuré du fuccez d'aucune chofe, dont l'on peut hardiment
prononcer là deffus, qu'il n'y a point d'excellent Maiftre en
cét Art, tant foit il grand Praticien de routine, fi de plus il n'a
l'intelligence des moyens d'y proceder, & de la raifon de l'effet de fon ouvrage, en un mot, s'il ne fçait & ne fuit la Perfpective.

Et il importe fi fort à tous ceux qui fe fervent du deffein de la fçavoir & de la fuivre, qu'il eft conftant, que tout ce que la pratique de routine fçauroit faire qui foit bien en cét Art par quelque moyen que ce foit, eft infailliblement felon ces regles, & que tout ce qui eft fait hors & contre ces regles, eft abfolument mal, ainfi qu'il fe verra en fuitte.

Cela eftant donc, qu'il n'y fçauroit avoir d'habile ouvrier en la Pourtraiture, s'il n'a la pratique effective, ny d'excellent Maître en cét Art, s'il ne fçait & fuit la Perfpective; Il eft aife de conclure, que pour y devenir auffi excellent qu'il eft poffible à chacun par fon naturel; il faut qu'il ait enfemble, & cette pratique effective, & la Perfpective en main.

Car quand on auroit la plus excellente pratique du monde, tant qu'elle ne fera point accompagnée de l'intelligence de la Perfpective, on n'evitera jamais de manquer en tres-grand nombre d'endroits.

CHAPITRE II.
Sur la fignification des mots de Geometral & de Perfpectif.

IE jugé donc eftre à propos de donner à entendre à ces Etudians ou Eléves ce que fignifie en mes Traitez de Perfpective les mots de Geometral & de Perfpectif, la nature de l'un & de l'autre, & que ce font deux efpeces d'un mefme genre, & non pas deux genres divers.

L'on remarquera que j'ay dit que le nom de Perfpective, Pourtrait, Pourtraiture, ou Reprefentation platte, fignifient tous une mefme chofe.

Or on reprefente les objets en Pourtraiture platte par deux moyens; L'un, par autant de figures differentes qu'on y confidere d'étenduës plattes pour le mefurer; & ces figures peuvent eftre faites, attachées ou détachées fi on veut entr'elles, comme aux 18. & 19. Planches de ce Traité.

L'autre, par l'endroit de la fuperficie qu'un feul œil apperçoit facilement d'une feule œillade. Que l'on mefure communement un corps par ces étenduës plattes en trois fens divers, que l'on nomme longueur, largeur, & hauteur ou profondeur Geometrale.

L'on reprefente auffi d'ordinaire un corps par les figures de fes étenduës en trois fens divers, lefquelles on nomme *d'Affiette ou Plan*, *de Profil & d'Elevation*, & cela fans avoir en apparence aucun efgard à l'action de l'œil envers ce corps, ny a rien qui concerne la forte de vifion qu'il en peut avoir.

Il faut remarquer qu'un œil ne voit ordinairement d'une œillade ou à la fois, qu'une partie ou portion de la furface du dehors d'un corps, laquelle portion eft toûjours moindre que le diamettre fi elle eft ronde.

Que la reprefentation d'un corps par trois figures d'affiette, de profil, & d'élevation comme aux planches 20. & 25. & autres, eft celle que l'on nomme Geometrale, ou bien en petit pied Geometral.

Et la reprefentation du mefme corps par une portion de fa fuperficie apperçeuë d'une feule œillade ; eft ce qu'on nomme en l'erfpective, ou bien le pourtrait de ce corps, comme aux planches 38. 50. 51. 54. 55. 56. &c.

Que de tout temps on a fait les traits, lineaments & contours qui forment l'étenduë des figures de reprefentation Geometrale d'un corps, fur un fimple devis ou dénombrement de certaines de fes mefures en divers fens ; Et par le moyen d'une Echelle ou Thoife pour y prendre fes mefures par compte, & s'en fervir tout de mefme que quand on met ce corps effectivement en relief, planche 21. & fuivantes.

Mais il faut bien remarquer, que l'on n'avoit pas auffi fait de tout temps les traits, lineaments & contours qui forment l'étenduë de la figure de reprefentation d'un corps en Perfpective, fur un devis ou dénombrement de certaines mefures en divers fens, par le moyen d'une Echelle, pour les y prendre par compte, & s'en fervir de mefme que fi l'on mettoit ce corps effectivement en relief, comme aux planches 44. 45.

Que la pratique de ce trait en Perfpective a efté jufques à prefent fi differente de celle du trait en Geometral ou petit pied, qu'aprés que l'on avoit apris celle du Geometral, il reftoit plus de peine à furmonter pour apprendre encore celle de la Perfpective, qu'on n'avoit eu pour apprendre celle du Geometral.

Et il n'y avoit que peu de perfonnes, qui aprés avoir apris la pratique du Geometral, fe vouluffent donner la peine qui leur eftoit neceffaire pour apprendre la Perfpective, tant ils la trou-

voient difficile ; & ceux mesmes qui en avoient appris quelque chose, ne la mettoient pas souvent en usage; & qu'un grand
nombre d'Ouvriers de plusieurs sortes d'Arts, & dont les ouvrages sont en relief ; Par exemple, Charpentiers, Menusiers,
Massons & semblables, à qui la pratique du trait Geometral
est necessaire, la sçavoient & s'en joüoient.

Mais toutes ces difficultez sont à present levées par nostre
maniere, laquelle fait voir la conformité de la pratique du
Perspectif avec celle du Geometral, & en établit la facilité.

Or l'avantage ou l'utilité qu'on reçoit de cette maniere de
pratiquer la Perspective à la façon du Geometral est ; que toutes choses demeurant pareilles, un Praticien qui la possede à
fonds, peut faire autant d'ouvrage en un jour, qu'en quinze
par les manieres anciennes ; & cela pour beaucoup de raisons
qu'on pourra mieux comprendre, en desseignant les figures que
par discours ; neantmoins j'ay trouvé à propos de finir ce Chapitre par faire voir la conformité du sujet Geometral d'avec le
Perspectif : on sçaura donc ;

Qu'ainsi que tout *sujet visible* est *ou poinct*, ou *ligne*, ou *super-*
ficie, aussi toute Perspective est ou poinct, ou ligne, ou superficie.

Le sujet ou objet Geometral estant un *poinct*, le pourtrait ou
la Perspective en est un *poinct*.

Le sujet ou Geometral estant une *ligne*, le pourtrait ou la
Perspective en est une *ligne*.

Le sujet ou Geometral estant une *superficie*, le pourtrait ou la
Perspective en est une *superficie*.

Et comme au Geometral, en toute ligne il y a nombre de
poincts, & de plus que cette ligne est bornée ou terminée par
un poinct à chaque bout, & que pour tracer une ligne on la
commence par un de ces poincts, & on la finit par un autre ;
tout de mesme en Perspective, toute ligne à nombre de poincts,
desquels sçachant la place de quelques-uns, on peut la décrire
ou tracer plus asseurément qu'en ne la sçachant pas.

Semblablement toute superficie Geometrale estant terminée
de lignes, si on sçait la place de leurs extremitez & autres endroits considerables, on peut les tracer plus asseurément qu'en
ne la sachant pas, & par consequent en former plus asseurément
la Figure.

De mesme peut-on asseurer qu'en Perspective, toute super-

ficie estant contenuë ou terminée de lignes, si l'on sçait aussi la
place de leurs extremitez, & autres endroits considerables, on
peut venir à les tracer bien plus asseurément que si on ne la sça-
voit pas, & ainsi en former plus asseurément la figure.

Et pour conclusion, comme les corps ou objets solides ou
massifs, sont terminez de surfaces ou superficies, plattes & courbes, & aussi l'endroit de leurs jours ombres & ombrages; L'on
voit que sçachant leurs places, on les peut plus asseurément
tracer qu'en ne les sçachant pas, & que le mesme en est-il de la
pratique Perspective.

Reste donc pour faire que la representation de ces objets tant
Geometraux que Perspectifs, fassent à l'œil la sensation de
relief, d'en sçavoir affoiblir & fortifier les touches teintes ou
couleurs, comme il se peut voir vers la fin de ma premiere Partie de la Perspective; & en la seconde, & un peu en celle-cy pour
d'abord en donner quelque lumiere.

CHAPITRE III.

Sur ce que l'on nomme & que l'on entend en la Perspective par TABLEAU, DISTANCE, ELEVATION D'OEIL, ET RAYONS VISUELS.

I'A y fait sçavoir que ce que je nomme *Tableau*, est le *papier*, la *toile*, le *fonds*, le *mur*, ou autre telle chose platte,
sur quoy on desire desseigner & peindre, ne traitant encore que
des Tableaux plats, en attendant que mon Traité pour les
Tableaux courbes, & autres irreguliers fust fait, *comme il est
à present*.

Outre ce nom de Tableau, il faut connoître aussi la *Distance*, la *Station*, & *Elevation de l'œil*, l'*Angle de la vision*, & autres circonstances de ces pratiques, & de plus la *scituation* de ce
Tableau entre *l'œil* & *l'objet*; ainsi qu'il est amplement expliqué dans mon premier Traité au Chapitre IX. & aux Planches 4. 41. & 42. puis en celuy-cy aux 50. & 51.

Ie leur fis aussi remarquer, qu'en prenant une distance trop
courte pour embrasser facilement & convenablement d'une

ſeule œillade le modelle ou objet qu'ils deſiroient repreſenter ou deſſeigner, qu'ils faiſoient tres-mal, puis que cela les obligeoit de faire pluſieurs poincts de veuës où il n'en faloit qu'un; Et davantage qu'ils pratiquoient ſans y penſer, la pretenduë bonne regle enſeignée dans la Perſpective pratique du F.D.B.I. qu'il avoit voulu introduire de ſon chef contre la demonſtration, comme cela eſt expliqué en quelques figures de mes deux Traitez & en celuy-cy, qui eſtoit de diminuer les parties des objets & leurs couleurs à meſure qu'ils eſtoient élevez plus ou moins au deſſus de l'œil; & par conſequent au deſſous & à coſté d'iceluy, quoy que dans un meſme plan ou coupe à plomb ou verticale.

Ie les advertis auſſi que ne ſçachant pas meſme le gros de la Perſpective pour l'affoibliſſement des touches, teintes ou couleurs, ils varioient la prunelle de l'œil; & ainſi n'avoient point la ſenſation ou viſion preciſe, ſoit de blanc, ſoit de noir, ou de diverſes couleurs plus ou moins claires & brunes, & que je reconnoiſſois par leurs deſſeins ou academies, qu'ils ne s'accoûtumoient pas de bonne heure à affoiblir les demies teintes, & leurs ombres & ombrages, & auſſi leurs rehauts de blanc, qui repreſentent les jours ou parties éclairées à proportion qu'elles ſembloient fuïr ou s'éloigner du bas de leur papier, ce que je nomme l'Echelle fondamentale ou conduite de frond, autrement le bas du Tableau.

Mais comme je deſire donner à entendre tout premierement la pratique de faire les traits ou contours de l'objet, & la place de ces jours ombres & ombrages, j'ay remis la regle de ces affoibliſſemens & fortifiemens de touches, teintes ou couleurs pour la fin, ainſi qu'il eſt convenable, & ſelon l'ordre de mon premier Traité où cela eſt tres-amplement expliqué, tant par diſcours que par nombre de figures, immediatement apres la raiſon des jours ombres & ombrages à toutes ſortes de lumieres & de reflexions.

Dauantage, il eſt neceſſaire d'entendre que la ſuperficie autrement le Tableau où ils vouloient faire la repreſentation de ce qu'ils deſiroient deſſeigner & peindre, devoit toûjours eſtre entendu placé entre l'œil du regardant & le modelle, ſoit prés, ſoit loin de l'un ou de l'autre, le concevant tranſparant, & comme un verre tres-mince, & que tant plus ce Tableau ſeroit proche du modelle ou éloigné de l'œil, d'autant plus ſa repreſen-

tation luy apparoîtroit grande, & au contraire plus ce Tableau
seroit proche de l'œil, & par consequent éloigné du modelle ou
objet, cette representation luy apparoîtroit plus petite.

J'adjoûté aussi qu'il faut se figurer, que s'il y avoit des filets
attachez aux principaux endroits du modelle, & que ces filets
vinssent à passer en ligne droite au travers de se verre ou Tableau, en sorte qu'ils allassent tous aboutir à un poinct, à l'œil
du desseignateur, en conservant toûjours leur ligne droite &
forme piramidale; Que le lieu où ils passeroient ou auroient
passé dans le verre ou Tableau, seroit les precises apparences
ou poincts perspectifs de ces principaux endroits des parties de
leur objet, qui est ce que l'on doit trouver par la regle de la
Perspective; Ce qui se peut mieux voir & entendre par figure,
en mon premier Volume planche 41. & encore aux 50. 51. 59.
& 61. de celuy-cy.

Il est donc certain que ces choses estant bien conçeuës, &
quelques autres que nous mettrons en suitte; l'on évitera quantité d'erreurs qui se commettent en desseignant à veuë d'œil
d'aprés le Relief, ce que je fis remarquer plusieurs fois à nos
Eléves, & celles qu'ils faisoient en desseignant les parties de
leur modelle comme ils les voyoient.

CHAPITRE IV.

Sur la conformité des Echelles Geometrales & Perspectives, & leur usage.

IL est constant que la pratique de la Perspective que j'ensei-
gne est comme j'ay dit du tout semblable à celle du Geometral, n'y ayant rien de plus qu'à sçavoir suivant les sujetions
requises, couper ou diviser ce qui se nomme l'Echelle fondamentale fuyante.

Mais il est necessaire pour cét effet d'entendre auparavant
une partie de celle du Geometral & l'usage de la Regle & du
Compas, autrement nommée la Geometrie pratique, qui consiste en partie à sçavoir les mesures & proportions de ce que
l'on desire mettre en Perspective; cela m'obligea ayant reconnu que la pluspart de nos Etudians l'ignoroient, de leur faire
connoître le besoin qu'ils avoient d'en estre instruits & de le
adverti

advertir que cela n'eſtoit pas ſi difficile à apprendre, puis que comme j'avois déja dit, les Charpentiers, Menuſiers, Maſſons & tels autres Artiſans en ſçavêt quelque choſe & le pratiquent.

Et voulant de plus, leur faire connoître l'advantage que cette pratique a ſur toutes les autres; je leur fis couper d'abord les Echelles fondamentales, ſçavoir les conduites de front & fuyantes perſpectives; ainſi qu'il ſe peut voir aux planches 18 & 19 de mon premier Volume avec leur uſage, & pratiquer la Perſpective d'une façon ſi extraordinaire, que ceux qui ſçavoient des pratiques anciennes les plus abregées & faciles, furent contraints d'advoüer que par le moyen de ces Echelles, l'on avoit tiré apres ſoy celle de cét Art.

Ie fis donc en mon particulier le devis Geometral par meſure, d'une Croix ſolide inclinée au plan daſſiette ou à l'horiſon, & poſée ſur l'un de ces angles, croiſant diagonnalement l'Echelle de conduite fuyante, qui alloit aboutir au poinct de veuë en la ligne du plan de l'œil.

Avec ce devis, je fus donner leçon aux Etudians en leur faiſant mettre en Perſpective cette croix, ſans qu'ils euſſent fait aucune aſſiette ou plan Geometral ny Perſpectif, mais ſeulement pour leur en avoir leu ce devis; Ce qui fut comme j'ay dit trouvé tres extraordinaire de ceux qui en ſçavoient d'autres pratiques, & ſur tout par des perſonnes entenduës en la Geometrie qui s'y voulurent trouver, m'en ayant oüy faire la propoſition; Toutes leſquelles choſes ſe peuvent voir claire-ment dans la planche 52 de ce Traité, comme auſſi dans celles 58, 59, 61, 62, 95, & autres de mon premier Volume.

I'advertiray icy d'un advantage particulier à noſtre maniere, (qui eſt) que la multiplicité des objets ne rend point la pratique du Geometral & du Perſpectif plus difficile, mais ſeulement plus longue.

Ie vais donc expliquer la ſujection & le moyen de couper les Echelles de front & fuyante Geometrale & Perſpective, ſuivant les diverſes diſtances & ſcituations d'œil, tant dedans que dehors le Tableau, & ſans en ſortir, ſoit en gros de diſtance en diſtance, ou de thoiſes en thoiſes, & en détail de pieds, poulces & lignes; bref en telles parties que l'on deſirera, tant égales que inégales entr'elles, ſoit auſſi en treilliſſant ou non le plan d'aſſiette, & autres endroits du champ de l'ouvrage par quarrez tant Geometraux que Perſpectifs; je renvoye pour cela aux fi-

B

gures de mon premier Livre, & aux 52, 53, & 54, de celuy-cy.

Or quand on sçait la maniere de couper ces Eschelles à toutes occasions & leur usage ; il est aisé par ce moyen de faire la representation de divers corps solides, soit reguliers ou irreguliers, tant compris ou formez de superficies plattes que courbes ; Comme aussi de leurs jours, ombres & ombrages, à toutes sortes de lumieres, ce qui se voit par plusieurs exemples que je donne exprés dans mon premier Traite, & sur tout par le Geometral en celuy-cy.

Apres cela on vient à la raison fondamentale du fortifiement & affoiblissement des touches, teintes ou couleurs, par le moyen de ces coupes, de defront en defront paralelles au plan du Tableau, sçavoir en gros de distance en distance, ou de thoise en thoise, & en détail de pieds en pieds, poulces & lignes ; & aussi par telles proportions les couleurs ou teintes des superficies plattes ou moins fuyantes, & les courbes ou tournantes plus ou moins precipitées ; comme les divisions de pieds ou autres mesures des Echelles de front se trouvent plus ou moins grandes, à mesure qu'elles s'éloignent ainsi de coupe en coupe de leur fondamentale de front ou baze du Tableau suivant leur endroit ou place trouvées sus l'Echelle de conduite fuyante fondamentale.

De cette sorte, on fera bien la representation en Perspective de plusieurs corps ou objets, & les Esleves le faisoient ainsi, mais c'estoit toûjours lors que je leur en donnois le devis Geometral par escrit, ou par dessein avec son Echelle de mesure ; Ce que je n'ay pas trouvé à propos de representer en ce lieu, estant amplement expliquée dans mon premier Volume pour les superficies planes & regulieres, & dans mon second pour les courbes & irregulieres.

CHAPITRE V.

Considerables avis sur plusieurs fautes notables que l'on commet aux Desseins, Tableaux & bas Reliefs, quand on ignore la regle de la Perspective.

LA pluspart de ceux qui ne travaillent que de routine venant à se servir des bonnes regles, n'en remarqueroient peut eftre pas l'advantage, fi on ne leur faifoit connoiftre en détail les erreurs qu'ils commettent en ne les fçachant pas. C'eſt ce qui m'a obligé d'en faire ce Chapitre.

Ie diray donc premierement, que fçachant la Perfpective & fes dépendances, l'on peut s'affeurer de travailler avec connoiſſance de caufe, & pouvoir rendre raiſon de ſon ouvrage, & reconnoiftre fi celuy des autres eſt bien ou mal fait, parce que la Regle eſt fondée en demonftration Geometrique.

Secondement, qu'il faut prendre garde à l'erreur que commettent la pluſpart des Peintres en faiſant des pourtraits & autres ouvrages, qui eſt d'établir ſouvent deux ou trois poincts de veuës; comme par exemple, un pour la teſte, l'autre pour le corps, & meſme un autre pour l'Architecture & païſage s'ils y 'en font; Ce qui eſt entierement contre la regle, ainſi qu'on le connoiftra cy-aprés.

Il eſt à propos auſſi en cét endroit de defabuſer ceux qui croyent que la Perfpective n'eſt utile qu'à repreſenter de l'Architecture; Car comme la Perfpective n'eſt que pour trouver ce qui ſe rencontre des objets dans l'angle de la viſion, & leurs fcituations à l'eſgard de la poſition de l'œil qui les regarde, il n'y a pas d'apparence que l'Architecture aye ſeule l'advantage de la Regle, puis que les autres objets tombent auſſi bien qu'elle fous la viſion, & ainſi on voit que puis qu'en vn Tableau un feul angle de viſion fuffit, il eſt ridicule d'y admettre pluſieurs points de veuës.

La premiere choſe donc qu'on doit faire pour examiner fi un Tableau a eſté fait avec Regle eſt de trouver l'endroit d'où il doit eſtre regardé, qui ſe nomme d'ordinaire le poinct de veuë, & s'en approcher & reculer petit à petit d'une meſme élevation d'œil, pour trouver ſa diſtance; en regardant premierement, fi les contours ou traits de divers corps ou objets qui font ſur le Tableau font en leur place, ſoit qu'ils ſoient fituez au deſſous ou au deſſus du poinct de veuë ou de la ligne du plan de l'œil nommée d'ordinaire horifontale, examinant premierement de gros en gros, ſuivant le nombre des coupes des defront paralelles au bas du Tableau, fi ces objets paralels au plan d'affiette montrent raiſonnablement leur deſſus, eſtans plus ou moins au deſſous de ce poinct de l'œil, & leur deſſous eſtans de meſme plus ou moins au deſſus; Et par meſme proportion les autres ſuperficies ſuivant qu'elles font plus à plomb ou inclinées à l'horifon ou au plan d'affiette, & auffi plus ou moins poffées diagonnalement.

De mefme, il faut auffi confiderer fi ces divers endroits ou places des jours, ombres & ombrages caufez par le moyen du Soleil ou autres lumieres, apparoiffent convenablement éclairez, en faifant que chaque élévation d'objets plus ou moins élévez, faffent par proportion entr'eux, auffi plus ou moins d'ombre fur les fuperficies ; premierement fur celle du plan d'affiette, & fur les autres qui luy font paralelles, puis fur les corps élévez à plomb & inclinez qui les reçoivent ; Et finalement examiner en reculant ainfi, & reapprochant petit à petit, fi chaque folide ou objet fait bien la fenfation à l'œil de relief & force de couleur, de front & defuyant pour les fuperficies plates, puis le tournant pour les courbes ; afin qu'en les confiderant à part fans avoir aucun efgard à la forme de leur trait ou contour, on puiffe juger fi elles font entr'elles l'union de couleur forte & foible de fuyant & tournant.

Et fi d'aventure ces ouvrages eftoient reprefentez comme efclairez d'un jour difus qui eft lors que le Soleil eft caché par les nuées, ainfi qu'ont fait en plufieurs occafions divers excellens Peintres ; il ne faut avoir efgard qu'à l'affoibliffement des couleurs fuivant fes coupes, & de ce que le jour vient également de tous coftez & principalement d'enhault & d'embas, par les refflexions plus ou moins fortes.

I'ay encore veu depuis peu de ces Tableaux d'hiftoires où il fe trouvoit bien un poinct de veuë feul pour toute l'Architecture, laquelle paroiffoit en quelque façon affez bien executée à la referve qu'elle eftoit plus propre à y loger des Pigmées que les figures de l'Hiftoire : Car je remarquay qu'il s'en trouvoit dont les jambes fembloient avoir huict pieds de long, & leurs bras cinq ou fix, & le refte du corps à proportion, quoy que l'intetion du Peintre fuft que ces figures n'en euffent au plus que cinq & demy en toute leur hauteur ; D'autres qui eftant debout, & en telle aftitude que leurs pieds qui ne devoient pas paroiftre eftre éloignez l'un de l'autre, de plus d'un demy pied, paroiffoient l'eftre de plus de quatre ou cinq ; Et celles qui eftoient en action de cheminer, & par confequent paroiftre comme à l'ordinaire ajamber un pied ou un pied & demy de terrain, en ajamboient huict ou dix ; Et pour l'illumination, que chaque figure avoit fon jour & ombre particulier, quoy qu'il paruft venir de mefme cofté ; ce qui m'oblige de dire que pour voir qu'un Peintre ait attaché un fillet à fon Tableau pour y determiner le poinct de veuë, ce n'eft pas vn argument certain qu'il entende bien la Perfpective.

Mais j'ay jugé que ce n'eftoit pas affez de cotter toutes ces erreurs, fi l'on ne faifoit voir ce qui les a fait commettre, avec le moyen de s'en pouvoir garentir.

La plufpart des Praticiens y font tombez, pour avoir deffeigné à veuë d'œil dans leur Aftelier ou lieu de Travail, leurs figures à part l'une de l'autre ; Et s'il vient à point plufieurs enfemble, fans avoir eu efgard à leur principal point de veuë & à la diftance qu'ils avoient prife pour tout le champ du Tableau, de leur Architecture & Païfage.

En quelques-uns ce principal point ne fe trouvant pas eftre élevé au deffus du Tableau de deux pieds ou environ, fur une diftance de l'œil à iceluy de dix ou douze, fait croire qu'ils doivent avoir deffeigné leurs figures à veuë d'œil d'une bien plus courte diftance ; Et au contraire à quelques autres, ce poinct de veuë eftant placé fort au haut, & au deffus des figures, qui par confequent devoient eftre veuës par deffus, on en voyoit le deffous, à caufe qu'en les deffeignant à part ils s'eftoient fans y fonger affis bas, & par confequent placé leur point de veuë trop bas ; ce qui fait voir qu'ils y ont travaillé fans bon ordre, ny bonne regle.

I'ay encore remarqué en de femblables ouvrages, des fuperficies ou plans d'affiettes degradez par carrez ou treillis, qui faifoient voir à plein toutes ces extraordinaires longueurs de figures & de membres les uns des autres.

Neantmoins je fçay qu'une partie des Praticiens qui ont commis & commettent encore tous les jours de telles fautes, ne diront pas qu'ils ignorent les regles de Perfpective, mais au contraire, croiront les bien poffeder, qui n'eft pas un moyen de fe corriger, & ne feront pas auffi d'eux mefmes reflexion, que fouvent ils pillent ou dérobent d'un cofté & d'autre des figures, puis en compofent des Tableaux d'hiftoires, lefquelles ne peuvent fe rapporter à leur veritable fituation ou place.

Et auffi pour les Tableaux des Peintres que l'on nomme d'ordinaire païfagiftes, d'autant que leur principal talent eft d'y reprefenter des portions de la terre, &c. font ordinairement compofez d'un bien plus grand nombre d'objets, que ceux dont je viens de parler, ils font de mesme plus sujets à faire ces fautes que les Peintres de pourtraits lors qu'ils ignorent les regles.

Leur étude ordinaire est donc de copier à veuë d'œil en divers endroits de la terre, les plus belles & agreables parties qui peuvent s'y rencontrer suivant leurs gouts, soit de roches, montagnes, valons, bois, campagnes, fleuves, mers, bastimens, figures humaines, & autres animées & inanimées, ciel, nuées, puis l'air general & particulier, desquels ayant fait un bon amas, tant comme j'ay dit par dessein & peinture que dans l'imagination, afin de s'en servir aux occasions à composer un Tableau, ils choisiront pour ce faire cinq ou six de ces parties & davantage si besoin est, lesquels ils ont desseignez chacun à part, & de diverses élevations d'œil & distances, sans considerer que chacune de ces parties auront divers point de veuës, les uns plus hauts, les autres plus bas, & aussi les jours & ombres differens, quoy qu'ils ayent choisi ceux qui ont le jour d'un mesme costé.

Et lors qu'ils viennent a y adjoûter des figures & des animaux, qu'ils ont aussi desseignez ainsi à part, il en arrive la mesme chose, ayant reconnu à une infinité que j'ay veus, & qui neantmoins sont comme j'ay dit en tres haute estime, que ces figures & animaux se faisoient voir par dessous, par devant & par derriere, au lieu du dessus & des costez ; & mesme les jours, ombres & ombrages differens, comme s'il y avoit divers Soleils, & apres une desunion generale de la force & foiblesse des touches.

Et à propos de divers Soleils, il arrive encore que ce rencontrant d'ordinaire en l'air des amas de nuées, qui font quelquefois d'agreables effets à l'œil par la lumiere du Soleil, particulierement lors qu'il est proche de l'horison comme en son levant ou couchant que ces Praticiens les copient, pour s'en servir dans leurs Tableaux sans considerer que pour les objets qu'ils y veulent representer, ils les éclairent d'un autre Soleil ou jour qui est encore une chose tres-absurde.

J'ay veu des Peintres qui ayant desseigné divers objets à la lumiere de la lampe s'en servoient ainsi pour la composition de leurs Tableaux, quoy que ce fust pour des histoires & sujets en jour de la campagne ; Et entr'autre un où estoit representé un Crucifix, dont l'Autheur s'étonna voyant qu'on avoit reconnu qu'il l'avoit copié d'apres nature à la lumiere d'une lampe, & s'appercevant que l'on tiroit cette connoissance de ce que ces parties les plus hautes, comme la teste, les espaules, les bras & la poictrine paroissoient plus esclairées que les cuisses, & ces cuisses que les pieds & ces pieds que la terrasse, il neût point d'autre meilleure repartie, sinon que la mesme chose devoit arriver du grand jour qui l'esclairoit sur la montagne, puis qu'il estoit plus prest de sa teste que du reste, à quoy on luy repartit qu'il avoit dont une excellente veuë, de conclure la mesme chose d'une lumiere universelle à celle d'une lampe; Et ainsi il fut laissé dans cette erreur, qu'il a neanmoins depuis abandonnée.

La plus part des Praticiens tant Anciens à nostre égard que Modernes se sont servis; & se servent d'ordinaire du naturel en le coppiant à veuë d'œil, & au jour de la fenestre de leur astelier, ou lieu de travail; sans considerer que ce jour n'est pas pareil à celuy du sujet qu'ils desirent representer, qui peut suivant l'occasion estre de campagne à la lumiere du Soleil plus ou moins clairé & nette, & d'un air plus ou moins denué de vapeurs & mesme lavé de pluye & ses objets, ce qui m'a plusieurs fois obligé d'avancer, qu'il seroit facile de déterminer en voyant les places des jours, ombres, & ombrages de ces objets, combien ces fenestres avoient de largeur & de hauteur, & distingué la qualité & la cause des reflexions.

Et pour ce qui est de la lumiere moins claire par l'interposition des nuées, où par consequent les rayons du Soleil ne paroissent point, le Relief s'en doit exprimer par la regle de l'affoiblissement des couleurs, soit claires, soit brunes, comme il se peut voir dans le Chapitre suivant, & plus amplement en mes deux Traictez de Perspective.

Il se trouve des Praticiens, qui faisant reflexion sur ces particularitez, croyent avoir rencontré le moyen d'y remedier en reduisant leur sujet en petit par modelle, pour le proportionner en quelque façon au jour d'une fenestre ouverte, mais c'est se donner de la fatigue pour peu de chose, & qui ne satisfait pas; au lieu que par la regle ainsi qu'il est dit dans mes Traitez, on s'en acquitte avec facilité, & on se garentit d'un nombre infiny de fausses reflexions qui peuvent arriver de la diversité des lumieres.

Davantage en la plus grande partie des Païsages, & autres Tableaux où le ciel est representé, j'ay remarqué qu'il ne me

16

faifoit point à l'œil, la vifion d'une grande & vafte envelloppe courbe ou concave, tres éloignée de la terre, comme il le doit faire; Mais au contraire, il m'aparoiffoit à l'œil comme un Rideau plat, bien tendu à plomb, tiffu de diverfes couleurs, ainfi qu'un taffetas de la Chine, & lequel fembloit mefme toucher le derriere de la terre, ou l'extremité que l'œil defcouvre de la mer qui eft l'Orizon.

I'en ay veu qui font un peu mieux, en affoibliffant le Rideau par le bas, en forme d'un haut-vent, veu du dedans d'une maifon, & d'autres qui croyant rafiner, luy font avoir à l'œil la Senfation en creux comme un Entonnoir ou Cornet veu par fa grande ouverture; Ce qui n'eft pas encore le vray, mais bien celuy que j'ay expliqué en la page 139, & en fa ftampe ou figure, & d'abondant en la 151 de mon premier Traité; au bas, & à fon difcours page 337.

Touchant les bas Reliefs.

CEux qui fe meflent de faire des bas Reliefs, fans fçavoir la Perfpective, y font auffi de grandes meprifes, ne difcernant pas les Parties que l'œil en doit, ou ne doit pas voir, ce qui eft tellement commun, que cela fait pitié de voir que l'on pratique des chofes, fuivant une routine de traditive, dont l'ouvrier ne fçauroit en donner aucune raifon pertinente, quoy quelle foit de nature à eftre demonftrée.

Ceux qui pratiquent ces chofes par regle ou autrement, fçavent que ces ouvrages fe font de deux fortes, l'une par application de matiere, foit de terre ou de cire, fur un fonds plat, en venant en devant, que l'on nomme modeler ou efbaucher.

L'autre, en creufant jufques à fon fonds, oftant de la matiere ainfi que fur le Bois, le Marbre & autre pierre, que l'on nomme tailler, couper, ou fculper.

I'ay veu de ces ouvrages Antiques & autres moulez deffus, lefquels ne doivent eftre pris quoy que nommez bas reliefs, que pour des veritables figures de Relief ou de ronde boffe, appliquées contre un fonds plat, ou mefme enclavées, engagées, ou enfoncées dedans plus ou moins, & lefquelles fe peuvent regarder de toutes diftances & fcituation d'œil, mais les vrais bas reliefs ne doivent eftre confiderez ou veüs que d'un feul endroit, ainfi qu'un Tableau de platte Peinture; lefquels pour bien faire, il ne faut pas pretendre leur donner beaucoup de Relief.

Et

Et comme en ne ſçachant pas les beaux effets des regles de l'Optique & Perſpective, l'Ouvrier croit que faiſant ainſi ſon ouvrage elle ne feroit pas à l'œil aſſez d'effet de relief, il pretend y ſuppléer pour en donner beaucoup aux premiers objets, & ainſi il vient à faire ſans y penſer du Geometral ou ronde boſſe en devant, & du perſpectif dans l'éloignement, ou bien du relief perſpectif difforme.

Mais ceux qui ſçavent le moyen de faire paroiſtre à l'œil vn objet d'vn demy pouce de ſaillie, compoſé de lignes courbes, en auoir trois ou quatre à meſure qu'il s'en éloigne, & de faire les Echelles Perſpectives pour pratiquer ces deux ſortes de travail par ébauche & au ciſeau, & auſſi les Plans geometraux & perſpectifs comme aux Tableaux, ſuivant le peu d'eſpaiſſeur que l'on doit donner au Bas-Relief, ainſi qu'il ſera expliqué aux Planches 66 & 67, ſont bien plus aſſeurez & mieux fondez.

CHAPITRE VI.

Des erreurs qui ſe commettent au Coloris, en ſon affoibliſſement & en ſes reflexs.

APRES avoir traité des Lumieres, j'ay crû devoir en ſuite donner quelques avertiſſemens touchant le Coloris & ſon affoibliſſement, ayant veu pluſieurs Pourtraits & autres Tableaux où j'ay remarqué qu'encore qu'en leur trait ils fuſſent aſſez correctement deſſeignez pour reſſembler à leur original ou modele, le Coloris neantmoins leur eſtoit ſi peu conforme que n'euſt eſté leurs veſtemens, on les euſt pris pour eſtre la repreſentation de perſonnes enfumées ou noircies; de quelque meſtier ſujet à ces accidens, quand ils ſe ſont lavez groſſierement; d'autant qu'il n'y avoit d'approchante couleur de leur chair que les parties élevées qui avoient eſté les plus frottées, le reſte eſtant de plus en plus gris-brun qu'il approchoit des creux ou concavitez du viſage; & ſur les ouvrages des Peintres qui affectent de repreſenter les teintes & demies teintes un peu vertes, on y voyoit auſſi la couleur de leur chair comme aux autres, ce qui faiſoit que parmy ce peu de couleur de chair on euſt dit, que le viſage eſtoit comme d'une Agate verdatre, meſlée de diverſes couleurs, & auſſi qu'à pluſieurs autres, faute d'entendre bien la raison de l'affoiblissement de la couleur pour les parties qui s'échapent de l'œil plus promptement, comme les superficies plattes, selon qu'elles sont plus ou moins de biais, & les rondes & tournantes, elles n'y faisoient pas la sensation de relief.

Ceux qui se servent du naturel n'ayant pas toûjours presens tous les objets dont ils veulent composer un Tableau, pour les desseigner & peindre à veuë d'œil, se contentent d'ordinaire de les imiter separément, en quoy ils commettent les fautes que nous avons cy-devant remarquées, & par cette raison ne peuvent voir la reflexion produite par la couleur de ces corps éclairez les uns contre les autres, selon qu'ils en sont plus ou moins proches & polis, comme on la verroit s'ils pouvoient avoir ensemble tous ces corps : Donc aux Tableaux où sont representez beaucoup de fleurs faisant Boucquet, comme ceux qui les peignent separément d'apres nature, ne les peuvent bien representer ensemble faute d'en connoistre les reflexions ; La maniere de les trouver leur est tres-necessaire, encore qu'à bien prendre ces reflexions elles ne sont qu'vne particularité de la regle generale de la Perspective, qui peut estre entenduë en peu de temps avec ce fort & foible toucher & colorer.

Et encore sur ces reflexions l'on remarquera qu'il faut, comme j'ay dit, avoir égard aux superficies plus ou moins polies, puis que celles qui sont raboteuses ou brutes font une reflexion qui va souvent d'un autre costé qu'elle ne feroit sur celles qui sont polies ; c'est pourquoy il est bon pour se confirmer dans la regle, de considerer le naturel, & de trouver l'endroit qui cause cette reflexion ; estant certain que tant sur les superficies plattes & polies que sur les brutes & mattes, l'angle de reflexion est toûjours égal à celuy d'incidence ; ce qui doit estre aussi entendu de la reflexion des objets sur l'Eau & aux Miroirs, comme cela est expliqué aux Planches 40 & 41 de ce Traité.

Plusieurs Peintres, & autres, croyent encore que les jours & ombres, & sur tout les ombres & ombrages, sont les seules causes de la sensation qu'a l'œil du relief de la peinture, ne voyans pas que la mesme vision ou sensation d'un angle saillant & rentrant ou fuyant, également éclairez chacun en leurs deux faces, subsiste toûjours, sans qu'il soit besoin des ombres & ombrages qu'ils supposent, & que c'est l'affoiblissement de la couleur qui fait cette sensation, ainsi que je l'ay expliqué dans

mon premier Volume vers la fin, où il eſt dit que ce fort &
foible toucher ou colorer qu'ils ignorent, eſt la cauſe qu'ils ne
connoiſſent pas cette erreur.

I'ay remarqué auſſi une particularité touchant l'affoibliſſement des corps ou objets fuyans & tournans, que pluſieurs
Peintres le pratiquent aſſez paſſablement aux menuës parties
du corps humain, & telles autres choſes tenant du rond ou
tournant, & de meſme en ce qui regarde les petits plis des draperies, mais ils ne le pratiquent pas de la ſorte en la maſſe ou
gros de l'objet, ou s'ils le font, c'eſt ſi peu, qu'à peine en voit-
on l'obſervation, encore qu'il ſoit aiſé de juger qu'une grande
maſſe tournante a plus de fuyant dans le Tableau qu'une petite, & par conſequent que le plus éloigné de ſa Baze doit eſtre
le plus affoibli, & le tout ſuivant qu'il eſt plus ou moins fuyant
& tournant precipité.

Et veritablement ce qui m'eſtonne en cela, eſt que la pluſpart des Praticiens à qui ces choſes ont eſté expliquées, ſem-
blent ne les avoir conceuës qu'apres s'en eſtre raillé ; ce qui me
fait croire que s'ils pouvoient changer & déguiſer les ouvrages
qu'ils ont faits avant ces avis, de meſme qu'ils ont changé leur
procedé, ils en ſeroient ravis, afin de pouvoir dire hardiment à
leur ordinaire, qu'ils ſçavoient ces choſes bien auparavant, &
qu'ils en poſſedoient à fond les regles : mais leurs ouvrages ont
cela de bon, ou pour mieux dire de mal, qu'ils ne ſe peuvent
pas déguiſer comme eux, & demeurent toûjours des témoins
irreprochables de la verité.

Sur ce ſujet j'avertis nos Eleves en les voyant deſſeigner d'a-
pres leur modele, qu'ils s'accouſtumeroient inſenſiblement à
une maniere dont ils ne ſe deferoient pas ſi facilement, qui eſt
de n'avoir aucune penſée en deſſeignant, d'exprimer bien le
clair & l'obſcur de chaque couleur, & les affoiblir convenablement ſuivant les tournans & fuyans à l'œil, affectant de
donner des coups de crayon forts dans les ombres, & par conſequent bien noirs ou bruns, ſoit avec pierre noire ou ſanguine,
& le meſme ſur les jours par du crayon blanc, ſans prendre
garde ſi ces touches ou coups clairs & bruns ne ſont point trop
forts & peu eſtendus, pour faire qu'avec leur papier qui eſt
d'ordinaire gris, ils faſſent union, tant de force & foibleſſe
de couleur à l'œil, que leur effet de relief doit produire.

Ie ſçay bien que l'on peut avoir ſouvent pour but de n'avoir de ce naturel que le trait ou contour, & en gros la place des jours, ombres & ombrages; mais aussi sçay-je bien que cela n'appartient qu'à ceux qui sont forts & avancez en la pratique, ou qui volontairement veulent d'abord ne se fortifier qu'au trait ou contour, pour puis apres étudier le reste.

Sur cette particularité j'ay fait changer à plusieurs la maniere dont je viens de parler, & à tel point, qu'ayant ainsi desseigné à la pierre noire sur du papier gris, & rehaussé de blanc d'apres des testes & figures de relief de plastre blanc, je leur ostay entierement la pierre noire, leur faisant voir que la couleur du papier estoit du moins aussi brune que les plus fortes ombres de ce plastre; & en suite ayant fait opposer à ces Desseins ceux qu'ils faisoient auparavant, ils ne les pouvoient plus souffrir: car on eust dit que les ombres & ombrages qu'ils avoient representez par cette pierre noire, estoient imitez d'apres des corps faits d'une matiere noire, dont les rehauts eussent esté blanchis par plaques.

Ainsi je leur fis aisément connoistre, qu'il falloit de bonne heure s'accoustumer, tant en desseignant qu'en peignant, à distinguer le jour d'un noir matte, à celuy d'un poly; le jour d'un corps blanc matte, à celuy d'un luisant; puis le mesme des ombres, ombrages, & demies ombres ou teintes; & enfin de toutes les autres couleurs, suivant qu'elles sont plus ou moins approchantes du blanc, du noir ou du brun, & du luisant & matte, & de bien faire la distinction d'un jour de cachot à celuy de chambre, & de chambre peu ou beaucoup éclairée, à celuy d'une campagne & jour de beau Soleil, & comme il a esté dit, de la lumiere plus ou moins diffuse, quand il ne montre que peu ou point ces rayons à l'œil; ce qui dépend de la raison du fort & foible toucher, & du plus ou moins du meslange de la couleur de l'air qui environne les objets, des nuages & du Ciel qui les envelope, & suivant leurs reflexions.

J'ajoûte encore icy un autre avis à plusieurs Praticiens, outre ce que j'en ay expliqué dans mes deux Traitez de Perspective, & assez briévement aux Chapitres XI. & XII. du second Tome; que pensant bien faire, ils font les ombres & ombrages fortes & brunes, sans considerer la regle (& ce qu'a fort bien observé l'illustre & sçavant Peintre Monsieur le Poussin, en la pluspart de ces derniers ouvrages;) Sçavoir, que d'autant plus que l'air est clair, pur & net, d'autant plus ces

endroits ombrez eſtans ſuppoſez éloignez de la Baze du Tableau, doivent eſtre moins bruns, concevant cet air d'entre
l'œil & ces ombres, faire comme ſi on les voyoit au travers
d'une toile de ſoye tres-fine & blanche, ou pour mieux dire, de
la couleur de l'air, qui par conſequent ſeroit bien plus propre à
faire paroiſtre le brun blanchy, que le clair ou blanc noircy,
puis que cet air en jour clair tient plus de cette nature de couleur blanche que de la brune; ce qui ſe peut dire auſſi de ſon
contraire, qui eſt l'air d'une nuit tres obſcure, lequel eſtant
comme un creſpe noir, ſemble embrunir ou noircir plus la
couleur blanche la nuit, que non pas les ombres, & ſur toutes
les plus noires.

Ie les avertis auſſi d'une autre particularité aſſez conſidera-
ble, en ce que la pluſpart de ceux qui faiſoient des Pourtraits
mettent d'abord la plus forte couleur qu'ils ayent à la teſte du
Pourtrait, ſans conſiderer ſi de ces Pourtraits il s'en trouve qui
ayent des mains, ou autres parties plus avancées que la teſte
vers la Baze du Tableau, d'autant que de la ſorte ils ne peuvent faire que ces mains paroiſſent en couleur ſortir du Tableau, ou plus avancées que la teſte, puis que pour les faire
ils n'en ont point de plus fortes, qui eſt une faute commiſe par
l'inadvertance des Praticiens, qui la pluſpart n'en uſent pas
ainſi aux Païſages & Tableaux d'Hiſtoires.

Et ſur cette particularité, je diray, qu'il y a apparence qu'un
Païſagiſte ne tomberoit pas en telle erreur, s'il faiſoit un Pourtrait par ſa pratique ordinaire, en commençant ſon Tableau
par la plus foible couleur qui ſe trouve la plus éloignée de ſa
Baze; en ſorte que les plus fortes & franches couleurs, ſoit
claires ou brunes, ſe rencontrent juſtement ſur elle, ſans y al-
lier aucune couleur de l'air, comme aux autres qui en ſont
plus éloignées; car cet affoibliſſement ſe fait ſur ces fortes couleurs par l'eſpaiſſeur de l'air naturel, vapeurs, pouſſiere, brouil-
lars, & fumées qui ſe trouvent entre l'œil du Regardant & le
Tableau; Particularité aſſez remarquable, puis que pluſieurs
Praticiens l'ignorent, & leſquels ne ſçauroient jamais la découvrir en deſſeignant & peignant d'apres le naturel, n'y ayant
que la poſition du Tableau entre l'œil & l'objet qui la déter-
mine: Car il eſt tres-certain que ſi un Peintre avoit mis une
bordure de Tableau éloignée de ſon œil d'une diſtance raiſonnable, & qu'il vouluſt colorer ſur ſa toille ou Tableau les ob-

jets naturels qu'il voit terminez ou compris par l'enclos de cette bordure, & mesme ceux qui pourroient estre situez entre elle & son œil comme il les voit, il feroit le contraire de ce qu'il doit, puis qu'en la premiere coupe, ou bas de son Tableau copié en grand, il faut qu'il y applique, comme je viens de dire, la franche couleur des objets naturels, sans avoir aucun égard à cette épaisseur d'air qu'il y a depuis la distance de son œil jusques à cette bordure, & ainsi du reste des autres coupes, par proportion qu'elles s'éloignent de ce bas de Tableau : Autrement, estant fait ainsi, si on le mettoit dans cette bordure que je suppose estre sa place, il ne feroit pas à l'œil l'effet du naturel, d'autant qu'il s'y feroit encore une double diminution des couleurs de sa Baze ou premiere coupe fondamentale ainsi diminuées.

J'avertis encore les Etudians, & autres qui n'ont pas esté jusques à cette remarque, de la bien observer : car tel croit l'entendre qui en est bien éloigné, & le tout, faute de sçavoir la Perspective, qui est le fond de la pratique.

Il y a encore une autre erreur qui n'est que trop commune, & laquelle se remarque facilement en plusieurs Pourtraits, lesquels font d'ordinaire un assez agreable effet estans veus de la portée de l'œil du Peintre en travaillant sur sa toille ou Tableau, mais qui se reculant pour les voir de la distance de son œil au naturel, ils n'en font pas le mesme ; qui est encore faire le contraire de ce qui se doit ; Et quoy qu'il y ait des Praticiens un peu plus éclairez qui pour éviter ce deffaut, se levent tressouvent à mesure qu'ils travaillent, pour aller voir d'une raisonnable distance si leur ouvrage fait l'effet de l'œil à leur naturel ; que l'on ne doit pas conclure que ce soit là le plus prompt & asseuré moyen pour bien faire, puis que c'est toûjours travailler en tastonnant, mais celuy qui suit les regles abrege tout ce temps perdu, n'ayant besoin de se lever, s'il ne veut, que pour se divertir, sçachant que son travail fera sans cela l'effet qu'il s'est proposé.

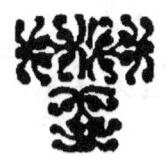

CHAPITRE VII.

Méprises des Peintres qui colorent les objets reduits en petit aussi fortement que les grands comme le naturel.

POur ceux qui travaillent en petit, soit à huile, migna-
ture, détrempe, pastel, & mesme par dessein & graveure,
je diray ; qu'encore que le trait ou contour des corps ou objets
qu'ils representent soient veus sous les mesmes angles de la
vision que les grands naturels, & par ce moyen proportionnez
de mesme distinctement en leurs traits ou contours ; qu'il n'en
est pas en plusieurs rencontres le mesme de la vivacité de leurs
teintes ou couleurs claires ou brunes, ainsi que je vais dire.

La pratique destituée de nostre Regle du fort & du foible
toucher & colorer, a porté presque tous les Peintres à peindre
leurs petits Tableaux d'aussi fortes ou vives couleurs que les
grands, & mesme que celle du naturel : de sorte que regardant
ces grands & les petits, chacun de leurs proportionnées distances, le coloris des grands apparoist foible à l'œil, & celuy des
petits extraordinairement fort ; Ce qui ne doit estre mis en
doute, puis qu'il est vray, que plus ou moins il y a d'air naturel entre un objet & l'œil, plus ou moins la couleur de cet objet paroist-elle vive & forte.

Ie sçay bien que pour reparer cette méprise, ceux qui veulent
rafiner alleguent, qu'en faisant ainsi ces petits Tableaux on
a supposé que le naturel fut reduit en petit comme les petits
modeles de relief, & colorez de sa mesme force de couleur ;
ou bien qu'elle fust plus forte & vive : mais de ce raisonnement
je m'en rapporteray toûjours au vray-semblable, lequel je
croy estre celuy que je vais déduire par discours & aux deux
Planches 51 & 54.

Ceux qui pour voir cette verité n'ont que les yeux corporels,
n'auront qu'à considerer les grands Tableaux, & mesme le naturel, dans ces miroirs ou verres un peu concaves, dont plusieurs Peintres se servent pour ce sujet, & voir si ils leurs feront à l'œil une telle dureté, aspreté & rudesse forte de couleur, que ceux dont est question, & aussi sur les cartes & papier par le moyen d'un verre de Lunette, ainsi qu'il sera dit

vers la fin de ce Traité, comme l'on peut avoir remarqué dans la Table.

Mais avant que de dire ou faire voir le moyen de mieux faire, il faut estre averti, que d'autant qu'il manque aux Peintres du blanc, & quelques couleurs claires, assez fortes pour exprimer le vif éclat des lumieres, & des mineraux & metaux tres polis, & mesme jusques à de la neige ; qu'il ne faudra point en divers sujets affoiblir à ces petits Tableaux ny le blanc, ny le jaune, ny autres dont on se sert pour representer ces vives & éclatantes couleurs d'objets, mais seulement celles que l'on sçait estre aussi fortes & vives que les naturelles.

Ce qui confirme que l'on peut faire faire à la veuë beaucoup plus d'effet vif & naturel au coloris de ces petits Tableaux qu'aux grands, estans construits de grandes figures ou objets, par cette opposition & proportion de coloris.

Disons donc qu'il faut affoiblir ces sortes de couleurs aux petits Tableaux, à proportion de ce que leurs objets ou Echelles de fronts perspectiues le sont des grands ou du naturel ; & qu'il faut toûjours concevoir, que le petit Tableau intervienne entre l'œil & le grand, qui luy doit servir d'original ; ainsi qu'à ces miroirs ou verres creux : Ou si c'est d'apres le naturel, supposer aussi que l'on ait proche de luy un grand verre, sur lequel on le voit representé comme si c'estoit vn grand Tableau.

Conclusion. Le resultat en gros ne va qu'à diminuer de force les couleurs d'un petit Tableau, suivant qu'il est plus ou moins petit que le grand réel ou supposé ; Et pour le détail, par la proportion des Echelles de front perspectives, ainsi que j'ay dit cy-devant.

Pour ceux qui confondent avec ces petits Tableaux, où l'on doit voir distinctement le trait & forme de leurs objets, ceux qui sont dans le loingtain des grands (afin qu'ils en voyent la difference) ils n'ont qu'à supposer en avoir coupé un grand nombre de petits, & remarquer que de ces petits, soit à part, ou plus ou moins ensemble ; ils doivent estre veus d'une mesme distance & situation d'œil, comme lors qu'estans unis ils n'en faisoient qu'un ; & remarquer que ce point de veuë se peut trouver en un seul d'iceux, ou au bord de deux, ou tout au plus de quatre ; & par ainsi voir qu'il y a bien de la difference entre la representation d'un objet naturel supposé tres loin des tiere ce grand Tableau ou verre imaginaire, & celle où l'on se figure estre le petit, qui est entre l'œil & le grand, ou cet imaginaire qui luy sert d'objet.

CHAPITRE VIII.

Raisonnemens & Avis importans sur la pratique de Desseigner, pour se rendre capable, s'il se peut, d'inventer ou produire de soy-mesme. Avec une briéve recapitulation de ce que devant, avant qu'entrer en la pratique.

IL y a sur ce sujet une chose tres-considerable, & laquelle s'étend assez loin. C'est que sur l'apparence de dire simplement, comme au Traité dit de *L. de Vinci*, que l'on ne peut mieux se rendre sçavant en l'Art de Pourtraiture & Peinture qu'en imitant tout apres nature, l'ayant presente à l'œil : car sur cela je dis, qu'encore qu'il soit bon de se servir du naturel, & mesme tres-important, que l'on peut tomber dans une pratique de laquelle il est difficile de se défaire lors que l'on s'y est de longtemps habitué, sans avoir fait reflexion à ce qui suit ; Sçavoir, que les Sçavans tiennent pour asseuré, que le Praticien qui s'est ainsi reduit à ne rien faire qu'il n'ait en le naturel present, se trouve souvent dans des impossibilitez de representer un nombre infini d'objets les plus agreables, & sur tout ceux qui ont le plus de vie & d'action, & lesquels ne peuvent jamais estre bien imités s'ils ne sont representez par la force & vivacité de l'imagination du Peintre, sur tout en leurs contours & en leurs finissemens, par se la réveiller, en regardant de fois à autre leurs parties Geometrales, pour les achever d'esprit par le ressouvenir, estant une chose qui a fait connoître à plusieurs sur les ouvrages de tres-renommez Desseignateurs & Peintres, qu'ils s'estoient servis trop exactement de modeles de relief & mesme du naturel, puis qu'ils faisoient voir que l'on n'y remarquoit point cette expression de vie & de mouvement.

Et pour confirmer davantage mon dire, il n'y a qu'à prendre garde à l'impression que font les sequis ou idées des Tableaux ou Desseins de ceux qui se sont cultivez l'imagination à retenir les formes & actions des objets qu'ils veulent representer, aprés lesquels on ne sçauroit estre trop exact en les voulant finir de leur conserver cette vie, afin de ne rendre à l'œil le leger pesant, l'animé inanimé, & le vif mort.

Ie fis connoistre encore à nos Eleves de l'Academie, que leur principal but estant de rechercher à apprendre tout ce qui peut contribuer à la perfection de leurs ouvrages, ils devoient se plaire en la lecture des Traitez où se trouvent ces bonnes instructions, afin que les personnes curieuses des belles & bonnes choses y reconnoissant les perfections que ces ouvrages demandent, les estiment & les cherissent.

Aussi ne suffiroit-il pas, pour justifier un ouvrage imparfait, de dire pour toute raison, qu'il y a tres grand nombre de Tableaux, & bien estimez, qui n'ont jamais esté faits par ces regles, puis qu'il se peut prouver, comme nous avons dit, qu'un Tableau ne peut estre bien fait s'il n'est traité par elles, & que la perfection d'un ouvrage ne dépend pas de la reputation de son Auteur, mais plûtost l'Auteur ne doit avoir l'approbation qu'à proportion du merite de son ouvrage; ainsi l'on peut asseurer sans crainte de méprise, que quand mesme le grand Raphaël d'Vrbain auroit failli contre ces regles, il seroit vicieux de le suivre.

Mais je me sens obligé de dire icy à la gloire de ce merveilleux Genie, aprés en avoir veu les effets en plusieurs de ses pieces, qu'il avoit quelque connoissance de ces regles, encore que de son temps il ne nous apparoist point qu'elles fussent dans la facilité & universalité qu'elles ont acquises depuis; Et parce qu'en faisant un calcul on s'y peut méprendre, il ne faut pas l'acculer de les avoir entierement ignorées, trouvant quelque chose dans ses œuvres qui n'y quadrent pas entierement, ny en plusieurs autres.

Toutefois je croy dire vray, en avançant, qu'il n'avoit pas une si accomplie & parfaite connoissance de l'alliage ou meslange de la couleur de l'air avec les autres couleurs, pour exprimer le relief des corps par les tournans & fuyans, suivant la raison des coupes perspectives paralelles au plan du Tableau, comme l'illustre Monsieur le Poussin, ny l'expression si grande & si judicieuse, qui sont deux tres-belles particularitez, & qui satisfont extrémement l'œil par cette union d'élement d'air qui environne les objets, ainsi que celuy de l'eau environne le poiſſons, comme il eſt amplement expliqué dans mes Traitez, & entr'autres au ſecond de la Perſpective, qui eſt à mon ſens la plus naïve comparaiſon qu'on puiſſe donner ſur ce ſujet.

Ie prendray donc la liberté de dire, que l'on ne ſçauroit rien ajoûter à la perfection de ces regles que les particularitez Geometrales, & l'inſtruction de la qualité des couleurs pour les meſler enſemble, afin de faire l'effet que la regle preſcrit, & qu'elles ſubſiſtent long-temps belles, deſquelles il en ſera expliqué pluſieurs choſes dans mon Traité de la Pourtraiture & Peinture à veuë d'œil.

I'aſſeure donc de plus, qu'en deſſeignant & colorant bien ſelon noſtre regle, on fera que l'œil aura la meſme viſion du Tableau que le modele ou naturel luy en fait avoir, eſtant veu de ſemblable diſtance ; & que ſi l'on deſſeigne & peint ce naturel comme l'œil le voit, on fait, comme j'ay dit, le contraire de ce que l'on doit faire, & encore avec beaucoup plus de temps que pour bien faire.

Il ſe faut donc garder de deſſeigner & peindre pluſieurs objets, quoy que plus éloignez de l'œil, plus petits en leurs formes, & plus foibles en leur couleur, que d'autres plus proches ; mais bien comme j'ay dit, ſuivant la raiſon des coupes, & ſelon qu'elles s'éloignent plus ou moins de la baze du Tableau, tenant pour certain que noſtre pratique univerſelle de Perſpective donne au Tableau les places des traits & contours des objets, de leurs jours, ombres & ombrages, & enfin celle de l'affoibliſſement de leurs couleurs, ſuivant la diverſité des airs qui les environnent, dont cette derniere eſt la Perſpective, que d'aucuns nomment Aërienne.

C'eſt encore une choſe tres-eſſentielle de ſçavoir bien diſtinguer cette pratique de Perſpective, d'avec le choix qu'un Peintre peut faire ſuivant ſon gouſt ou affection des beaux & deſagreables objets, bien ou mal proportionnez ; d'autant que l'on peut entendre ou ſçavoir l'vn, ſans entendre l'autre, & qu'il y a difference d'eſtre inſtruit de la proportion des meſures de ces objets & de leur ſituation, d'avec cette regle, qui ne ſert que d'un moyen de les repreſenter correctement ſur le Tableau.

Ce qui suit ne sera pas, comme je croy, de moindre utilité que ce qui a precedé.

IL arrive souvent que plusieurs de mauvaise disposition à apprendre cet Art par les manieres tastonneuses, à force de copier divers ouvrages, soit Tailles-douces, Desseins, Tableaux, ou Corps naturels & de relief, se remplissent tellement l'imagination de ces pratiques, qu'ils s'en font des meslanges d'imaginations ou d'idées, & les produisent sur leurs Tableaux sans aucune bonne regle.

Il s'en trouve encore dont l'idée est si remplie des manieres qu'ils ont veuës, soit en Italie ou ailleurs, qu'à leur retour ayant produit d'abord quelque chose un peu raisonnable, quelque temps apres, leurs dernieres œuvres ont bien fait connoître qu'ils travailloient sans regle (& qu'ils avoient vuidé le meilleur de leur magazin) ou comme d'autres ont fait, oubliant le bon goust des excellens Antiques qu'ils avoient veus, & de la bonne maniere de Raphaël & autres, dans la multitude des Tableaux qu'ils ont veus à Venise & dans le reste de la Lombardie ; Ce qui me fait croire que ceux qui ont acquis leur sçavoir de cette maniere courent risque de demeurer dans la disette plûtost qu'ils ne pensent, & qu'ils seront toûjours incapables de rendre raison de leur travail, principalement pour ce qui est de plusieurs circonstances de l'Histoire, & des traits ou contours qui doivent donner la belle forme à leurs objets, & plusieurs autres particularitez des jours & ombres, & aussi du goust des beaux Antiques.

Plusieurs croyent aussi, que pour apprendre l'Art de Pourtraire & de Peindre, il n'y a qu'à beaucoup copier les œuvres d'autruy, & sur tout celles qu'on tient pour les meilleures : Mais, comme j'ay dit, cela ne suffit pas encore, puis qu'il en faut toûjours venir à copier ou imiter les beaux objets naturels, à moins de se resoudre à n'estre jamais que Copiste. Ce qui, comme je croy, ne doit pas estre leur dessein.

Remarquez donc que celuy qui s'instruit à connoistre bien le Geometral des beaux objets, & qui en remplit son imagination, fait beaucoup, puis que bien pour bien, il peut avec asseurance faire plus d'ouvrage en un jour, qu'un autre n'en fera en quinze ; Et pour en juger, il n'y a qu'à faire comparaison entre un Praticien qui n'eft pas inftruit des bonnes regles pour copier le relief à veuë d'œil, ny de prendre fur luy geometralement les proportions, afin de les reprefenter ainfi en perfpective, ny de rendre raifon de chaque partie de fon ouvrage, foit en gros ou en détail, d'avec celuy à qui toutes ces regles & connoiffances font familieres.

Ie croy que l'on auroit, ce me femble, droit de méprifer un Architecte & un Maffon, qui voulant conftruire un Edifice ignoreroient les mefures de toutes fes parties & les caufes de fa folidité; ou un Sculpteur qui feroit des Figures, & autres reprefentations, fans pouvoir rendre aucune raifon de leur proportion; quoy qu'il n'y en aye que trop, comme il a efté dit, qui ont, auffi bien que des Peintres, appris à deffeigner & à modeler de cire ou de terre fimplement à veuë d'œil, & qui font en leurs Bas-Reliefs, & tels autres ouvrages, de tres lourdes fautes, ignorant auffi la pratique Geometrale & Perfpective, avec leurs dépendances.

Et fur ce que plufieurs difent, qu'il y a des Praticiens qui ne laiffent pas de faire des ouvrages fans ces regles, qui font plus eftimez fans comparaifon que celles de plufieurs qui les fçavent; (fuppofant que cela foit) l'on peut auffi dire, qu'ils ont un genie du tout extraordinaire, & que s'ils n'ont la Regle & le Compas à la main, ils les doivent avoir dans l'imagination, & bien fouvent fans le fçavoir, qui eft fans contredit un tres-grand hazard: toutefois un point leur manque, en ce qu'ils ne peuvent s'en exprimer, & par confequent en inftruire d'autres: Ainfi toutes ces pretenduës raifons que les Ergoteurs peuvent alleguer fur cela, n'empefche pas qu'on ne puiffe dire avec verité, que s'il fe pouvoit trouver deux Genies égaux qui n'euffent eu aucune inftruction de ces particularitez, fi l'un d'eux prenoit celle des veritables regles, & l'autre cette routine à veuë d'œil, le premier feroit bien mieux & plus promptement, bien pour bien, dans peu de temps que l'autre, & que le dernier feroit toûjours le dernier; & par confequent le premier feroit fans comparaifon de meilleurs ouvrages & Difciples que l'autre, & avec moins de temps.

Et en verité, n'eft-il pas aifé à juger, que fi un Peintre, & fur tout un Sculpteur, avoit eu l'œil fi jufte & l'imagination fi forte, que d'avoir fortuitement fait quelque belle Figure fans mefme avoir eu le naturel prefent, ny aucune regle que fa veuë, qu'il luy seroit avantageux d'en prendre les mesures pour s'en servir aux occasions, afin de n'estre point si long-temps à examiner son travail en le faisant, defaisant & refaisant plusieurs fois en tastonnant ?

Il est donc certain que ce qui oblige quantité de Peintres & Desseignateurs à faire toutes ces repliques & objections, n'est autre chose que la créance qu'ils ont de ne se pouvoir défaire de leurs longues & mauvaises habitudes : C'est pourquoy il me suffit, que ces regles puissent estre entenduës & pratiquées par ceux qui, comme on dit, sont d'humeur à quitter leur vieille peau, ou qui veulent commencer la pratique de ces Arts par la voye la plus courte, la plus facile & la plus asseurée ; ainsi que celles que nous avons en plusieurs bons Livres, & en ceux que j'ay donnez cy-devant au Public, & mesme en celuy-cy.

De sorte que pour estre estimé bien entendu en cette profession parmy les personnes sçavantes, il faut, comme j'ay dit, en sçavoir déduire toutes les circonstances ; Premierement celle de demonstration, puis celle de goust ou d'opinion, qui sont les diverses proportions des objets, leurs ordonnances & dispositions. leurs oppositions entr'eux, & leurs couleurs : car pour les premieres, qui sont les regles de pratiques Geometrales & Perspectives, elles sont assez reconnoistre ce qu'elles sont par leurs principes certains.

Sur la maniere de Desseigner de soy, ou de ressouvenir les idées que l'on peut avoir, ou ce que l'on a plusieurs fois imité.

AVANT que finir cette matiere j'ajoûte icy par forme de discours, en attendant les Figures, la pratique que je trouve qu'un Disciple doit prendre estant avancé passablement au dessein, afin que s'il a l'aptitude & genie à inventer, il le puisse faire, ayant jugé qu'il doit y avoir differéce entre la pratique de copier le naturel à veuë d'œil, estant choisi tel qu'on le desire, d'avec celle d'en esquisser sur le papier l'idée que l'on en peut avoir ramassée dans l'imagination ; & mesme qu'il est necessaire de s'en faire une pratique, pour cultiver cette imagination à recevoir & retenir fortement ces idées.

Chacun sçait que pour apprendre de la prose ou des vers par

cœur, ou pour mieux dire de memoire, & les pouvoir reciter, il faut les avoir leus & releus, & mesme écrits plusieurs fois.

Ce qui me fait dire par comparaison, qu'en desseignant plusieurs fois le plus promptement que faire se pourra les traits & contours d'un objet, soit d'apres une Stampe, Dessein, ou Tableau, & mesme le relief, animé ou non, & les redesseigner ainsi sans voir l'original, qui est à dire de ressouvenir, l'on accoustumera insensiblement son imagination non seulement à y retenir la forme de ce que l'on aura copié, mais de s'y en former d'autres ; C'est pourquoy il faut toûjours choisir de bons originaux, afin de n'y faire entrer que de bonnes idées, & par consequent en produire de semblables ou approchantes.

Par ainsi cette methode de copier peut ne pas estre avec la sorte de conduite expliquée aux Planches 59, 60, &c. car elle se trouveroit bien difficile à se l'entretenir presente à l'imagination pour la faire avec justesse, non seulement du trait & des jours & ombres, mais encore moins des fortes & foibles touches ; & toutes ces particularitez ne se doivent effectuer qu'apres que l'on a trouvé le sequis ou idée de ces objets, soit peu ou plusieurs ensemble, en se servant à veuë d'œil du naturel, ou autres corps de relief du bon goust que l'on a choisi, & placez en mesme situation & astitude que l'on se l'est donnée par cette idée, laquelle ne se doit faire qu'au prealable on ne se soit rendu capable d'entendre bien la Perspective par regle, afin de faire en sorte de ne prendre point l'idée du contenu d'un Tableau imparfaitement par le détail ou morceaux à l'ordinaire ; mais au contraire d'abord en sa capitale partie, qui est la grandeur du champ de l'ouvrage, la situation du point de l'œil, & finalement celle de ses objets & leurs hastitudes, suivant les sujections requises, sinon precisément, du moins approchant du bien ; afin que venant à reduire cette idée dans le precis ou correct, il ne s'y trouve point de changement à faire qui la détruise : car faisant autrement on tombera en de tres-grandes erreurs.

Pour faire cela avec plus de facilité, il n'y a qu'à sçavoir trouver en gros le rapport du geometral au perspectif, en s'aidant ainsi d'un geometral pour avoir & retenir facilement ces idées dans l'imagination.

Or comme les trois Stampes 50, 52 & 54 de ce Traité feront mieux entendre cette pratique de copier pour se former de sem-

blables idées, je me contenteray de dire en conclusion, qu'il
faut d'abord sur toutes les figures humaines, & autres qui ont
mouvement & vie ; à cause que ces idées passent souvent tres-
viste dans l'imagination de plusieurs Desseignateurs peu pratics
en cela ; marquer promptement les actions de ces objets par de
simples lignes droites, comme celles des figures humaines par
les essieux representées en la Stampe 62. car par ce moyen ce
gros d'astitude estant ainsi desseigné, il est apres plus aisé de
faire revenir cette idée pour en avoir les autres parties, afin de
les former encore plus en détail sur ce que l'on en a commencé
par ces essieux.

Toutefois ce que dessus ne conclud pas qu'il ne se puisse rencontrer des imaginations si fortes, qu'elles tiendront ou garde-
ront tres long-temps ces idées, & jusques au point, qu'il leur
seroit mesme facile de concevoir des lignes ou filets entre l'œil
& ces objets imaginaires, pour en suite les desseigner par la
maniere à veuë d'œil cy-devant citée, & cy-apres aux Planches 58, 59, 60 & 61. mais le nombre de telles imaginations
n'est pas le plus grand (comme je croy :) Toutefois chacun
peut tascher de cultiver ainsi la sienne comme un effet de memoire : Ce faisant je ne doute pas que plusieurs n'en viennent
autant passablement à bout qu'ils en auront besoin, estant un
usage tres-naturel.

I'ajoûteray ici encore une béveuë de ceux qui se portent à
épouser des manieres de colorer, plûtost par l'estime que plusieurs en font, que par la connoissance, puis que nous en voyons
qui ayant fait croire par leurs ouvrages que si du moins ils
n'estoient pas tout à fait dans le vray, qu'ils en estoient bien
proches, lesquels s'en sont entieremét éloignez, pour s'estre lais-
sez surprendre à des manieres qu'ils nomment fortes, à cause
qu'elles sont composées de tres-noires ombres & jours tres-
éclatans, sans s'enquerir de la diversité des lumieres, soit de
chandelle, de Soleil, à découvert ou couvert, de chambre plus
ou moins éclairée, & mesme de cachot, ny aussi sans aucun
égard que l'ombre d'une carnation ou étoffe claire est bien differente de celle d'une brune ; & ainsi par proportion, comme
il a esté dit. Et en verité, je ne puis nommer ces manieres fortes, mais bien noires ou brunes ; & l'on peut demonstrer qu'au
contraire elles sont foibles, & celles que ces Messieurs veulent
nommer foibles, à cause qu'elles sont tendres & bien éclairées,

je

je les diray fortes, puis que l'on le peut prouver, & d'autant plus, que la nature n'envoye jamais à l'œil ses contrastes de couleurs brunes & claires, mais toûjours tendres & douces, & mesme jusques à celles de nuit aux flambeaux, sur tout à ceux qui ont les yeux forts & exercez à ne se laisser surprendre d'abord, pour croire les ombres plus brunes quand des claires leurs sont opposées, ny les claires ou blanches, plus blanches, par l'opposition des brunes ou noires.

Rejettons donc tous ces mots de grandes, fortes, fieres, & bonnes manieres ou goust, si l'on n'en sçait déduire les raisons pertinentes; & aussi ces petites lumieres de miroirs ou points brûlans, comme si quelque esprit de l'air les envoyoit sur terre & sur les objets qui y sont, par le moyen des miroirs, afin de n'en rien éclairer que ce qu'il leur plaira.

La pluspart de ces avertissemens furent donnez à nos Eleves dans les diverses leçons que je leur fis, sans les avoir redigez par écrit, ainsi que celles qui suivent; qui pour bien faire doivent estre les premieres entenduës, puis qu'elles serviront de baze ou fondement au total: car les possedant bien, il ne faudra pas une heure de temps pour entendre le reste.

I'avois negligé cet ouvrage, à cause qu'une partie de ce qu'il contient se trouve dans les Elemens d'Euclide, mais l'augmentation que j'y ay faite de plusieurs belles & utiles particularitez, outre la veritable methode de desseigner & peindre à veuë d'œil d'apres le naturel & celle dont je viens de traiter, avec la connoissance que j'ay euë que plusieurs Praticiens de la Pourtraiture ne sont pas instruits des lieux de ces Elemens pour choisir ce qui leur est necessaire, j'en ay fait le triage & resolu de le donner ainsi au Public.

Chapitre IX.

Particularitez sur la position d'un Modele, soit naturel ou autre, avec l'application des drapperies dessus.

I'Ay crû qu'il estoit necessaire d'expliquer icy, sinon en détail, du moins en gros, quelque chose de la position d'un Modele, avec l'application des differentes drapperies appliquées & agencées dessus.

E.

Chacun peut ſçavoir que ceux qui font profeſſion de le poſer doivent avoir pluſieurs conſiderations.

La premiere, que ſon aſtitude, à moins que de ſujettion, ne ſoit forcée ou contrainte, afin qu'il s'y puiſſe tenir facilement aſſez long-temps; & meſme pour s'y bien remettre apres s'eſtre repoſé.

La ſeconde, que pour le bien & contentement du plus grand nombre des Eſtudians cette aſtitude ſoit agreable ou belle de pluſieurs coſtez, tant en ſes contours, qu'en ſes jours & ombres, qui pour le mieux doivent venir de haut, & auſſi qu'elle puiſſe eſtre de ſervice.

Il faut encore apres cette poſition avertir les Etudians de ne s'accouſtumer pas à ſituer toûjours leur regard ou point de veuë à leur ordinaire, ſçavoir ſur leur Modele, mais le ſuppoſer quelquefois à coſté, puis en deſſus & en deſſous, ayant liberté de varier la prunelle de l'œil à droit & à gauche, de haut & de bas, ſans la forcer, mais non pas la teſte.

Et afin que les temps de repos du Modele ſe puiſſent facilement donner, il faut chercher des aſtitudes convenables pour poſer & arreſter ſes bras, ſes jambes & ſes pieds, en s'appuyant ou tenant quelque choſe en main, & ſur tout lors qu'elles ſortent hors de leur centre de gravité, comme cela peut arriver en beaucoup d'occaſions.

On luy en peut auſſi donner de bien plus naturelles & agreables les unes que les autres, quoy qu'elles ſoient toutes naturelles, cauſées par le mouvement des eſſieux, des épaules & des hanches.

Et d'autant qu'aux Academies on deſſeigne ordinairement dans un temps au jour venant d'une feneſtre, puis dans un autre temps la nuit à la lumiere d'une lampe; il faut auſſi que les Etudians ſe ſouviennent de ne point tant s'habituer à ces deux ſortes de lumieres, qu'ils ne faſſent diſtinction, qu'en faiſant des ſujets d'hiſtoire, de jour, de ſales ou ſalons ouverts, & de campagne, ſoit que le Soleil luiſe ou non, ils doivent eſtre éclairez & ombrez bien differemment, ainſi qu'il a eſté & ſera dit.

Et pour l'agencement des drapperies ſur les petits Manequins ou Modeles de terre ou de cire, l'on peut avertir que pour la pratique de cet Art; qu'une grande partie des Peintres, des Sculpteurs & Deſſeignateurs, ſuivent d'ordinaire plûtoſt la maniere de ceux qui ſont en eſtime que la raiſon; ce qui peut beaucoup prejudicier, à moins d'avoir extrémement bien choisi, & encore pour quelque temps.

Pour exemple : D'autant qu'ils ont oüy dire, qu'une figure drappée ou vestuë le doit estre de sorte, que l'on remarque en quelque façon nonobstant ce vestement, la forme ou le nud d'icelle, & davantage, d'avoir veu pour cela appliquer sur ces Modeles du papier moüillé, ou du fin linge, toille de soye ou autre, selon la volonté du Peintre ou Desseignateur, pour ensuite les imiter à veuë d'œil, soit en grand ou en petit.

Mais sur cela pour bien faire, il y a à mon sens, entre plusieurs particularitez deux à remarquer ; La premiere, que comme dans ces Academies on s'accoustume à n'y desseigner d'ordinaire qu'une figure seule, ou deux au plus, faisant groupe, on y establit dessus un point de veuë, ce qui fait que venant à historier un Tableau où il se trouve plusieurs figures & groupes, on s'habituë sans y penser à y faire aussi à chacune un point de veuë ; qui est tomber dans l'erreur déduite cy-devant au Chapitre V. Et ceux qui s'estant aussi accoustumez à regarder des Colonnes & des Boules, & tels autres objets chacun à part, commettent celles citées dans mon Livre d'Architecture Planche ou Stampe R : car en lieu qu'un Tableau ne doit avoir qu'un seul point d'œil, il y en aura autant que de Figures, de Groupes, Colonnes, Bazes, Boules, &c. qui sont de tres-grandes absurditez, lesquelles il faut fuïr, quoy que plusieurs Peintres de haute reputation les ayent commises & commettent encore tous les jours, manque d'entendre bien la vraye Pourtraiture ou Perspective.

La seconde, de n'affecter point sans bons raisonnemens cette application ou colement de drapperies ; car j'en ay veu où cela estoit tellement observé, que l'on eust dit qu'elles estoient arrestées ou collées dessus la cire ou terre, qui est leur nud, estant impossible sans ce colement que par leur poids ou pesanteur ils ne cherchassent leur à plomb, & par ainsi changer de place, & mesme que la pluspart de ces morceaux de drapperies estant representez en grand, & davantage imitez sur le petit, l'on y peut remarquer que comme ces petits morceaux estans peu pesans, & mesme formez & appliquez ainsi moüillez, ils ne peuvent pas se relascher ou tomber comme des grands qui seroient secs, & qui auroient aussi beaucoup plus de poids.

C'est pourquoy il faut estre considerant & judicieux en ces

E ij

chofes, pour fçavoir faire la diftinction des endroits où fe fait le pliement des membres des figures, comme les jarrets & genoüils, les hanches, aifnes, épaules, bras, &c. fuivant les diverfes aftitudes : car quand mefme ce feroit des drapperies naturelles en leur grandeur, il n'eft gueres raifonnable de les compofer autrement que ce qu'elles peuvent faire d'elles-mefmes ; non pas que l'on doive imiter indifferemment toutes celles qui s'offrent d'abord aux yeux à la premiere rencontre, quoy que naturelles, puis qu'il y en a d'aucunes dont les plis font fans comparaifon plus raifonnables, agreables & avantageux que d'autres.

Enfin il faut, ce me femble, toûjours prendre garde que ces compofitions foient faites & agencées de forte, que l'on puiffe connoiftre que la nature peut faire cet effet fans ce moüillement, collement & legereté de ces petites étofes.

CHAPITRE X.

Sur les dernieres Leçons données dans l'Academie.

VN peu devant que noftre Compagnie m'euft convié de rediger par écrit & par figures les Leçons qui fuivent, ainfi que je leur avois propofé, afin de les expliquer à nos Eleves, il fut arrefté qu'elle s'affembleroit tous les derniers Samedis de chaque Mois, pour travailler unanimement aux chofes qui leur pourroient eftre profitables : Ce qu'ayant fait, l'on propofa de dreffer une Table des matieres, afin d'y prendre par ordre celles qu'on y voudroit traiter ; mais cela ne s'acheva pas.

Toutefois quelques-uns de la Compagnie choifirent pour la premiere, de definir ce qu'en la Pourtraiture & Peinture on nomme le Trait, mefme avant celle de Pourtraiture qui devoit preceder : Mais comme elles eftoient amplement expliquées dans mon premier Volume depuis le commencement jufques à la Regle du fort & du foible toucher, avec tout ce qui concerne fa pratique, je pris la liberté de leur dire, qu'à mon avis ce feroit perdre du temps, eftant plus utile de traiter, s'il fe pouvoit, de chofes nouvelles ; comme de la belle proportion des divers objets animez & inanimez, & de leurs expreffions en general, puis du meslange ou alliage des couleurs, & connoistre ses qualitez qui les font subsister long-temps belles; En suite du labeur & maniement du Pinceau pour leur applica-tion : Enfin je conclus, à faire connoistre surquoy est fondée la connoissance de ce que l'on appelle entre nous le bon goust, ou grande maniere, tant au trait des contours qu'au coloris, & en celle de peindre ; Puis diverses recherches des causes Geo-metrales de plusieurs objets de la Nature, de la forme & de la coustume ou mode des divers Païs, soit aux terrains, arbres, air des objets animez & inanimez, leurs vestemens, & autres choses d'usage.

Ensuite je leur dis quelques-uns de mes sentimens sur cela, & entr'autres, qu'il me sembloit que si un Peintre avoit si bien pratiqué la Regle de Perspective, qu'il fust arrivé à ce degré de perfection, de faire que son ouvrage fist à l'œil des Regar-dans toute la mesme vision que leur feroit l'original, soit na-turel, ou autre corps de relief ; qu'on pourroit dire que cet ouvrage seroit bien executé.

A quoy j'ajoûtay que cela n'empeschoit pas que l'on ne fist recherche, autant qu'il se pourroit, de la plus belle proportion des divers objets, tant par l'approbation de la Compagnie, que par celle des Personnes judicieuses & sçavantes, soit pour les figures humaines, en l'anathomie & construction de leurs corps, ou pour les autres objets ; qui est à dire sçavoir faire la distinction de tout ce que l'on tient pour le plus beau & agrea-ble Geometral, outre ce à quoy nous oblige l'Histoire, tant Sacrée que Prophane, qu'un curieux Peintre ne doit ignorer, estant la source où il faut puiser une bonne partie des ouvrages de Peinture. Il luy est aussi necessaire de lire les Oeuvres des grands Historiens & des Poëtes ; Et comme les Peintres affe-ctent d'exprimer la nudité & varieté des figures humaines, qui sont des plus composez objets de la Nature, il est à propos de voir aussi les bons Bas-Reliefs & Rondes-Bosses Antiques ; bref s'instruire en la connoissance de tous les divers objets, afin d'estre, s'il y a moyen, Peintre & Desseignateur universel, comme j'ay plus amplement dit dans mon Traité des Senti-mens sur la Pourtraiture, Chapitre VIII.

Pour conclusion, je leur dis, qu'en attendant leur resolution j'allois travailler à ce que je leur avois proposé, (& dont ils estoient convenus) comme plus necessaire à nos Etudians, afin

de le faire imprimer, pour témoigner au Public par cet Ouvrage, & par mes deux Traitez de Perspective, que noftre
Academie fçavoit l'ordre qu'il falloit tenir pour leur parfaite
inftruction ; & de telle forte, que l'on pourroit dire fans crainte de fe méprendre, qu'elle l'emporteroit de beaucoup fur toutes celles que nous fçavons eftre eftablies, tant en Italie qu'és
autres pays :

Car qu'y peut-on defirer davantage, que d'avoir d'abord la
plus jufte inftruction de deffeigner & colorer à veuë d'œil d'a-
pres le relief ou naturel, & la plus conforme à la vraye Regle
de Pourtraiture ; & en fuite les Leçons de ce qu'il leur eft neceffaire fçavoir de Geometrie pratique : De plus, l'explication de ce que l'on nomme plan ou affiette, profil & élevation
des objets, avec la pratique d'en prendre les affiettes & élevations des acceffibles, par un fimple devis Geometral compofé
de deux lignes, que j'ay nommées de front & fuyante ; comme
auffi pour les inacceffibles, par d'autres voyes, où ce mefme
devis fe peut appliquer, & avoir ainfi la pratique de reprefenter ces objets par ce devis de mefures, foit d'abord en Geometral, ou en Perfpective, avec la place de leurs jours, ombres &
ombrages à toutes fortes de lumieres, & leurs diverfes reflexions & refractions, tant deffus & dedans l'eau, qu'oppofez les
uns aux autres ; mefme le moyen d'affoiblir & fortifier les
touches, teintes ou couleurs, fuivant la place de leurs jours &
ombres, foit qu'ils foient veus de front, ou fuyant, de forme
platte, ronde ou courbe, plus ou moins tournantes & efqui-
vantes aux rayons de l'œil ; afin que par l'infaillible raifon des
coupes de front Perfpectives & Geometrales paralelles au plan
du Tableau, l'ouvrage faffe avoir à l'œil la fenfation ou vifion de relief fur toutes fortes de fuperficies regulieres ou irregulieres ; & finalement cette pratique pour fe cultiver l'imagination à faire de reffouvenir ; Ce qui eft le moyen de faire
venir ou naiftre l'invention.

Ainfi je leur laiffay à juger apres ce Traité & mes deux de la
Perfpective, s'il y avoit autre inftruction à donner à nos Etudians, que de ces matieres d'opinion, que je confeillois de choifir & traiter, pour rendre l'Academie en quelque degré de
perfection.

Ayant donc achevé l'ouvrage qu'on avoit trouvé à propos
que je fiffe, je l'expliquay à nos Etudians, apres leur avoir leu

le Difcours qui va fuivre, qui eft leur premiere Leçon, & qui precede, comme il eft dit, le nombre des Planches où font les figures qui fervent à operer de la main.

Mais j'avertis les Praticiens de ne fe pas peiner à retenir par memoire les definitions ou noms qui font donnez aux figures planes ou plattes, & aux folides, puis qu'ils ne font rien à la pratique; & mefme quand ils y feroient neceffaires, qu'ils les retiendront affez en pratiquant, & en les voyant de fois à autre en ce Traité; Que le principal eft de bien entendre les pratiques Geometrales, & fe rendre exact aux operations; & cela eftant, l'on fçaura en un moment la pratique du Perfpectif; & par confequent en fçachant ces regles, l'on pourra facilement remarquer fur les Oeuvres de ceux qui avancent, qu'elles ne doivent eftre confiderées que comme la moindre partie de la Peinture, qu'ils font donc bien peu jaloux de leur gloire, de faire voir par leurs ouvrages qu'ils ne les pratiquent pas.

Ceux qui feront curieux de voir les demonftrations de ce que j'ay tiré *d'Euclide*, auront, s'il leur plaift, recours à ces Elemens, à caufe que la plufpart des Peintres, & femblables Deffeignateurs, fe repofent d'ordinaire fur ce qu'ils les croyent eftre vrayes, comme auffi le font-elles; car autre chofe eft de pratiquer des regles que l'on tient pour bonnes, & autre chofe d'en vouloir voir la demonftration.

Or fur cette demonftration j'avertis, que celles qui font dans mes Traitez de Perfpective, & fur tout vers la fin du premier, ne font que pour les forts Geometres, d'autant que Monfieur Defargues a efté d'abord univerfellement à demonftrer par les folides, qui n'eft pas l'ufage ordinaire de tous ceux qui fe difent Geometres ou Mathematiciens; Car il fait voir comme a écrit à un fien Amy deffunt le rare & fçavant Monfieur Pafchal fils, Sieur Dethonville, *Que les paralelles font toutes femblables à celles qui aboutiffent à un point, & qu'elles n'en different point.*

Pour donc ébaucher ce qui va fuivre aux Stampes ou Planches, & pour le bien entendre, je commenceray par ce que l'on nomme le *Point*, la *Ligne*, la *Superficie*, ou *Surface*, les *Figures*, tant *plattes* que *courbes*, & les *folides* ou *maffifs*, compris, terminez ou bornez dans leurs formes, comme la *Sphere*, le *Cercle*, le *Cone*, le *Cylindre*, & en general les *Corps reguliers & irreguliers*; dont les premiers eftans les plus fimples, l'on peut par leur moyen arriver à la connoiffance des autres.

Ie sçay bien que dans Euclide le point n'est qu'intelligible,
non plus que la ligne & la superficie, & que ce ne sont point des
choses visibles ou palpables ; mais dans la pratique où nous ne
les prenons pas tant à la rigueur, nous les rapportons au sens,
& mesme d'une touche plus forte ou plus foible, suivant l'occasion & le lieu ; d'autant qu'en general la pratique ne but
qu'à contenter les sens ; & un bon entendement ne trouve jamais rien à redire à une piece de pratique, quand les sens bien
sains & bien conduits la trouvent sans deffauts.

CHAPITRE XI.

Discours prononcé de vive voix dans l'Acade-
mie, pour servir de preparation à ses Eleves,
avant que d'en venir à la pratique.

PREMIERE LEÇON.

CEux qui ont de l'amour pour les Arts où il s'agit de sçavoir desseigner ou pourtraire, & qui les veulent pratiquer
sur tout celuy de la Peinture & Sculpture, doivent avoir grande obligation à Messieurs de cette Academie, qui ont pris le
soin d'en poursuivre l'établissement, & qui recherchent encor
tous les jours le moyen de la rendre de plus en plus florissant
& l'élever au plus haut du possible, sur tout en ce qui est de
l'institution en la pratique de l'Art : Et encore que vous n'y
voyiez à present expliqué qu'une partie des choses que l'on y
pourroit souhaitter, cela ne fait pas que le total n'en ait est
projetté, & que cette vertueuse Compagnie n'y travaille an
tant que ses capitales occupations luy peuvent permettre.

Or elle a trouvé bon que je recommençasse l'Explication p
maniere de Demonstration visible en Exemples à la main, le
Regles de la pratique de la Perspective, autrement de la Pourtraiture, suivant les Traitez que j'en ay cy-devant mis au jou
sur les preceptes de Monsieur Desargues, tant à la veuë du su
jet ou objet, que sur le devis de ces mesures ; à quoy nous join
drons, Dieu aydant, l'Explication de ce qu'on nomme la Re
gle des Ordres de l'Architecture Antique.

Donc pour ce faire, il faudra, s'il vous plaist, avant tou
choses

chofe, recevoir quelques avis, & les bien *remarquer*.

Le *Premier*, principalement pour ceux qui veulent pratiquer l'Art de la Peinture ou Pourtraiture, Qu'il faut commencer par entendre quelque peu de Leçons d'une partie de ce qu'on nomme *Pratique de Geometrie*, par le moyen de la *Regle & du Compas*; ce qui ne confifte qu'en un petit nombre de chofes aifées & qui ne charge ny n'embarraffe l'entendement; puis en fuite ce que l'on doit auffi entendre par les mots *d'affiettes* ou *plans* Geometraux, *Elevations* & *profils des corps*, tant reguliers qu'autres, & d'en faire les reprefentations Geometrales fur du papier ou autres fuperficies plattes, pour en fuite les reduire en Perfpective fur de pareilles fuperficies, & autres irregulieres; car fçachant bien ces chofes, en moins de trois ou quatre leçons, d'une heure chacune, vous pourrez apprendre facilement cette pratique de Perfpective.

Davantage vous eftes conviez de ne vous laiffer furprendre d'aucune chofe que je vous pourray dire, qui à l'abord vous fembleroit choquer le fens ou la raifon; mais au contraire en attendre patiemment la folution: car j'efpere de vous les éclaircir toutes.

Et fi par inadvertance j'en obmettois, je vous prie ne craindre de m'en avertir, & de me dire librement toutes les penfées & meilleures raifons que vous pourrez pretendre avoir fur le tout, foit, ou pour ou contre.

J'entends parler à ceux qui font doüez de raifonnemens, & avancez en âge; car pour les jeunes Eleves, il leur fuffira d'écouter ce qui en fera dit & d'en faire leur profit autant qu'ils pourront, puis qu'ils doivent eftre affeurez que je ne diray, ny ne deffeigneray rien, qui ne foit eftably par bonne demonftration

Portez-y donc toute l'affection & l'attention neceffaire, puis que noftre but n'eft que de vous rendre facile vne chofe, qui faute d'eftre bien entendüe femble difficile & faire perdre du temps, au lieu que bien entendüe elle en fait gagner.

Il peut y en avoir d'entre vous qui deffeignez icy, lefquels n'ont pas intention de pratiquer l'Art de la Peinture, mais peut-eftre celuy de l'Architecture, Sculpture, ou tels autres Arts, ou fimplement de deffeigner ou pourtraire.

Mais foit l'un ou l'autre, la raifon veut que vous commenciez toûjours par celuy de pourtraire ou mettre en perfpective un nombre infini d'objets animez ou inanimez.

Il y a diverfes pratiques ou moyens en ufage pour y paruenir, defquels il eft à propos d'en choifir deux plus ordinairement pratiquez, à caufe de leur plus grande univerfalité & precifion en toutes occafions.

Or il y a des Praticiens qui manque d'eftre avertis de plu-fieurs circonftances en ces pratiques, y font de tres-fenfibles fautes, & perdent beaucoup de temps à s'en corriger ou redref-fer, & mefme s'ils le font, ce n'eft qu'à grande peine.

Il y en a d'autres, qui encore que par les chemins qu'ils tien-nent pour apprendre à Pourtraire ne tombent en telles fautes, neantmoins à caufe de leur longueur, ils demeurent plus de temps à y parvenir, qu'ils ne feroient par le moyen que nous vous allons expliquer, fi d'abord ils l'avoient bien entendu, & n'en avoient fuiui d'autres.

C'eft pourquoy je tafcheray de vous déduire quelques-unes de ces circonftances & fautes, & enfuite le moyen de les éviter, afin que s'il y avoit quelqu'un de vous qui fuivift ces mauvai-fes maximes, il apprenne à s'en corriger en pratiquant aux oc-cafions ce que j'en diray cy apres.

Plufieurs qui commencent la pratique de l'Art de Pourtraire pour en fuite venir à celuy de la Peinture, ne croyent pas qu'il leur foit abfolument neceffaire de fçavoir quelque chofe de la Geometrie pratique dont j'ay parlé cy-devant, & de pratiquer le Geometral ; mais bien ceux qui font profeffion de plufieurs autres Arts, comme de Charpenterie, Menuiferie, Maffonne-rie, & femblables ; fe trompent en fe flattant, car ils le doivent fçavoir, & le plûtoft n'eft que le mieux, comme je feray bien voir en fon lieu : car de fe confirmer d'abord par de longues habitudes à d'autres pratiques avant celles-là, il eft tres-diffi-cile de s'en départir apres ; & pour moy je trouve honteux à un Peintre d'ignorer ces chofes, puis qu'elles luy font fi neceffai-res, & à prefent fi faciles & promptes à concevoir.

Il eft bien vray que pour fe rendre habile Ouvrier en la pra-tique de cet Art de Pourtraire, il eft abfolument neceffaire à qui que ce foit, jeunes & autres, de s'exercer à bon efcient à ce que l'on appelle communement Deffeigner à veuë d'œil, foit en copiant des Deffeins & Tableaux plats, ou le relief & na-turel, à condition de prendre d'abord la meilleure methode ; & ce pour deux chofes.

L'vne, afin de s'accoûtumer à exercer son œil à bien voir le sujet, soit ainsi plat ou de relief, & finalement en bien prendre les formes generales & les particulieres de chaque partie en gros & en détail, *Circonstances remarquables*, & d'autant plus que beaucoup de Praticiens s'y mécontent & font en leurs ouvrages nombre de lourdes fautes.

L'autre, afin de se bien exercer la main au travail, & à bien former ou contourner les choses que l'œil a pû découvrir & fait entrer dans l'imagination.

Ie veux dire qu'il faut que les Disciples s'exercent d'abord les yeux & la main: *L'œil* à distinguer la forme des sujets ou objets qu'ils veulent representer; *La main* à se la rendre pratique & libre au maniement de la *plume*, *crayon* & *pinceau*: Toutefois je croy que des choses cy-dessus dites, si l'on partage son temps pour les apprendre bien à propos, ainsi que je diray, cela se fera comme par divertissement & en peu.

LA PRATIQUE *de la* PERSPECTIVE *ou* POURTRAITURE *est divisee en quatre principales parties.*

LA *Premiere* qui se presente à l'entendement, est ce qui doit y servir de *sujet* ou *d'objet*.

La *Seconde*, est la situation ou disposition en laquelle doivent estre le *sujet*, le *luminaire* ou *lumiere*, l'œil & le *Tableau*.

La *Troisiéme*, est la forme que doit avoir le *Trait*, autrement le *dessein du sujet*, avec la distinction d'entre ses parties illuminées, ombrées & ombragées.

La *Quatriéme*, est la touche ou le coloris de ce dessein par fort & foible, avec l'union & l'expression de chaque chose, tant en l'illuminé ou éclairé, qu'en l'ombré & ombragé.

Pour la Premiere, elle ne se mesle point de choisir les objets ou sujets, ny d'en donner les proportions; elle laisse au Praticien d'entreprendre sous sa conduite, de faire la representation ou Pourtraiture sur une superficie platte ou autrement, de tous les objets de la nature, sans s'enquerir s'ils sont du bon ou du mauvais goust, autrement beaux ou laids, proportionnez ou disproportionnez.

Pour la Seconde, encore bien qu'il s'agit de sçavoir mettre ou placer le fujet dans une belle & agreable fituation, ordonnance ou difpofition, & luy donner les mefures & formes plus communement receuës, fur tout en fait de figures du Corps humain. Et encore que l'on ne doute pas qu'il ne s'en puiffe former quelque forte d'inftitution methodique, neantmoins, comme il a efté dit, cette Regle ne fe mefle point d'en donner des preceptes, puis que tout ce qui eft d'opinion & de gouft eft variable & fujet à changement; elle pretend feulement d'éftablir une pratique fur des raifons demonftrées, & par confequent inviolables.

La *Troifiéme* vous donne le moyen de reprefenter les lineamens & contours par de fimples lignes ou traits que voftre œil apperçoit de la plufpart de la fuperficie de voftre *fujet*; tant par le moyen de la pratique de deffeigner à veuë d'œil, que par la principale & plus certaine, qui eft de fçavoir les mefures de toute l'eftenduë d'iceluy, enfemble la place de fes jours, ombres & ombrages; qui eft ce qu'en cette pratique ou nomme le T R A I T.

Donc ayant parachevé ce *Trait* par ces preceptes, & diftingué le prés & le loin du *Tab'eau* devant & derriere luy, le *rond* ou *renflé*, le *plat*, le *defront*, le *fuyant*, & le *tournant*, l'*illuminé* ou *éclairé*, l'*ombré* & l'*ombragé*, *directement*, de *biais*, ou par *reflexion*.

La *Quatriéme* partie vous donne lieu d'achever le refte, par le moyen de l'affoibliffement des touches, teintes ou couleurs, foit par blanc & noir, ou autrement, ou bien par les diverfes couleurs, en fçachant de combien il faut affoiblir par proportion le clair & le brun, afin de faire paroiftre à l'œil le de front de front, le fuyant fuyant, & le tournant tournant; & ainfi de toutes les couleurs qui participent le plus de ce clair & de ce brun.

Et le but de la Regle de la Perfpective eft, de faire, former & figurer, toucher & colorer une Pourtraiture, en façon que veuë de fa diftance reglée, elle faffe avoir à l'œil qui la regarde toute la mefme fenfation & expreffion vifuelle que le fujet qu'elle reprefente luy feroit avoir, fi au lieu de cette Pourtraiture il regardoit le fujet mefme auffi de fa diftance reglée; qui eft ce en quoy confifte l'effentiel effet de ce qu'on nomme le Pourtrait d'un tel fujet ou objet.

Vous devez ce me femble juger, finon en détail, du moins

en gros par ce que je viens de dire, qu'un Peintre qui se seroit
rendu tellement praticien en son Art, que d'amener son ouvrage à ce point qu'il fist avoir à l'œil toute la même sensation visuelle que feroit son naturel modelle ou objet, soit qu'il
fust de ce que l'on nomme bon ou mauvais Goust ; devroit estre
tres-estimé en la pratique de l'Art ; je veux dire estimé tres-ex-
cellent Peintre, d'autant qu'il se seroit rendu capable de bien
executer ce que la regle luy peut prescrire ; car ainsi il ne luy
resteroit que d'estre adverty de faire le choix & distinction de
ces choses.

Mais touchant ce qui peut estre des Gousts & choix des objets, il est plus qu'à propos de fuïr les occasions de perdre du
temps à travailler sur des choses qui ne soient agreables ny receuës, afin de ne s'en point faire une impression dans l'idée,
qui soit difficile à faire perdre, & donne encore plus de peine
à faire place aux belles idées, quand on s'en voudra servir :
Et pour cet effet, il faut d'abord autant qu'il y a moyen, commencer par apprendre à connoistre & distinguer ce qu'on nomme & estime estre du bon Goust & du mauvais, afin de ne perdre temps en travaillant à faire l'un pour l'autre.

Et comme il ne paroist point encore en public des Traitez
qui déterminent les particularitez de plusieurs de ces choses
tellement en détail qu'on pourroit desirer dans cette pratique :
En voicy comme par avance le dénombrement d'une partie
du Gros ; *Sçavoir* de faire la distinction des sujets ou objets que
l'on tient beaux & bien proportionnez d'avec leurs contraires,
principalement des Corps humains, des Animaux, leurs Con-
formations & dispositions de parties exterieures & interieu-
res ; ensemble ce qui est de leurs possibles, mouvemens &
actions ; des divers Bastimens ou édifices, & autres choses
d'usage ou coustume ; des Païsages, &c. Puis en suite de leurs
dispositions & ordonnances dans les Tableaux ; & finalement
du meslange des diverses couleurs, pour quelles restent long-
temps belles ; & telles autres choses requises, pour perfectionner l'ouvrage de cet Art.

Ceux d'entre vous qui se sentent ignorer ces choses en tout
ou en partie, doivent s'en informer de bonne heure à ceux qui
croyent les posseder, principalement à Messieurs de cette Illustre Academie, en attendant ce qu'ils pourront en avoir déterminé par le temps ; puisque leur dessein est de n'épargner

F iij

ſoins ny peines, pour avoir tout ce qui peut ſervir à l'avancement & perfection de cette pratique de Pourtraiture, Peinture & Sculpture.

Et d'autant qu'il y a quelques années que je mis en lumiere un petit Traité de mes ſentimens ſur la diſtinction des diverſes manieres des ouvrages de Peinture & des Originaux à l'égard des Copies, où il y a ſur la fin d'iceluy quelque choſe en gros de ce que deſſus; je vous en feray la lecture, qui ne contient pas trois petites pages; ce qui pourra bien ſervir à ceux qui ignorent ces choſes, d'une paſſable ébauche ou idée en gros, en attendant le détail.

De plus, avant qu'en venir à l'explication de la meilleure maniere de ſe conduire à la pratique du Deſſein, j'ay creu neceſſaire de vous faire connoiſtre le deffaut & l'imperfection de celle que j'ay veu le plus communement ſuivie par un grand nombre de Praticiens de ſimple routine, qui eſt, qu'ayant à deſſeigner un Sujet ou plat ou de relief, par copie ou d'après nature; ils font connoiſtre & par leurs ouvrages & par leurs diſcours, que leur entente va purement à repreſenter la choſe comme l'œil la voit; au lieu que le vray but de la Pourtraiture eſt comme j'ay dit, que l'ouvrage faſſe avoir à l'œil la meſme ſenſation que le Modelle ou Original luy fait avoir.

Et pour m'expliquer de l'imperfection de la maniere de ſe conduire à cette pratique, vous avez à comprendre cecy pour exemple facile à vous le faire entendre; C'eſt qu'ayant à pourtraire un ſimple Quarré; ſi vous vous examinez bien en ce qui peut eſtre de la viſion que vous en avez, vous trouverez qu'en quelque ſcituation qu'il vous puiſſe eſtre mis devant l'œil vous le jugez toûjours à la veuë eſtre un Quarré; Et pourtant ſelon qu'il vous eſt diverſement placé devant l'œil, le Pourtrait que vous en avez à faire doit ſouvent eſtre d'une forme non quarrée.

Et pour un autre exemple, ayant à pourtraire un Rond en quelque ſcituation qu'il vous ſoit auſſi mis devant l'œil, vous le jugez toûjours à la veuë eſtre un Rond; & neantmoins ſelon qu'il eſt diverſement ſcitué, le Pourtrait en doit ſouvent eſtre de forme non ronde, mais ovale ou autre.

Ce qui vous enſeigne & fait connoiſtre, que c'eſt n'entendre point l'Eſſenciel de la Pourtraiture, de dire qu'il faut pourtraire les choſes comme on les voit, ou comme elles ſont; &

qu'au lieu de le prendre en ce sens, il faut ainsi que j'ay dit, avoir l'intention de faire un ouvrage qui fasse avoir à l'œil la sensation telle que le naturel luy fait avoir.

Enfin toutes les choses que je vous ay dites & expliquées jusques à present, doivent estre particularisées plus au long; mais pour un commencement, il suffira de vous en avoir dégrossi le discours en forme d'ébauche; Et pour ménager vostre temps, ensemble vous donner quelque agrément & plaisir en la distinction de ces choses; Au premier jour nous vous entretiendrons du peu de pratique de Geometrie que je vous ay dit necessaire à sçavoir, pour la facilité de celle de la Pourtraiture.

Fin de la premiere Leçon.

Cette Leçon & celles qui suivent, par figures & discours d'explication, furent signées des Anciens de l'Academie, qui estoient pour lors en mois; afin que si quelqu'un s'ingeroit de les vouloir mettre en lumiere avant moy, en se les attribuant, il parust du contraire, non, de ce que j'ay tiré des Elemens d'Euclide, mais bien des autres particularitez que l'on n'a point veu encore publiées.

Le premier des Anciens en mois qui a signé ces Leçons, est Monsieur Bourdon, le second Monsieur Vignon, & le troisiéme Monsieur Guerin Sculpteur, lequel n'a pas signé en son mois, estant allé aux champs lors que le cours d'icelles finit.

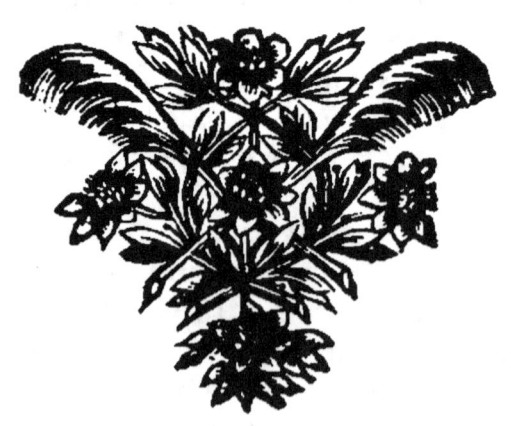

SELON les Mathematiciens, *le Point, est ce qui n'a aucune partie.*

Ou pour dire autrement, ce que l'entendement conçoit qui est si menu qu'il ne peut estre divisé.

Lequel pour un soulagement à l'idée on represente par un point sensible à l'œil comme celuy de cette Stampe ou Planche, Cotte *

La Ligne est une longueur sans largeur.

Autrement ce que l'entendement conçoit estre en longueur si dé iée qu'elle n'a aucune grosseur.

Laquelle de mesme pour le soulagement de l'idée ; on represente par un Trait sensible à la veuë dont il y a deux sortes ; l'une droite comme ADB, de laquelle il n'y a qu'une espece ; l'autre courbe comme ACB, dont il y a des especes sans nombre.

Et de chaque ligne droite ou courbe, tout endroit auquel elle peut estre atteinte par autre ligne ou point d'icelle en ses extremitez ou ailleurs est un *Point.*

Superficie ou Surface est ce qui a seulement longueur & largeur.

Autrement ce que l'entendement conçoit qui a longueur & largeur, & est si mince qu'il n'a nulle épaisseur ; comme la figure FNDEMGF, dont DE est la longueur, & DF la largeur, & desquelles Surfaces il y en a de plattes, dont il n'y a qu'une espece ; d'autres non plattes en nombre inombrable de sortes, l'une & l'autre enfermées ou bornées de lignes, ou droites comme DE, FG, DNF, ou courbes comme EMG.

Angle Plan ou Plat.

Quand deux lignes droites comme HI & IL s'entrecroisent en un point comme I, les espaces plats & pointus qu'elles separent & forment entr'elles sont appellez Angles Plans ou Plats, à distinction d'Angles d'autres especes.

Et la differente inclination d'entre ces lignes fait ces Angles grands ou petits, droits, moussès, ou obtus & aigus, comme vous allez voir en la Planche ou Stampe suivante.

Est à remarquer, que la grandeur de ces Angles consistent en la seule inclination d'entre les lignes qui les constituent, & non en leurs longueurs.

Il y a plusieurs especes d'Angles Plans ou Plats.

Quand les lignes qui comprennent un Angle, comme HI & LI sont droites, l'Angle est appellé rectiligne, qui est à dire de lignes droites.

Quand les lignes qui le comprennent sont courbes comme le suivant HI, LI, il est appellé curviligne, qui est à dire de lignes courbes.

Quand des lignes qui le comprennent, l'une est droite comme le suivant HI, & l'autre courbe comme LI, il est appellé mixte de lignes.

G

Es Angles compris de lignes courbes comme ceux ABC,&
d'une droite & d'une courbe comme D, E, peuvent varier
en diverses façons.

Quand comme en la figure premiere deux lignes droites FH,
& IL s'entrecroisant comme en G, font les Angles qu'elles
comprennent entr'elles, ainsi que ceux IGH, IGF, LGH,
LGF, tous égaux entr'eux, chacun de ces Angles est appellé
Droit ; & cette disposition de lignes entr'elles est ce que l'on
appelle *perpendiculaire*, ou *à l'esquierre*.

Quand (figure 2) deux lignes droites comme FG, LI, s'entrecroisant comme en G, ne font pas les Angles qu'elles comprennent entr'elles tous égaux entr'eux, mais l'un plus grand
ou plus petit que l'autre, le plus grand comme celuy FGI, ou
LGH, est nommé *obtus* ou *mousse*, qui est à dire plus grand
que droit ; & le plus petit comme celuy FGL, ou HGI, est
nommé *aigu*, qui est à dire moindre ou plus petit que droit.

Dans la Planche qui suit, vous y verrez ce que l'on nomme
Figure, lesquelles sont terminées ou bornées de lignes droites,
puis de courbes, & aussi de droites & de courbes.

Ce qui est compris & environné d'un ou de plusieurs Termes, est nommé Figure.

LA ligne terminée par deux points n'est pas nommée Figure : mais tout ce qui hors la ligne est compris & environnée d'un ou de plusieurs Termes, est nommé *Figure* ; d'un seul Terme comme les rondes & plattes, A m o n, B D p C r, E F G H I, nommées Cercles, & celles que l'on nomme Elipse, Ovale, & autres de plusieurs sortes, comme L, que l'on nomme Triangle, M Quarré, N Pentagone, & d'autres noms, ainsi que celles O P Q R.

Au Cercle A, la ligne courbe m n o qui l'environne ou borne & luy sert de Terme, est nommée sa Circonference ; son point A, est nommé son Centre, la ligne droite D B C qui le mipartit, est nommée son Diametre ; la moitié B D de ce Diametre, est nommé Rayon ou Intervale, duquel est décrit le Cercle.

La figure comme D r C, comprise du Diametre D B C, & de la moitié de la circonferance, est nommée demy Cercle

Portion ou segment de Cercle, est une figure comprise d'une ligne droite, & de partie de la Circonferance.

Quand une ligne droite coupant le Cercle ne passe point à son centre, elle le coupe en deux parties inegales, comme F r G, est nommée Segment, ou portion de Cercle.

Quand deux lignes droites venant chacune du centre du Cercle à sa circonference, le divisent en figures, comme E H I, ou m A, A o, A n, sont nommées secteurs, ou coupeurs de Cercles.

Quand les lignes comprenant une figure sont droites, cette figure est nommée Rectiligne, comme celles L M N ; Et celles comme O P Q ; Et autres comprises de courbes, sont dites Curvilignes ; Celles comme R, comprises de droites & de courbes, sont dites Mixtilignes.

Les figures plattes comprises de trois costez, sont nommées Triangles ; Si les costez en sont tous des lignes droites comme la figure L, ils sont nommez Triangles de lignes droites : Si les costez en sont tous de lignes courbes comme O, ils seront nommez Triangles de lignes courbes : Si les costez en sont de lignes parties droites & parties courbes, comme encore le mesme O, ils seront nommez Triangles de lignes diverses.

Quand une figure platte est comprise de quatre costez, comme la figure M, elle est nommée Figure de quatre costez : Si les costez en sont tous de lignes droites, elle est nommée Figure de quatre droites : Si les costez en sont tous de lignes courbes, comme P, elle sera nommée Figure de quatre lignes courbes : Quand les costez en sont de lignes partie droite & partie courbe comme R, elle sera nommée Figure mixte de quatre costez, ou en sorte diverses : Quand une figure comme Q & N se trouve contenuë de plus de quatre costez ou droits ou courbes, elle sera nommée Figure à plusieurs costez, & de mesme que dessus.

Par le mot Terme, on doit entendre l'extrémité d'une chose.

Ainsi des points sont termes ou extrémitez des lignes, & des lignes sont termes ou extrémitez de superficies, & des superficies sont termes ou extrémitez des corps ou solides, desquels il en sera parlé en leur lieu.

G ij

OR entre les figures de trois coſtez, celle dont tous les trois ſont égaux entr'eux, comme à celle A de cette Stampe, eſt nommée *Triangle équilateral*, ou à *coſteʒ égaux*. Celle comme B, dont ſeulement deux coſtez ſont égaux entr'eux, ſe nomme *triangle Iſocelle*, ou, à *deux coſteʒ égaux*.

Celle comme C, dont tous les coſteʒ ſont inégaux entr'eux, eſt nommée *triangle Scalene*, ou, à *coſteʒ inégaux*.

Encore des figures de trois coſtez, celle ſe nomme *Triangle rectangle*, qui a un angle droit, comme celuy D.

Ambligone, celle qui a un angle obtus, comme celuy E ou C.

Et *Oxigone*, qui a les trois angles aigus, comme celuy F, & autres.

Il eſt à remarquer, qu'en tout triangle deux quelconques lignes des trois qui le contiennent eſtant priſes pour coſtez, la troiſiéme reſtante grande ou petite qu'elle ſe trouve, ſe nomme communément la Baze du triangle; comme au triangle, aux angles aigus F, les lignes I G & G H eſtant priſes pour les deux coſtez, la troiſiéme H I ſera pour baze; Mais ſi on prend H I & I G pour deux coſtez, lors G H ſera pour baze dudit triangle, & ainſi des autres.

DEs figures de quatre coſtez, celle comme A, qui les a tous égaux & les quatre angles droits, s'appelle *Quarré*.

Celle comme B, qui a les quatre angles droits, mais non les quatre coſtez égaux entr'eux, eſt nommée *Quarré long*.

Celle comme C, qui a les quatre coſtez égaux, mais non les quatre angles droits, eſt nommée *Rombe* ou *Loʒange*.

Celle comme D, qui a ſeulement les coſtez oppoſez égaux entr'eux, eſt nommée *Romboïde* ou *Loʒange allongée*.

Toute autre figure de quatre coſtez, comme E & F, eſt nommée *Trapeʒe*.

Il eſt à remarquer, que quand d'un angle d'une figure qui a quatre coſtez on tire une ligne droite à l'angle oppoſé comme à la figure D, cette ligne y eſt nommée *Diagonale*.

ON nomme *lignes paralelles*, celles qui eftans droites en un mefme plan & prolongées à l'infini de part & d'autre, ne fe rencontrent jamais.

Eftant fuppofé, que les deux droites A B & C D foient dans un mefme plan, & chacune entenduë allongée ou prolongée à l'infini d'une part & d'autre fans jamais pouvoir s'entrerencontrer, telles lignes font nommées *paralelles entr'elles*.

En Geometrie apres les precedentes definitions, à caufe de l'impoffibilité connuë de mener une ligne droite & defcrire un Cercle, Il y a trois demandes, qui font;

Que d'un point donné à un autre point foit entendu une ligne droite menée.

Qu'une ligne droite conceuë & terminée, foit au befoin conceu allongée ou continuée à l'infini d'un & d'autre cofté.

Que d'un point quelconque pour centre & intervale ou longueur d'une quelconque ligne droite pour demy diametre ou rayon, on conçoive un Cercle defcrit.

Si en un plan on conçoit une quelconque ligne droite terminée à l'entour d'un de ces points extrémes, qui demeure fixe jufques à ce qu'elle retourne au mefme lieu où elle a commencé, fon mouvement aura defcrit un *Cercle*, & fait ce qui eft requis en la troifiéme demande, comme il appert par les droites *o l, o m, o n*, & *o p*, chacune defquelles eftans menées à l'entour du centre *o*, defcrit un Cercle felon la grandeur & intervale d'icelle.

Apres les fufdites demandes en la Planche & difcours qui precedent, une des maximes ou connoiffance de l'entendement eft; Que deux lignes droites n'enferment pas un efpace, & que pour enfermer efpace il en faut trois.

Car fi deux lignes comme en haut C D & *c d* s'entretouchent par deux points divers C *c* & D *d*, elles s'entretouchent de toute leur longueur & font unies entr'elles, elles n'enferment aucun efpace.

Que fi telles lignes N M, P M, s'entrecroifent comme au point M, elles comprennent entr'elles angles comme P M N, dont l'efpace demeurant ouvert d'un cofté comme de celuy P N, pour en enfermer une partie, il faut neceffairement une troifiéme ligne comme N P.

A present suivent des pratiques Geometriques, ou usage de la Regle & du Compas.

Pour commencer par la premiere & plus simple d'icelles.

D'un point fixe à un autre, comme du point E à celuy F, mener une ligne droite, cela se fait par le moyen d'une regle, & aussi pour la prolonger ou continuer comme celle G I H.

D'un point fixe pour centre comme *o*, figure I, & intervale ou ouverture de compas à volonté, & par exemple comme *o l.* décrire un Cercle ou arc de Cercle, cela se fait avec le compas, ou chose équivalente, ouvert de cet intervale *o l*, ou de celle *o m*, *o n*, *o p*, & autre, en mettant une de ses pointes au point *o* pour centre & le tournant dessus tracer de l'autre pointe ces Cercles *l m n p*, à l'entour.

Figure 2 est un angle donné, & pour en faire un semblable ayant du centre *a*, & intervale à volonté tracé la portion de Cercle *b c*, faut tirer comme en bas une droite *f d*, & du mesme intervale *a b* & centre *d*, faire l'arc *f e*, & le rendre égal à celuy *c b*, dont ayant tiré des points *d* & *e* la droite *d e*, l'angle *f d e* sera fait égal à celuy *c a b*.

Par l'angle N M P l'on voit que deux lignes n'enferment pas un espace, & qu'il en faut trois, une comme N P, égale ou non à celles N M ou P M.

Si vous avez à couper en deux également un angle de droites; Du sommet R, de cet angle pour centre & d'un intervale à volonté R *m*, décrivez un arc *m s*, qui en coupe les costez R Q, R T, ainsi qu'aux points *s m*, puis de l'un & de l'autre de ces points *m s* comme centres, & d'une ouverture de compas à volonté & suffisamment grande décrivez des arcs de Cercles qui s'aillent couper de l'autre part du sommet comme en S, & par ce point S, & celuy du sommet R menant la droite R S, elle divisera cét angle en deux égales moitiez.

Pour couper aussi également en deux une droite donnée M N, prenez de chacune des extrémitez d'icelle pour centres, & d'un intervale plus grand que sa moitié d'une part & d'autre deux points comme en V & X, décrivez deux arcs de Cercle qui s'entrecouperont en V & X, & par ces points V & X menez la droite V *o* X, elle croisera en *o* celle M N & la mi-partira en *o*, Et de plus ces deux droites M N & V X seront perpendiculaires entr'elles, & seront de part & d'autre quatre angles droits.

Quand d'un point donné L vous avez à mener une droite perpendiculaire à une autre droite comme celle K O, & qui ne la doit rencontrer à un de ces bouts; du point L pour centre & intervale assez grand décrivez un arc comme V *n* Z, qui aille couper la droite K O en deux points V Z; puis de ces points pour centres & d'un intervale suffisant décrivez deux arcs de Cercles qui s'entrecoupent au point *q*, il n'importe de quel costé en dessus ou en dessous de K O, puis de L par *q* menez la droite *q n* L, elle rencontrera K O en *n*, & celle L *n* sera vostre perpendiculaire.

Pour élever une Perpendiculaire sur l'extrémité d'une Ligne.

OVVREZ le compas à volonté, & mettez une de ses pointes au point A, & l'autre vers B, & de ce point B pour centre & intervale A B tracez le Cercle C A D qui coupe cette ligne A C au point C, puis par les points C & B menez la droite C B D tant qu'elle aille couper l'arc C A D en D, lors par les points D & A ayant mené la droite D A, elle sera perpendiculaire à C A.

De Trois droites données faire un Triangle, avec la condition que deux d'icelles soient plus grandes que l'autre.

Soit *a*, *b*, *c*, les trois lignes droites données, ayant fait à costé la droite 1 2 égale à la ligne *a*, & du point 1 son extrémité & de l'intervale *b* soit décrit l'arc 3, apres du point 2 & intervale soit coupé l'arc 3, & des points 1 & 2, soit tiré les deux droites 1, 3 & 2 3, lors vous aurez fait le Triangle requis. Le mesme se peut faire pour un Equilateral ou à costez égaux, en se servant d'une seule ligne ; & pour un Isocelle de deux lignes égales.

D'un point donné mener une droite paralelle à une droite donnée.

Du point *y* donné hors la droite G H, soit fait une portion de Cercle de l'intervale 9 *m*, qui touche au point *m* la droite G H, lors du point 8 sur G H, assez éloigné de celuy *m* & du mesme intervale 9 *m* soit décrit l'arc *n* 7 *o*, & par le point 9 & celuy plus renflé dudit arc *n* 7 *o*, soit tiré la droite E F, elle sera paralelle à G H. Le mesme d'autre maniere ; Soit du point donné *i* mené à volonté la droite *i r* sur G H, & fait l'angle *l i x r* égal à celuy *t r u i*, lors par *i* & *l*, faut mener la droite E *i l* F.

Estant donné une droite, la couper en tant de parties égales ou inégales que l'on voudra.

Pour couper en cinq parties égales la droite donnée I K, du point K, une de ses extrémitez, soit menée à volonté la ligne pointée K L, & sur icelle posez cinq fois le compas d'un mesme intervale L P pris à discretion, & de L extrémité d'icelle, & de I autre extrémité de K I, menez la droite L I, puis du point P ayant mené P O, paralelle à L I, où elle coupera I K au point Q, l'intervale I Q sera la cinquiéme partie de I K.

Sur une droite donnée descrire un Quarré.

Soit élevée *a c* perpendiculaire à *a b* sur son extrémité *a*, puis faite égale à *a b*, & avec ce mesme intervale *a c* ou *a b*, soit décrit erit de *e* pour centre l'arc *d*, & le mefme de *b* qui coupera l'arc *d*, cela fait, ayant par les points *c* & *d*, & par ceux *b d*, tracé les droites *c d* & *b d*, vous aurez fait le Quarré *a c d b a*; Ou autrement ayant mené *c d* paralelle à *a b* & *b d* à *a c*.

Trouver le centre d'un Cercle.

Soit placé à volonté dans le Cercle *e b f g* la droite *e f*, en forte que ces deux extrémitez touchent fa circonference, puis de ces deux extrémitez *e f* & d'un intervale à volonté, foit miparty également en deux la droite *e f* par la perpendiculaire *b g*, lors ayant de mefme mi-party *b g*, le point *o* fera le centre du Cercle *e b f g*.

Par trois points donnez, non en une ligne droite, faire paffer un Cercle.

L'on doit fçavoir que ces points 1, 2, 3, forment un Triangle, mi-partiffez les deux quelconques de ces coftez, comme 1 2 & 3 2, par des droites qui leur foient perpendiculaires, comme pour celuy 3 2 celle 5 7, & 6 8 pour 2 1, & où elles fe croiferont au point 4, qui fera le centre, duquel & de l'intervale de l'un de ces points ayant décrit le Cercle 3 2 1, il doit paffer par ces trois points : (que les Maffons nomment les trois points perdus.)

Pour ceux qui propofent apres cela le moyen de trouver le centre d'une partie de la circonference d'un cercle, fçauront que c'eft le mefme ; car ayant fur cette portion placé à volonté les trois points 3 2 1, & mi-party 3 2 & 2 1 par les perpendiculaires 5 7, 6 8, le centre fe doit trouver au point 4.

H

Ceux qui deſſeignent d'ordinaire ſur le papier, trouueront icy une maniere mecanique outre celle de cy-deuant, pour diuiſer faci-lement & promptement une ligne en tel nombre de parties égales qu'ils deſireront.

IE ſuppoſe donc que l'on aye une ſuperficie bien unie & aſſez grande, afin d'y pouvoir titer un plus grand nombre de li-gnes, ſur laquelle on tracera premierement une ligne droite BD, puis ſur ces extrémitez les droites B A, D C, bien perpen-diculaires à icelle, & de meſme longueur ou hauteur, afin de mener la droite A C paralelle à ſa baze B D, cela fait, il les faut diviſer tres juſtes en tel nombre de parties égales que l'on deſi-rera, ainſi que celle B A, & mener de toutes ces diviſions des droites paralelles à A C ou à B D, & par conſequent perpendi-culaires aux deux B A & D C. Donc pour diviſer une ligne en tel nombre de parties égales que l'on voudra, & pour exemple en 7 comme en haut G H, faut prendre au compas l'intervale G H, & ayant compté ſur la droite A B 7 parties en commen-çant par A, & mis la pointe du compas au point P, faut que ſon autre pointe & intervale G H aille rencontrer celle A C, en az lors *o r s*, & ces ſuivantes juſques à P, diviſeront en 7 parties égales ladite ligne.

Le meſme ſe peut faire d'une plus grande F E en 17 parties juſques au point B & C, & davantage ſuivant le nombre des paralelles, & la grandeur de la Table ou Planche, ſinon faut travailler proportionnellement en doublant, triplant, quadru-plant, &c.

Tirer une ligne qui touche un Cercle en un point donné.

FAut mener du centre A la droite A B, au point donné B, & sur elle du point B, ayant élevé la perpendiculaire *m n*, elle touchera le Cercle au point B.

D'un point donné hors d'un Cercle tirer une droite qui touche ce Cercle.

Le point O estant donné hors du Cercle D o E, tirez du point C centre la droite C K O, laquelle estant également divisée en K, faite du centre K & intervale K C ou O K le Cercle O E C D, puis tirez du point O les droites O E, O D aux sections E & D, lors ces lignes toucheront le Cercle D o E D aux points E & D.

Si de deux Cercles égaux, dont l'un n'enferme pas l'autre, vous voulez tirer une Touchante comme ceux H Q F & P O G.

Faut joindre leurs centres Q & O par la droite Q O, & sur la ligne Q O comme aux points Q & O, tirer les droites Q F, O G, perpendiculaires à Q O, puis joindre F, à G. Le mesme se peut faire en dessous comme du point H à celuy P, & soit aussi que ces Cercles s'approchent ou s'éloignent plus ou moins, & mesme entrans l'un dans l'autre.

Mais quand les Cercles sont inégaux comme au bas de cette Stampe ceux F T H & G V P, si l'un d'eux ne passe par le centre de l'autre, il en faut tracer un du centre O & intervale O Q comme celuy X Q Y, puis par ces deux centres mener la droite Q O, & en suite du point O tirer la perpendiculaire O L, de laquelle faut faire *r* L égale au demy diametre Q F du petit Cercle H T F, lors du point *r* sur la droite O L faut mener la perpendiculaire *r s* jusques à la portion de circonference de Cercle Y Q X, & aussi du point *s* la diagonale *s* O & faire l'angle Q O G égal à celuy *s* O *r*, & tirer O G jusques à la circonference du Cercle G V P; Ensuite du point Q, centre du petit Cercle F T H, faut mener une paralelle à O G, sçavoir Q F, cela ainsi fait, tirant la ligne F G, elle touchera les deux Cercles aux points F G.

Vous pouvez voir que ce qui est en dessous pour les points H & P, est toute la mesme chose.

Pour tracer un Cercle dans un Triangle.

COupez en deux également les deux quelconques angles *i e b* & *h f k* du Triangle *e f m*, par les droites pointées *e k* & *f i*, qui se croisent au point *g*, qui est le centre pour tracer le Cercle *i h k* de l'intervale *g i* ou *g k*, son demy diametre ; Et d'autant que ce Triangle est équilateral, ou à costez égaux, les droites *e k*, *f i* se trouvent estre perpendiculaires à ces costez *e m* & *f m*, ce qui n'arriveroit pas autrement ; C'est pourquoy il faut du point *g* centre, tirer des droites perpendiculaires à ces costez, pour avoir le demy diametre du Cercle & les points touchans *i k h*.

A l'entour d'un Triangle tracer un Cercle.

Coupez en deux également au Triangle *a d b* ces deux costez *a d*, & *b d* par les droites pointées *a c*, *b c*, & le point *c* où elles se croiseront sera le centre, duquel & de l'intervale *c a* ou *c b* faut tracer la circonference du Cercle *a d b a*.

Dans un Cercle tracer un Quarré.

Menez au Cercle *p q r s* les deux diametres *p r*, *q s*, se coupans à angles droits au centre *t*, puis tracez les quatre droites *p s*, *s r*, *r q*, & *q p*, par les points où ces deux diametres ont coupé la circonference *q p s r*, & ce quarré sera inscrit au Cercle.

A l'entour d'un Cercle tracer un Quarré.

Tirez dans le Cercle *y x u ʒ*, comme cy-devant, deux diametres *x z*, *u y* à angles droits par le centre *o*, & par où ils couperont la circonference *y x u z*, tirez des points *y* & *u* les droites 1 *y* 2 & 3 *u* 4, paralelles à *x ʒ*, & le mesme des points *x* & *ʒ* les paralelles 1 *x* 3, & 2 *ʒ* 4 à *y u*, & où elles se rencontreront comme aux points 1 3 4 2 1, elles feront le Quarré desiré. Les deux droites 1 4, 2 3, tirées des 4 angles du Quarré sont nommées ses Diagonales.

Tracer dans un Cercle un Pentagone équiangle & équilateral.

Tirez du point D, centre du Cercle M C B A L son diametre C A, puis soit du centre D élevée D B perpendiculaire à C A, & en suite coupez en deux également le demy diametre C D, ou D A en E, & menez la droite pointée de E à B, puis ayant fait E F égale à E B, ou porté l'intervale E B de E en F, & tiré F B, il se trouve que le segment ou intervale B F, est un cinquiéme costé B I du Pentagone, & celuy D F, le costé B b, d'un Decagone, autrement le cinquiéme & le dixiéme costé.

La figure P est le Pentagone fait & déchargé de lignes, à la reserve des pointées, qui montrent par iceluy à tracer une forme d'Estoile 41, 43, 15, 52 & 23.

pour au tour ou à l'entour d'un Cercle defcrire ou tracer un Pen-
tagone regulier, ou Figure de cinq coſtez, & auſſi un Cercle
au tour d'un autre Pentagone.

DANS le Cercle F G H I L ayant tracé le Pentagone comme cy-devant, puis mené du centre O les cinq droites OH,
OG, OF, OL, OI, faut mener perpendiculairement ſur elles
les autres cinq lignes droites BA, AD, DE, EC, CB, lors elles
ſe rencontreront aux cinq points B A D E C. Et pour le Cercle
ayant ſeulement diviſé les deux angles G F par les droites G O,
FO, où elles ſe croiſeront au point O c'eſt le centre dudit Cercle.

Pour dans un Pentagone donné tracer un Cercle.

Le meſme ſe peut aſſez connoiſtre ſans diſcours par cette figure *d a b c e.*

Dedans un Cercle inſcrire un Exagone ou figure de ſix coſtez.

Soit mené le diametre OT du Cercle ORQ, & des points O
& T pour centres, & intervale O V ou V T, ſoit deſcrit les
deux portions de Cercles P V Q, & R V S, lors ayant mené
les droites PO, OQ, QS, ST, TR & RP par les points PRSQ,
où ces Cercles ont coupé la circonference du Cercle & des deux
O & T, vous aurez fait l'Exagone demandé ; & ſi on la vouloit faire de douze coſtez, il ne faut que mi-partir également
les 6 coſtez, ainſi que la pointée X Y vous le môtre ſur T S & ſur
PO ; Cela eſt utile pour pluſieurs figures, & entr'autres pour les
canelures des Colonnes, qui ſont d'ordinaire au nombre de 24.

Dans un Cercle tracer un Quindecagone ou figure de 15 coſtez.

Soit d'abord inſcrit dans le Cercle *a c d e* un Triangle équilateral *f c g*, duquel les trois coſtez eſtans égaux la circonference
du Cercle ſera diviſée en trois parties égales, enſuite ſoit tracé
en ce Cercle comme cy-devant un Pentagone regulier *a b c d e,*
ayant l'un de ces angles au point *c*, & mené la droite *f a*, cette
f a, ou *e g* ſera l'un des quinze coſtez du Quindecagone.

L'on doit voir que pour faire ce Triangle équilateral il n'y a que du point *m*
pour centre & intervale *m n* tracer le Cercle pointé *f n g*, & où il coupera ce
Cercle aux points *f* & *g*, mener au point *c* les droites *f c* & *g c*, & celle de *f* à *g*.

Fin du quatriéme Element.

Suit les Definitions tirées du Sixiéme.

Les figures de quatre coſtez planes ou plattes AB & CD cy-deſſous y ſont
miſes pour donner à entendre que l'on nomme les deux C & D figures ſemblables, & les deux A & B, égales & ſemblables ; le meſme en eſt-il de toutes autres figures. Les Peintres diroient pour celles C D, copier de grand en
petit, ou de petit en grand. Et pour celles A B, copier de meſme grandeur.

H iij

ENcore que nous n'ayons pas jusques à present le moyen de faire le *Septagone* & l'*Endecagone* precis, comme le Pentagone, l'Exagone & le Quindecagone, neanmoins pour la satisfaction des Praticiens, en voici quelques pratiques mecaniques approchantes du precis.

La premiere figure I, pour un Septagone est, qu'ayant tracé la portion de Cercle ABC du point E pour centre & intervale EB demy diametre du Cercle ; puis des points A & C, où la portion de Cercle ABC coupe le bord du Cercle, menez la droite ADC & mi-partie également au point D, le segment ou intervale AD, ou celuy DC, sera à peu prés la septieme dont on peut faire cette figure de sept costez.

Par la Figure II, vous y avez une maniere universelle de tracer ou descrire dans des Cercles, tous Poligones reguliers.

Ayant du point *b* centre du Cercle *p a s* mené son diametre *s a*, il en faut faire le Triangle equilateral *s m a*, puis d'une des extrémitez de *s a* tirer à volonté une droite *s n t* assez longue, sur laquelle on portera le nombre de parties égales du Poligone desiré, & pour exemple un mesme Eptagone, ayant donc tiré du point *c* & a la droite *e a*, & pris sur *s e* deux de ces sept parties égales comme *e n*, & du point *n* mené *n c* paralelle à *e a*, lors ayant du point *c*, où elle coupe *s a*, & de celuy *m* sommet du Triangle *s m a* mené aussi la droite *m c t*, où elle coupera le bord ou circonference du Cercle, comme au point *t*, l'intervale *t a* sera le septiéme costé requis.

Le mesme en sera-t-il de tous autres Poligones, car pour un de unze costez, il en faut toûjours prendre deux cõme des 7, *e* & *n*.

Pour faire en bas l'Octogone, Figure III, vous voyez que les deux diametres AB & CD, divisent le Cercle en quatre, & en suite les deux diagonales HF & GE les divisent encore par moitié, qui font les huit costez, ainsi qu'il a esté dit cy-devant.

Pour la figure de neuf costez, Figure IV, l'on doit voir qu'ayant comme à la figure de l'Exagone ou de 6 costez cy-devant, vous avez pris le demy diametre du Cercle & d'iceluy tracé l'arc A B C, que l'intervale A C est un costé d'un Triangle equilateral ou à costez égaux A O C A, qui fait qu'ayant mi-party en trois le quelconque angle ou costé du Triangle, puis mené du point O par les deux points 4 & 3 deux droites jusques au bord ou circonference du Cercle, elles en diviseront une troisiéme partie en autres trois parties égales comme A 5 6 C, & le mesme des deux autres.

DANS cette Planche vous y avez trois manieres differentes de tracer de veritables Elipses ou Ovales sur des superficies plattes. Celle de la premiere & seconde figure est par points donnez ou lignes adoucies, & la troisiéme par le cordeau ou singleau, fort pratiquée par les Iardiniers.

Pour la premiere, ayant le grand diametre AB & le petit CD, donnez de volonté ou de sujetion, prenez au compas l'intervale ED, & la portez sur AB de B en F & aussi l'intervale EF, & posant à volonté l'une de ses pointes en divers lieux sur lad. ligne EF, chacun pour centre r s t u x y, de l'autre pointe & mesme intervale E F coupez à volonté la ligne CE en divers traits d'arcs, comme ceux 1 2 3 4 5 6, en suite menez par chacun des deux points correspondans 1 y a, 2 x b, 3 u c, & autres des droites pointées suffisamment longues, puis prenez au compas l'intervale ou demy petit diametre ED, & le portez sur ces droites de y à a, de x à b, de u à c, & ainsi des autres, & par ces points ayant mené une ligne adoucie D a b c d e f B, vous aurez fait le quart de cet Ovale, il ne restera qu'à faire le mesme pour les trois autres DA, AC, & CB.

Maintenant pour la maniere de la deuxiéme figure, ayant le grand diametre A B & le petit C D, descrivez un Cercle C G D F de l'intervale ED, dont E soit centre, puis divisez le demy diametre E C en tel nombre de parties que vous voudrez, égales ou non entr'elles, menez par le point 1 ou C, une droite C B, & des points 1 2 3 4 5 des droites paralleles à ladite C B, & où elles couperont la droite E B, moitié du grand diametre A B, menez les droites e a, b b, c c, K d paralleles à E D ; de plus par les divisions 2 3 4 5 du demy diametre E C menez des droites 5 n, 4 m, 3 r, 2 s paralleles à E B, jusques à la circonference ou bord du quart de Cercle C s m F ; cela fait prenez l'intervale 5 n & le portez sur la droite e a, 4 m. sur b b. 3 r sur l c & 2 s sur K d, puis ayant par les points D a b c d B mené une ligne adoucie, vous aurez fait le quart de vostre Ovale, & mesme tout d'un coup la moitié en continuant les droites a e vers r, b b vers u, & ainsi des autres, en portant en suite les intervales a e de e en r, b b de b en u, & le mesme des autres, & aussi sur la droite E A pour les courbes D A & A C.

Finalement pour la troisiéme figure, ayant le grand diametre A B, & le petit D o, faites o C égale à D B, & o E à D A, & à ces deux points E & C arrestez-y fermement deux piquets ou clouds, puis prenez un cordeau lequel puisse precisément entourer le point o & ces deux piquets E C, & revenir à o, & ayant attaché à ces deux bouts une pointe ou crayon, conduisez à la main ladite pointe en traçant autour desdits piquets la courbe A F o G B, sans que du cordeau les 3 costez o E, E C, & C o perdent leurs lignes droites, lors vous aurez tracé la moitié de vostre Ovale, & le mesme tout de suite pour le costé en dessous qui l'achevera. Cette maniere se nomme d'ordinaire Ovale des Iardiniers.

EN la deuxiéme figure de la Planche precedente sur le moyen de tracer une Ovale ou Elipse , par des points donnez , vous devez avoir veu que sa moitié est une forme d'arc de Porte, ou Voute, que les Massons nomment Ance de panier ou Arc surbaissé , à distinction du plein Cintre.

Vous sçavez aussi qu'en des rencontres soit de sujettion ou de volonté, ces Arcs peuvent estre peu ou beaucoup surbaissez , & aussi plus ou moins rampans ; ainsi que celuy figure 1.

Pour exemple , supposez qu'en cette figure 1. A B , C D soient les pieds droits de l'arc, & sa hauteur H E , puis D B sa rampe & corde , ayant fait un quart de Cercle de l'intervale H E hauteur de l'arc, comme figure 2, celuy h b g e , & divisé h b en tel nombre de parties égales que vous voudrez, qui est icy en quatre, figure 2, puis par moitié la partie 5 b au point 6 , ou davantage si vous le voulez, & ensuite élevez de ces points des droites pointées h e , 1 2 , 3 4 , 5 g , 6 7 , paralelles à h e , ou perpendiculaires à h b, lors vous diviserez de mesme en 4 parties égales chacun des demy diametres D H & H B , & leurs deux parties D p , 5 B , chacune en moitié aux points 6 & 7 ; lors de tous ces points, élevez-y les droites pointées m 1 , n o , p F , r s , & celles de l'autre costé 1 2 , 3 4 , 5 G , 6 7 , paralelles à H E , qui est paralelle aux pieds droits A B & C D ; ensuite prenez au quart de Cercle hauteur ou intervale 1 2 , 3 4 , 5 g , 6 7 , & les portez chacun au sien de la corde de l'arc D B sur les droites 1 2 , 3 4 , 5 G , 6 7 , & le mesme sur l'autre demy diametre H D de m à l , n o , p F , r s , & par ces points & ceux B D , menez une ligne adoucie B G 4 2 E 6 F 5 D , & vous aurez tracé cet Arc rampant D B G E F D.

Vous avez au bas de cette Planche , figure 3 , une pratique de faire des formes d'Ovales par deux ouvertures de compas , & dans mon Traité d'Architecture ; celle pour les Arcs rampans.

La droite E F est ce qu'on nomme d'ordinaire le grand diametre , lequel peut estre donné de sujettion , ou bien pris à volonté , & aussi le petit M N qui sont tous deux mi-partis également en deux & perpendiculaires : M O prise à discretion moindre que M L , que l'on doit porter de E en I, puis de F en u , & des points I & u pour centres & intervale M O faut faire les deux portions de Cercles G E r & H F r , & en suite mi-partir également I O par la perpendiculaire Q S N , & où elle coupera M O N au point N, faut mener des points N I , & N u les droites N I G & N u H , qui couperont le Cercle r E G au point G , & celuy r F H au point H , Cela fait , tracez de N pour centre & intervale N G le grand arc G M H ; & le mesme de l'autre en dessous r r du centre x , & du mesme intervale N M.

Ce Probleme n'est pas determiné , estant libre de faire M O si grande ou petite qu'on voudra. Ainsi on remarquera qu'il faut prendre M O en sorte que l'angle N O I soit le plus aigu qu'on pourra, afin que la ligne S N coupe M L prolongée vers N assez proche du point L : car si le point O est fort proche de L , ayant tiré O I , l'angle N O I sera presque droit , & la ligne S N rencontrera M N fort loin au dessous de L , E , ce qui seroit incommode.

15. PLANCHE

Definitions tirées du Vnziéme d'Euclide.

Solide, Corps ou Massif, est ce qui a longueur, largeur ou épaisseur. Les termes ou bornes d'un solide comme celuy A, sont des superficies.

Vne ligne droite est dite perpendiculairement élevée sur un plan, quand toutes les lignes droites qui sont constituées sur ce plan, & menées vers elle la rencontrent en angles droits ou à l'esquierre.

Exemple. Ayant élevé la droite C B sur le plan ou assiette E G D, puis mené tant de lignes droites que l'on voudra comme DC, EC, GC, FC, qui rencontrant en C cette droite BC, facent les Angles droits DCB, ECB, GCB & FCB, nous dirons que cette ligne C B est perpendiculairement élevée à angles droits sur ce plan EGD.

Vn plan est dit élevé perpendiculairement sur un Plan, quand les lignes menées sur l'un d'eux perpendiculairement à la ligne de commune section L Q M sont aussi perpendiculaires à l'autre plan.

Exemple. Le plan OM estant élevé sur celuy HM, en sorte que la ligne O N soit en l'air, & à celle L M leur commune section, soit tirée au plan H M la droite Q R perpendiculaire à cette section L M, maintenant, si la mesme ligne R Q est aussi perpendiculaire au plan O M, qui est dire, qu'ayant mené en iceluy du point Q quelque droite Q P, & que l'angle R Q P soit droit, iceluy plan O M sera élevé perpendiculairement ou à angles droits sur l'autre plan H M.

L'inclination d'une droite à un plan comme V T est l'angle aigu contenu d'icelle, & de la droite V S menée au plan de l'inclinante V T par le point T, auquel tombe la perpendiculaire T S tirée du sommet de cette inclinante sur ledit plan au point S.

La ligne droite V T estant inclinée au plan Z Y, ayant du point du sommet T mené T S perpendiculaire au plan Z Y & tiré V S, l'angle aigu T V S sera l'inclination de la droite V T à ce plan Z Y.

Vn plan est dit incliné sur un plan, quand les lignes menées sur l'un & l'autre plan perpendiculaires à la ligne de commune section L M & vers un mesme point d'icelle, ne sont point perpendiculaires les uns aux autres, ainsi que L V T M, & l'inclination d'iceux plans est l'angle aigu T L H ou V M I & T L O, & V M N de l'autre part, compris de ces perpendiculaires.

Vn plan est dit estre semblablement incliné à un plan, & un autre à un autre, lors que les susdits angles d'inclinations sont égaux entr'eux comme à la figure semblable X.

Plans paralels sont ceux qui estans continuez, ne se rencontrent point.

Vous voyez au bas de cette Planche ceux AC & EG qui sont paralels, & prenant A R L D pour un seul plan, & son opposé R B L C pour un autre, ces deux plans seront inclinez & se rencontreront en leur commune section LR.

Vous avez aussi leurs 2. opposez triangulaires ALB, & DRC, paralels entr'eux & perpendiculairement élevez sur le plan A C. Le mesme se doit entendre d'une infinité d'autres qui formeront divers solides.

I

Suitte des definitions tirées du Vnzième d'Euclide.

S Olides semblables, sont ceux qui sont compris de plans semblables & égaux en nombre . comme A C E B F D , & celuy G H.

Comme des solides A B D C & le petit à costé HG, chacun est borné ou terminé de six superficies ou plans semblables, on les nomme solides semblables.

Solides égaux & semblables, sont ceux compris ou terminez de semblables superficies, égales en nombre & grandeur, comme a b d c , & h g.

Qui est dire, que si les plans ou superficies semblables qui suivant la precedente definition contiennent les corps ou solides semblables sont égaux chacun au sien : ces solides ne seront pas seulement nommez semblables, mais aussi égaux : ainsi comme chacun des corps a b d & h g estant terminé de six plans ou solides semblables & égaux chacun à son correspondant, ils seront dits solides égaux & semblables.

Angle solide . est l'inclination ou rencontre de plus de deux lignes , qui se touchans en un mesme point, ne sont pas constituées sur un mesme plan . Ou bien Angle solide , est celuy contenu sous plus de deux angles plans , qui se rencontrans à un mesme point sont constituez sur plans differens . comme celuy I.

Or est à noter que cet angle solide ne comprend que ceux qui sont contenus sous plus de deux droites, ne comprenant l'angle du Cosne ou Corne qui est contenu d'une seule superficie courbe , ny celuy de deux superficies l'une plane & l'autre courbe, tel qu'est l'angle fait lors qu'un Cosne est coupé par le sommet.

Piramide , est un solide compris de plusieurs plans, se rencontrans en un mesme point, & ayant un autre plan pour baze, comme ceux 2 3 & 4.

Ces trois sortes de Piramides prennent leur denomination selon la figure de la baze ; De sorte que celle 2 , qui a un triangle pour baze, s'appelle Piramide triangulaire, ou de trois costez ; sa suivante 3 de quatre costez, Piramide quadrangulaire ; celle 4 de cinq costez, Piramide Pentagonale.

Prisme est un solide compris de plusieurs plans , desquels deux qui sont opposez sont égaux , semblables & paralels, comme le dernier Exemple de la Planche precedente, pour les plans paralels entr'eux ; Et les autres sont nommez Parallellogrammes.

Parquoy un Prisme n'est qu'une Colonne d'égale grosseur qui a les bazes opposées égales, semblables & paralelles, soit que ces bazes soient de 3 costez, de 4 , de 5 , de 6 , &c.

Sphere est une boule.

Le Cone est icy representé 5 , mais non descrit en tous ses cas, puis à costé son semblable A 5 ; Et aussi le Cilindre ou Colonne ronde 6 , dont les bazes sont deux Cercles descrits par les deux costez opposez meus à l'entour.

Ceux qui par avoir beaucoup desseigné , ou qui naturellement reconnoissent à l'œil la forme des solides ou corps , qui est à dire voir & connoistre par leur representation Geometrale ou Perspective les superficies qu'ils en peuvent ou n'en peuvent pas voir, à moins qu'ils ne fussent transparens, ont bien de l'avantage pour facilement comprendre & pratiquer les particularitez dont nous allons traiter ; Et pour cela, je convie ceux qui veulent pratiquer ces choses de representer par des points les lignes qui forment les superficies que l'œil ne peut voir , & par des lignes noires & regrossies, comme il sera dit cy-apres , celles qu'il peut voir, afin d'aider autant qu'il se pourra à se mettre dans l'idée la forme des solides & communes sections de leurs superficies.

*Pour d'un point A en l'air, mener une droite perpendiculaire
sur un plan.*

SOit le point A donné en l'air, menez sur le plan C B à volonté la droite E D, à laquelle de A soit tirée la perpendiculaire A F, & au plan B C par G soit tirée G H perpendi-
laire à D E & à icelle G H soit aussi tirée de A la perpendiculaire A I ; lors ladite droite A I sera telle qu'on a desiré.

D'un point en un plan y élever une droite perpendiculaire.

Soit le plan B C, & le point en iceluy A ; prenez en l'air à
volonté le point D, & duquel point D soit menée comme cy-
dessus pour A I, la perpendiculaire D E, laquelle rencontrant
le plan B C au point A, on aura fait ce qui estoit requis ; Mais
si elle ne rencontre pas ce point A, dudit point A soit mené A F
parallele à E D, lors A F sera perpendiculaire au plan C B.

*Si une ligne droite, comme A B, figure premiere d'entre deux,
est perpendiculaire à deux plans, ces plans seront paralels.*

Soient en la mesme figure deux plans paralels D C, E F, &
la ligne droite A B perpendiculaire au plan C D, ladite A B est
aussi perpendiculaire au plan E F.

*Deux Plans paralels estans coupez par un autre plan, figure sui-
vante, les lignes de commune section, comme H E & F G,
seront paralelles.*

Soient deux plans paralels A B & D C coupez par le plan E F,
& que leurs communes sections soient E H, G F, il faut que
H E & F G, soient paralelles entr'elles.

*Premiere Figure d'embas. Vne droite estant élevée perpendicu-
lairement sur un plan, comme H A, ou B I, tous les plans
procedans d'icelle seront perpendiculaires au mesme plan.*

Soit donc la ligne I B perpendiculaire sur quelque plan D C,
on peut dire que tous les plans menez de la ligne I B, vers quelle
part qu'on voudra, seront perpendiculaires au mesme plan D C,
& à leur commune section E G, & aussi que la ligne A H supposée dans le plan E F est paralelle à B I.

*Derniere Figure. Si deux plans élevez perpendiculairement sur un
autre plan G H, comme A B & D C, s'entrecoupent, leur ligne de
commune section F E est perpendiculaire sur ce plan.*

Soient les deux plans A B, D C, se coupans l'un l'autre, & élevez perpendiculairement sur le plan G H, & la ligne de leur commune section E F ; je dis
que cette E F est perpendiculaire au plan G H.

PAr ce qui precede l'on peut avoir compris que du point nous
en sommes venus à la ligne, de la ligne aux superficies plattes ou non plattes, & de ces superficies aux figures aussi plattes:
A present il s'agit d'en venir aux corps ou solides bornez ou terminez de semblables figures ou superficies.

Et comme il y a nombre de personnes qui ont peine à concevoir la forme du relief de ces solides par leurs representations
faites sur une superficie platte, comme celle de cette Planche,
que je nomme le Plan d'assiette ou Champ de l'ouvrage, tant
aux representations geometrales que perspectives; j'ay trouvé
à propos de mettre en cette Planche & en sa suivante la representation geometrale de quelques solides, & ensuite les superficies qui les terminent, toutes déployées ou développées & couchées de plat sur ce plan d'assiette ou champ de l'ouvrage; maniere que quelques ouvriers, sur tout en l'art de Maßonnerie,
nomment par développemens, & mesme pratiquée pour faire
leurs paneaux pour la coupe de leurs pierres.

Donc si on considere que le solide ou corps Fig.1. nommé Prisme est terminé par 5 superficies, ou 5 figures plattes, & qu'elles se puissent disjoindre par
3 costez & se tenir par leurs communes sections de lignes a b, b a, Fig.2. qui
forme leur assiette ou plan 1, & ainsi se coucher sur le plan d'assiette, cóne Fig.2.
les trois superficies 5,4,3, & celles de dessus 2, qui pouvoit encore estre jointe
par son costé q p à celui r s. de la superficie 5, lequel j'ai icy desjoint pour cause.
L'on doit aussi se figurer facilement que l'on peut relever ces superficies 3 4 &
5 perpendiculairement au plan d'assiette 1, comme en la Figure 3. où vous y en
voyez deux, sçavoir les 3 & 4, & la 2 p q n posée dessus paralellemēt audit plan
d'assiette 1, b a b, ne restant à relever que celle 5, en faisant joindre r à q &
s à p, laquelle j'ay exprés laissée ainsi couchée, pour faire voir une partie du dedans du solide comme s'il estoit creux, ou se le figurer entierement massif, &
aussi laissé marqué de points la place ou le plan des 3 & 4 superficies élevées.

J'ay aussi fait cy-dessous, Figure 4, le mesme developement commun d'un
Dez à joüer, ou Cube qui a six superficies, en prenant le quarré du milieu a
pour son assiette, & celuy F separé pour le dessus; Donc en relevant chacune
desdites superficies d b c c en leur position convenable, qui est d'estre perpendiculaire au plan d'assiette a, la forme dudit Dez en viendra comme en la Figure 6, ayant appliqué le quarré F paralellement à son dessous a. lequel pouvoit aussi estre conceu attaché par un de ces costez.

En la 5 Figure, l'on voit les deux superficies c & e élevées à plomb, & les deux
restantes d b encore couchées, qui fait assez concevoir que les ayans aussi levées, puis mises dessus la superficie F, cela formeroit un Dez geometral veu
par l'un de ces Angles, & par consequent l'œil découvriroit 3 de ses superficies, au lieu que de celuy de la Figure 6, il ne luy en découvre que deux.
Sur une autre Planche sur le mesme sujet.

Par ce qui a esté expliqué en la Planche cy-devant, je croy que l'on doit commencer à connoistre celle-cy à la seule veuë.

La Figure 1 represente un Solide, terminé de six superficies à deux opposez & deux paralelles entr'elles, & aussi si l'on veut une d'elles inclinée, ainsi que les droites pointées *c a b d* representent en ostant le superflus.

L'on y voit encore par developement en la Figure 2 les 6 superficies de ce solide, Figure 1, & qu'il n'y a d'elevé que les deux grands costez 2 & 3, & un de ces bouts costé 5, & que si on le voit l'autre petit costé 4, qui luy est opposé paralellement, & y mettre dessus la superficie 6 ; ce Solide seroit formé en son relief, lequel on peut aussi bien concevoir solide que creux, ainsi qu'une Caisse, & qu'il n'y a nulle difference en la maniere de representer un solide de pierre, de bois, &c. qu'un qui seroit creux & revestu de toutes ses superficies, ainsi qu'une caisse, coffre, courts, chambres, salles, cabinets, & autres parties de Bastimens, en concevant à l'un & à l'autre, comme il a esté dit, que ces diverses superficies n'ayent chacune que deux dimensions, sçavoir longueur & largeur, & par ainsi nulle épaisseur : car estant supposez des ais ou des murs, chacun seroit à part un solide, ayant plus ou moins d'épaisseur.

Par la troisiéme Figure l'on voit un Solide composé de dix superficies, six plattes & deux courbes, encore élevées perpendiculairement à ce plan d'assiette, & de deux autres plattes, l'une estenduë paralellement à ce plan ; & l'autre *o p a* le dessus, posée sur ces élevées aussi paralellement audit plan d'assiette.

Mais pour conclusion de la Planche precedente & de celle-cy, il se voit Figure 4, que l'on suppose que les superficies de ce solide ont esté couchées, & qu'à l'extremité de leurs élevations j'ay mis les mesmes lettres en italique pour en voir le rapport, & croy que ce qui y est representé de ces developemens suffit pour en faire concevoir tous les autres, tant creux que massifs, & à faciliter le moyen d'en faire les divers plans ou assiettes plus ou moins composez de parties, & de se les figurer élevez sur leur plan d'assiette ou champ de l'ouvrage, ainsi qu'au naturel sur un plan de niveau.

Cette pratique bien entenduë, l'on aura sans contredit le moyen de trouver aussi tres facilement les places des jours, ombres & ombrages geometrales, & aussi-tost celle de les representer en perspective.

Ainsi dans la Planche qui suit on y peut voir deux manieres qui representent en geometral les assiettes ou plans, & élevations de tels solides.

CEtte Planche contient deux manieres de reprefenter en geo-metral des Solides l'un fur l'autre, enfemble leurs plans ou affiettes. Celles d'enhaut eft celle que je viens d'expliquer par developement, laquelle maniere n'eft d'ordinaire pratiquée que des Ingenieurs, en la reprefentation geometrale des Places fortifiées, des Sieges de Villes, Cartes geographiques & fem-biables ouvrages.

Pour moy je la tiens de tres grand ufage. Premierement pour ceux qui travaillent en relief, & pour des Peintres & tels def-feignateurs ; puis que par elles l'on peut facilement trouver la forme & fituation des divers folides ; foit à plomb, élevez ou inclinez au plan d'affiette ; & auffi les uns fur les autres, regu-lierement ou non, & comme j'ay dit, la place de leurs jours, ombres & ombrages.

En haut eft la reprefentation geometrale d'un Cube A D E, & deffus celle d'un Cilindre ou portion d'un fuft de Colonne G H, puis à cofté les mefmes folides en autre fituation, où pour en faire mieux difcerner les fuperficies, j'ay mis encore les mefmes lettres d'italique au lieu de capitales.

L'on y doit auffi voir leurs veritables ombres & ombrages fur le plan d'affiette & l'efchelle de mefure qui a fervi à les reprefenter.

Les deux d'embas font encore la reprefentation geometrale des mefmes fo-lides, & en pareille fituation ; la difference n'eftant qu'ils font faits par la maniere ordinaire de reprefenter les ordres de colonnes ; les plans, éleva-tions & profils des Baftimens, ou telles autres chofes fuppofées veuës d'une diftance infinie.

Pour cette maniere il faut de neceffité faire à part les affiettes ou plans def-dites élevations, comme ils font reprefentez au bas de cette Planche, foit fur une fuperficie à part, ou au bas des élevations, defquelles il n'y a plus qu'à élever des lignes perpendiculaires à la droite de front A B b, ainfi qu'en haut au plan d'affiette, de tous les points ou coins des affiettes O ɔ, & leur donner a chacune les mefures de leur hauteur depuis ladite de front A B b fuivant l'efchelle.

Mais comme je pretens de bien donner à entendre ces deux manieres aux Planches qui fuivent, il fuffira de remarquer, qu'encore que la reprefentation de ces figures foient geometrale, je ne laiffe pas d'en groffir les traits, & d'en fortifier & affoiblir les jours & ombres, fuivant qu'elles font plus ou moins éloignées de la de front A B b, tant de ceux d'enhaut que d'embas. Ce qui leur fait faire à l'œil l'effet comme perfpectif.

Particulari é affez remarquable & tres-avantageufe pour faire bien mieux exprimer le relief du geometral en ce travail, que l'on ne fait en faifant ces lignes toutes de mefme groffeur.

A preſent il faut ſçavoir repreſenter en geometral les élevations
des divers ſolides jointes à leurs plans d'aſſiettes.

QVand l'on a déterminé en ſoy, ou par devis donné, les
hauteurs, largeurs, eſpaiſſeurs ou profondeurs des ſolides,
il en faut d'abord proportionner l'eſchelle, ſoit par toiſes,
pieds, pouces, lignes, ou autre meſure, de laquelle ayant d'a-
bord fait les plans ; & pour exemple celuy A de la figure triangulaire *a b c* ; & deſiré qu'elle ſoit la baze d'une Piramide,
dont le ſommet B réponde à ſon milieu A.

Ayant mi-party l'un de ces deux angles *b* & *c* par deux droites,
comme il a eſté expliqué en la 10. Planche, leſquelles ſe croi-
ſent au point A, faut élever du point A, la droite A B, perpendiculaire à l'aſſiette *a b c*, de A à B, & porter le nombre des
pieds & pouces que l'on veut qu'aye d'élevation cette Piramide
A B, puis tirer des points *a b c* les droites *a* B, *b* B, *c* B, & ainſi
la Piramide A B ſera repreſentée.

De meſme ayant pour le ſolide de cinq coſtez *d f l* ſur une
ſemblable figure plane *d e f*, elevé de deux pieds les droites *d i*,
b, e l perpendiculaires au plan *d e f*, puis mené les trois droites
l, l h, *h i* par les points ou extrémitez de ces lignes élevées *d i*,
l, f h, l'on aura repreſenté en geometral le ſolide priſme *d f l*,
perpendiculairement poſé ſur le plan d'aſſiette.

Maintenant pour la figure Quadrilatere, ou de quatre coſtez *m* C *p*. on
ſuppoſe qu'elle aye eſté poſée une fois de front comme *m* D *p*, & auſſi comme M P O, puis que l'on aye élevé ſur icelle les droites *m e*, *n c*, *o q*, *p r*, de
deux pieds d'élevation, & tiré les lignes *e c*, *e q*, *q r*, *r c*, & de meſme pour
l'autre les élevations M E, O Q, P R, N F, & auſſi tiré les droites E F,
F R, R Q, Q E, l'on aura fait les deux Cubes ou Solides D S, & M S, l'un
comme D, ſitué de front, dont on ne peut voir que deux de ſes ſuperficies
D S, & de l'autre qui preſente l'un de ſes angles M E S R, duquel on en découvre les trois M Q, M F, & celle de deſſus Q F, & meſme ſix ſi ce ſolide
eſtoit d'une matiere tranſparente. Car pour celuy de front D S, les ſix lignes
e, *e q*, *n c*, *c r*, *e c*, *m n*, en couvrent d'autres.

L'on peut ne point expliquer l'élevation des deux figures quarrées E & F,
ſuivant leurs ſolides *e*, *f* & G, puis que ce ne ſeroit que reïterer ce que je
viens de dire de ceux de deſſus, n'y ayant d'autre difference, ſinon qu'ils
ſont plus élevez à proportion de leurs largeurs, & meſme que la Planche qui
ſuit l'explique encore.

L'On a icy l'assiette ou figure plane *a A c* d'un Paràlello-gramme ou Quarré long, lequel a un pied six pouces de largeur & trois de longueur.

Pour en faire un solide B d'un pied de haut veu de front, que l'on peut aussi situer de diverses façons, ainsi que celuy C côsté veu par l'angle, où par les lettres qui y sont mises sur cha-que point, ligne & superficie, l'on en peut reconnoistre le rap-port & les distinguer les unes des autres.

L'on voit aussi l'assiette platte *a D c* d'un *Rombe*, & à côsté son élevation E, & au bas de cette Planche celle G d'un *Rom-boïde*; Puis aussi à côsté son élevation H à plomb sur son assiette *a b c d* de trois pieds de leur eschelle, puis les deux autres soli-des F & I en autre situation; toutefois égaux & semblables.

Nous ferons le mesme aux trois Planches qui suivent, for-mant d'autres solides sur leurs plans d'assiettes par des lignes & superficies qui leurs seront perpendiculaires, & en suite pour deux ou trois nous parlerons des inclinez & élevez au dessus dudit plan d'assiette.

Dans cette Planche-cy, & sa suivante, l'on pourra voir que ces solides ainsi élevez sur leurs plans de *Rombe, Romboïde* & *Traieses*, forment des figures & solides qui semblent inégaux à distinction de ceux-cy, & qu'ils donnent d'abord quelque idées que ce soient des solides mis en perspective & non geo-metraux.

Mais lors que nous serons venus plus avant aux Planches de ce Traité, on remarquera qu'à le bien prendre la plufpart des objets mis ou reduits en perspective pourroient estre pris pour solides geometraux inégaux, tant en la forme que l'on peut donner à leurs assiettes ou plans, qu'à leurs élevations, qui peu-vent estre aussi inégales, dans une infinité d'exemples, sans pour cela estre perspectifs, mais toûjours geometraux.

LEs figures de cette Stampe font voir l'affiette ou Figure A en forme de Trapeze, fon cofté *a d* ayant trois pieds deux pouces, & l'autre *b c* deux, puis *a b* un pied dix pouces, & fon oppofé *d e* dix-neuf pouces, puis fon élevation B d'un pied ; & auffi celuy *d* C *e* égal & femblable, mais d'une autre fituation.

La figure D eft de forme differente, enfemble à cofté fon élevation E, & en mefme fituation ; Puis celuy F, dont l'affiette *d b* & *c a* eft le mefme de D, la difference n'eftant que l'élevation du folide E eft par tout d'un pied, & en celuy-cy F, fon cofté *a h* & *b e* eft élevé de deux pieds, & celle *d l* & *c i* chacune d'un pied.

Pour en bas la figure G eft de plufieurs coftez, & fes élevations au folide H, comme 3 *r*, 2 *a*, 1 *b*, 7 *c*, 6 *d*, 5 *e*, 4 *f* ; Le mefme auffi de celuy I autrement fitué, fur lefquelles élevations & figures l'on peut fçavoir leurs mefures par l'efchelle de trois pieds qui eft en haut.

En la Planche qui fuit on voit comme de faire ces folides les uns fur les autres, il ne faut pas dire que la pratique en foit plus difficile, mais qu'il y a plus d'ouvrage à y faire, & par confequent plus de temps à y employer.

Car puis que des points on vient à faire des lignes, & par des lignes terminer ou borner des fuperficies, & par des fuperficies terminer ou borner des folides, foit qu'ils foient compofez de fuperficies droites, plattes ou courbes, c'eft toûjours y faire plus ou moins de lignes, de fuperficies & de folides.

Ce qu'il y a à prendre garde afin de ne tomber en confufion eft, de ne quitter point un de ces folides qui ne foit achevé, & ainfi confecutivement les uns apres les autres, & de plus lors qu'ils font l'un fur l'autre, faire premierement celuy de deffous, puis en fuite le mefme des autres par cet ordre.

K

Dans cette Planche est representé une portion de Colonne ou Cilindre A, & deßus iceluy un Prisme B, & sur ce Prisme une Piramide triangulaire C, à laquelle il sert de baze ou piedestal.

A costé est un Cube D, & sur luy un pareil Cilindre E. Et proche est aussi un Cilindre F, & puis sur luy un Prisme G H de six costez.

En bas sur le Cilindre I est un autre Prisme pentagonal K, ou un Solide compris de sept superficies, élevé sur un Pentagone inscrit dans le Cercle du Cilindre I ; Et à costé sur un semblable solide L de mesme hauteur le Cilindre N M. Et finalement un autre Cilindre N O, Decagone ou à dix pans égaux entr'eux.

Ce qui fait que cette maniere d'élever ainsi les solides sur leur plan ne se pratique d'ordinaire que pour l'Architecture militaire, comme nous avons dit, & non pour la civile & semblables ouvrages de relief est, que cela tiendroit trop de place, & de plus, lors qu'il s'agiroit de representer des corniches ou autres membres qui auroient grande saillie, ils cacheroient les Corps ou Solides qui seroient deßous. Et c'est ce qui a obligé de pratiquer pour pareilles choses celle que vous verrez en la Planche qui suit, qui est l'usage ordinaire.

Toutefois il est, à mon avis, d'absoluë necessité de la bien entendre pour des occasions où elle est tres-necessaire au sujet de sa conformité à la pratique de Perspective, tant pour les élevations de plusieurs solides les uns sur les autres, que pour la raison de la place des jours, ombres & ombrages à toutes sortes de lumieres, lesquelles sont trouvées par son moyen tres-facilement & promptement, pour en suite en faire le mesme en Perspective lors que les objets perspectifs ne sont pas situez paralellement aux eschelles de front & fuyantes, sans qu'il y ait nulle difference d'une pratique à l'autre, sinon qu'au perspectif l'on change d'eschelle à mesure que l'on se recule de la de front ou baze du Tableau ; & en ce geometral une mesme eschelle sert par tout.

DAns cette Stampe est la representation geometrale d'un Piedestal, & partie d'une Colonne d'Ordre Dorique, faite par la maniere énoncée au bas de la 20. Planche.

On concevra donc, que par les lignes à plomb ponctuées desdites assiettes ou plans, & faites par leurs mesures données, l'on peut desseigner l'élevation & le profil de ces Piedestaux & Colonnes, ayant seulement les mesures de leurs hauteurs, puis que l'assiette ou plan E G F suffit pour la saillie.

Ou bien ayant aussi desseigné ces élevations & largeurs par mesure, & par eux mené lesdites pointées en bas, pour en faire les assiettes, dont le resultat est que l'on peut faire reciproquement l'un par l'autre, soit de bas en haut, ou de haut en bas.

Ainsi pour ébaucher cette pratique, outre celle qui est en mon Traité d'Architecture, on peut considerer que c'est assez de faire la moitié du plan E G H F, comme celle A E F B d'à costé, & le demy quarré, en sorte que A E & B F ayent chacune vingt-deux pouces quatre lignes, & qu'elles soient paralelles entr'elles, & perpendiculaires à la droite A B & à celle E F, qui aura un pied neuf pouces quatre lignes, puis celle I t demie largeur du vif du Piedestal m n, seize pouces; Et à celle v c, demy diametre de la Colonne, un pied; & faisant ainsi le mesme des autres membres ou parties, suivant leurs mesures, vous n'aurez plus qu'à élever d'abord la droite c B C D, puis p q p y, i u z, F x r paralelles à B C D, & de toutes ces hauteurs mener des paralelles à F B H, comme x s, m n, r c, ζ z, p 3, y D, & ainsi des autres, puis faire les profils par des lignes droites & des courbes.

Il faut considerer que cette maniere fait, qu'à la reserve des plans, toutes les parties des élevations, des lignes courbes p 3, y D, & telles autres, sont toûjours representées droites & paralelles aux droites z z r C, x s, ou au bas F B, en sorte qu'elles sont chacune en un mesme plan, ainsi qu'au perspectif; ce qui se rencontre dans la ligne du plan de l'œil ou horizontale, & aussi est-ce comme il a esté dit, si l'œil pouvoit voir de tels solides à distance infinie.

Il sera encore dit quelque chose sur cette maniere en d'autres Planches apres avoir achevé la premiere. Premierement pour des lignes, pour des superficies & pour des solides, tant situez à plomb sur le plan d'assiette, qu'inclinez; bref en diverses situations; par le moyen desquels l'on peut venir à bout de faire les plus composez, tant geometraux que perspectifs.

PAr ces quarrez ou petits pieds qui contiennent sur eux les
premieres & secondes figures, il se voit que si la ligne de
front A D, & fuyante A E, sont sur les mesmes divisions desdits
quarrez, la difference entr'elles n'est qu'en leur situation, où
l'une est de front, & l'autre en fuyant, ny pour ceux d'entre-
deux A 1, A 2, A 3 & A 4, qui sont égales & semblables, estant
facile de les trouver, quoy qu'elles aillent en diagonales, comme il se peut voir par le quart de Cercle E 2 D, tracé de A pour
centre & de l'intervale A D.

Il peut arriver pour l'elevation de ces lignes, comme en la
toisiéme figure, que l'une de leurs extrémitez peut estre posée
sur le plan d'assiette au point A, & leurs autres extrémitez estre
élevées plus ou moins dudit plan, comme de D en K, & pour
A M de I en M, qui le sont de cinq pieds & demy.

L'on sçait aussi que les figures plattes sont comprises ou terminées de lignes, & qu'il n'est pas plus difficile de trouver la situation des figures d'assiette B F & b f, figure 2. que des lignes,
& que la difference n'est que pour chacune d'elles, il y a deux
points de plus à trouver, & à tracer trois lignes, & celle de leurs
divisions s'il y en a : Ainsi cette assiette ou plan du quarré long
B F, figure 2, peut estre posée du long des lignes que je nomme
fuyantes, qui sont celles de ces quarrez paralelles à A E, figure 1.
& les autres de front, qui sont paralelles à A D B ; puis l'autre
b f, figure 2, située diagonalement ou à travers lesdits de front
& fuyantes, & laquelle peut aussi estre couchée sur la de front
A B, comme b f.

Le mesme en peut-il arriver de l'assiette d'une figure plane
élevée, ainsi qu'en la 4 figure, laquelle est entenduë située de
front à nostre égard, puis en diagonale comme en la figure 5.

Et de mesme que nous avons dit cy-dessus, que les extrémitez
des figures d'assiettes sont des lignes, nous disons aussi, figure 6,
que des solides leurs extrémitez sont des superficies, soit plattes,
soit courbes ; Et ainsi l'on peut asseurer, que le moyen de representer un solide compris de six figures plattes ou courbes, est le
mesme que ce que nous avons déja fait, n'estant point plus difficile, mais plus long à faire par le plus d'operations.

Les deux Planches suivantes suppléeront au total de ce sujet,
laissant aux Praticiens à exercer leur genie sur la diversité des
objets qu'ils peuvent composer ou se figurer en l'idée.

COmme nous avons dit & reprefenté cy-devant, que les li-gnes, les fuperficies & les folides peuvent eftre pofez para-lellement ou non fur le plan d'affiette, nous dirons auffi qu'ils peuvent eftre fufpendus ou élevez en l'air, & differément fituez.

En la figure 1. de cette Planche, A B eft l'affiette de la ligne C D, élevée de trois pieds paralellement à ladite A B, & auffi au plan d'affiette. Le mefme en eft-il des élevées C E, C F, & C G, fur leurs plans A 1, A 2, & A C, faifant, comme j'ay dit, le quart de Cercle d'affiette A B I C, & d'élevation C D E F G.

La 2. figure reprefente un folide *e y t*, auffi élevé de trois pieds paralellement au plan d'affiette & à fon plan *a d*; Et de mefme en la figure 3, la difference n'eftant que l'un eft tourné diago-nalement, & l'autre eft de front à voftre égard, ou paralelle-ment à la de front A B *a a*.

La figure 4. eft un folide de 20 pouces de large, ou environ, 14 d'efpaiffeur & 52 de hauteur, élevé fur fon plan *c b*, & pofé à plomb fur celuy d'affiette, ayant fa face *c h* fituée de front.

Celuy de la figure 5 eft le mefme, mais different en ce qu'il eft incliné au plan d'affiette, dont l'une de ces fuperficies *a l h* eft dans le plan de la de front *e g*; & *e a f g* eft un des coftez de fon plan *e i*, & les points de fon élevation *e l*, *f u*, *g h*; Le mefme en eft-il de fon autre face de derriere *l b m i*, & fon élevation *l d*, *m r* & *i t*, puis les autres lignes *l d*, *u r*, *h t* & *a b*, qui forment ce folide en ces fix fuperficies, en forte que l'arrefte *a b* pofe fur le plan d'affiette.

Celuy de la figure 6 eft tout femblable, à la referve qu'il eft tourné diago-nalement; ce qui fe peut facilement connoiftre par les mefmes lettres que j'y ay mifes exprés aux femblables endroits, n'y ayant rien de changé aux mefures de fon affiette, ny aux élevations pointées, qui font toûjours para-lelles aux autres.

Les 7, 8 & 9 figures d'embas reprefentent l'ébauche d'un Piedeftal d'Or-dre Dorique, divifé en ces trois groffes parties, Bas, Tronc & Cime. Le premier, figure 7, eft fuppofé à plomb fur le plan d'affiette, ayant la moi-tié de fon plan haché au bas d'iceluy, fuivant la maniere geometrale de la Planche 25. La figure 8 reprefente le mefme, n'y ayant auffi autre difference qu'en fon inclination, dont *e f g* eft le milieu du plan, & *g h*. 5 6, & autres, fes élevations.

Donc le refultat eft, que fur ce qui a efté dit cy-devant, & fur cette figure 8, qu'ayant fait les plans ou affiettes des divers corps ou folides inclinez, on les peut mettre ou concevoir en diverfes fituations, dans l'efpace du quart de Cercle. Puis porter les lignes d'élevations de chaques endroits defdits plans, ainfi qu'en la figure 9; & lors on formera les folides par la premiere maniere geometrale. *La Planche qui fuit achevera le tout.*

Voicy encore la repreſentation geometrale d'un ſolide terminé par ſix ſupeiſicies, & d'une autre ſituation avec ſes
jours, ombres & ombrages cauſez par la lumiere du Soleil.

Le ſolide A eſt incliné ſuivant la ſituation de ſon plan ou aſſiette r c ; & que ces élevations au deſſus dudit plan ſont r pour s,
m pour n, q pour e ; & pour le coſté de derriere i pour o, x pour
p, puis c pour b, & finalement une de ſes arreſtes ou lignes de
commune ſeſtion i u qui poſe ſur le plan d'aſſiette, & que l'on
y a auſſi ſon ombre & ombrage geometrale, le Soleil eſtant en
une élevation telle que les ombrages du ſolide ont la moitié de
la hauteur de ſes élevations.

Les deux d'à coſté B & C ſont le meſme ſolide en une autre
ſituation, ainſi que l'on peut voir par la cotte des lettres, tant
ſur ſon plan que ſur les élevations, ombres & ombrages, ayant
auſſi ſuppoſé que le Soleil éclaire celuy B du coſté de ſa ſuperficie u c p b, & de meſme élevation, & celuy C celle m r n.

Le ſolide D du milieu eſt encore le meſme, à la reſerve qu'il
eſt poſé avec ſon plan r c en diagonale, & d'une meſme élevation, mais non éclairé d'un meſme jour.

Pour ceux d'embas E, F, G, ils ſont ſuppoſez adoſſez contre
un mur vertical ou à plomb, & ſuivant la ſeconde maniere pour
l'architecture civile, & auſſi comme on fait les profils des for-
tifications, avec leur aſſiette au bas, principalement pour celuy
E ; car pour les deux autres, manque de place il ne s'y en voit
qu'une partie.

Par les meſmes lettres qui ſont à chaque angle de ces plans &
ſolides l'on peut connoiſtre leurs differentes ſituations, jours,
ombres & ombrages, & eſpere que ce que nous avons dit juſques à preſent ſur le ſujet des diverſes ſituations & inclinations
de ces corps ſuffira pour ceux qui ont genie ou diſpoſition à pratiquer d'eux-meſmes ſur differens objets ; ce qui eſt tres-facile
ayant la regle generale.

L'on voit figure A comme une forme de mur élevé & compoſé de lignes &
ſuperficies droites & courbes, avec ſes jours, ombres & ombrages.

Avant qu'en venir à la pratique de ces Ombres, on ſçaura que les ombres
& ombrages à la lumiere du Soleil peuvent eſtre plus ou moins terminez en
leurs contours, ſelon que ſes rayons ſont auſſi plus ou moins offuſquez de
nuages, & par ainſi qu'il faut avoir égard à les peindre moins terminez, mais
mon ſentiment eſt qu'il faut toûjours ſçavoir leurs termes afin de les affoiblir
au plus prés du vray, car pour la lumiere diffuſe l'effet de relief des objets en
la pourtraiture n'eſt que par l'affoibliſſement des teintes ou couleurs plus ou
moins éloignez du plan du Tableau, comme eſt dit amplement en mes deux
Traitez.

POur achever ce qui a esté dit aux trois ou quatre Planches de cy-devant, nous ajoûterons que qui entendra bien le contenu en cette Planche & en ce discours en pourra voir l'utilité, la facilité & la verité, & connoistra de plus qu'un Peintre ou autre Desseignateur qui l'ignore, ne peut sans contredit passer pour expert en son art, & que c'est en lui un tres-grand deffaut, lors que des objets de la nature il n'en peut rien effectuer, qu'au prealable il ne les aye devant les yeux ; car en un nombre infini de rencontres cela ne se peut.

Mais venons-en à l'explication. Premierement vous voyez qu'ayant sur une droite de niveau ABT desseigné dessus geometralement le solide A D à plomb, puis un tout semblable a d incliné & appuyé contre l'angle r du solide r s où sont trois marches, & finalement la Piramide quadrangulaire o t appuyée contre l'angle u de ladite marche & contre le solide a a', desquels profils & élevations il en faut faire l'assiette sçachant leur épaisseur.

L'on voit donc, comme il a esté dit cy-devant, que 1 4 est le plan du solide A D, & celuy 2 5 de a d, celuy h g de e r s, & enfin 7 8, 11, celuy de la Piramide n o f, & que tous ces plans se sont faits par avoir abaissé des droites perpendiculaires à la droite A B T de costé & d'autre de tous les angles desdits solides, puis en suite distribué en ce plan la place que chacun d'eux occupe selon leur situation.

Cela estant exactement fait, on doit juger qu'il est en l'option de celuy qui a ainsi determiné cette assiette d'en varier à l'infini la situation sur un lieu plat, ainsi que l'on peut voir en bas, & comme j'ay dit cy-devant, pour un seul solide : car l'on doit connoistre qu'ayant ainsi varié ces divers plans ensemble sans en changer la situation d'aucun, qu'il n'y a qu'à prendre au compas à ce profil & élevation de ces solides, les hauteurs A C, B D & B a, l c, x o, e r, y d, q u, K n, s p, z f, puis les porter en bas chacun en son endroit convenable sur les lignes pointées élevées à plomb sur ce plan varié, comme cela se voit au bas de cette Planche par les chiffres & lettres placez en mesmes endroits ; toute la difference n'estant qu'en ce que les autres costez de derriere de ces solides se voyent, & non au profil d'enhaut, où ils doivent estre supposez derriere ceux qui apparoissent.

Donc par cela l'on peut concevoir que si d'un nombre infini de solides ou corps on peut ainsi en construire les élevations & profils, & en faire le plan & le varier, & aussi en déterminer geometralement la place des jours, ombres & ombrages, à toutes lumieres, ainsi que vous allez voir aux Planches qui suivent, on peut dire qu'un Peintre n'est point excusable d'ignorer volontairement ces choses, puis que c'est la baze ou le vray fondement de son art, & le vray moyen d'entendre à fonds la variation geometrale des divers solides, & de s'en servir facilement & bien au perspectif.

POur trouver la place geometrale des jours, ombres & ombrages qui font fur les diverfes fuperficies des folides caufez par la lumiere du Soleil & auffi de la Lune.

Il y a deux chofes à determiner, l'une de quel cofté on veut que la lumiere donne fur ces folides, l'autre, ce que l'on defire qu'ils faffent d'ombrages, qui eft felon l'élevation du luminaire.

Dans cette Planche l'on fuppofe que le folide A B O faffe fur fon plan d'affiette A $f k o$ autant d'ombre qu'il a d'élévation ; & que la lumiere l'éclaire de forte que la droite ou angle faillant A B faffe fon ombrage du fens comme A b. Apres cela, fur ce que l'on tient qu'à caufe du grand éloignement du Soleil à la terre les baftons 1 2, 4 6, 7 9, $m r$, figure 4, eftans entendus perpendiculaires au plan d'affiette, leurs ombrages 1 3, 4 5, 7 8, $m n$, doivent apparoiftre paralels entr'eux. Semblablement ayant mené, figure 1, du bas du folide A B O fur fon plan d'affiette par le bas de ces élevations c D, e F, g H, i K, l O des droites $c d$, $e f$, $g h$, $i k$, $l o$, paralelles à celle A b, & égales à chacune defdites élevations, ainfi que pour A b celle A B, & par ces points $b d f h k o l$ mené des droites, elles feront la feparation du jour d'avec l'ombrage que doivent faire fur ce plan d'affiette les lignes ou arreftes B D F H K O, lefquelles font cottées de mefmes lettres, mais italiques : Ainfi voila l'ombrage dudit folide tracé fur ce plan d'affiette. Et pour les ombres qui font fur les folides, il eft aifé de juger que les fuperficies élevées A D, c F, e H, g K, i O, eftant oppofées à celles qui reçoivent la lumiere comme celles A N & C O, avec celle B O du deffus du folide, doivent eftre ombrées ; L'on voit auffi, figure 3, que deffous A c C ; eft le plan du folide figure 1, & auffi fon ombrage A $d l$, & que ce qui eft ainfi fait n'eft que pour faire voir que fi ledit folide eftoit ainfi que deffus figure 1, élevé, il fouftiendroit celuy en l'air Y P L, figure 3. Et pour faire facilement concevoir le moyen d'avoir la place de ces ombrages, lors qu'un folide eft interpofé ou fitué entre le plan d'affiette, comme en la figure 2 le folide TOM à celuy P Q Z : Faut remarquer en haut, figure 4, que pour avoir fur la fuperficie $x u z$ élevée perpendiculairement au plan d'affiette, ce qui fe peut trouver de l'ombrage $m n$, qu'il faut élever $r u$ paralelle au bafton $m r$, & du point r à celuy n mener la droite pointée $r n$, lors où elle coupera $r u$ en u, ce point u fera l'ombrage du point r, & ainfi $m r u$ l'ombrage du bafton $m r$.

Appliquons maintenant ce moyen aux droites à plomb 1, 2, 5, 3, 6 4 de la fuperficie T O X du folide T O M, figure 2. ayant fait fur le plan d'affiette P T S l'ombrage P q S $z y$ des lignes P $q r s y$ Z du folide P N Q Z, comme vous voyez les droites Q q, s S, Z z, qui coupent ces droites à plomb aux points 2 3 4 qui terminent cet ombrage fur la fuperficie T O X.

Pour le folide élevé Y P L, c'eft la mefme chofe des autres, à la referve que les élevations s Y, r X, $t o$, font que les droites $s y$, $r x$, $t o$, font du jour, en lieu qu'eftant des folides elles feroient de l'ombrage. Par la conformité des lettres l'on voit le rapport des parties dudit folide à fes ombrages.

31. PLANCHE.

VOicy encore en cette Stampe la rencontre des ombres ou ombrages des corps les uns fur les autres. Premierement de ceux A B & C D, figure 1, élevez à plomb fur le terrain ou plan d'affiette A C, F E.

Puis figure 2, des inclinez comme A B, C B, l'un & l'autre fur des folides pofez à plomb fur le terrain, & dont le deffus eft paralelle au plan d'affiette, puis fur quelques autres élevez deffus, & qui y font inclinez ou en talus.

Par la figure 1. l'on voit qu'ayant determiné que du bafton A B la route ou cours de fon ombrage aille vers E, & que le Soleil foit élevé de forte que l'ombrage A E foit égal à fon élevation A B; Que le mefme en eft-il de celuy C D & de fon ombrage C F.

L'on voit donc qu'où l'ombrage A E coupe le folide 1 6 3 4 aux endroits 1 1 r, il faut comme cy-devant élever à plomb 1 2, 1 3, r 4 ou paralellement au bafton A B, puis mener du point 1 à celuy 3 la droite 2 3, & en fuite du point B, extremité élevée du bafton A B, & de celuy E extremité de fon ombrage la droite B 4 E, & où elle coupera r 4 au point 4, la ligne repliée A 1 2 3 r 4, fera l'ombrage vifible dudit bafton A B fur le folide.

Pour celuy C D, c'eft la mefme chofe, à la referve du folide G 8 H qui eft fur le premier, dont fon deffus 9 m eft en forme de pulpitre, qui par confequent fait qu'une petite partie de l'ombrage du hault du bafton C D, fe replie & va du fens de ce talus, ainfi que montre 8 9 m, & qui eft terminé par la droite D F au point 9. Et pour l'ombrage C 5 6 7 8, c'eft le mefme que celuy A 1 2 3 r 4.

Pour en bas, figure 2, la difference n'eft qu'aux deux baftons qui font inclinez à l'horifon du niveau, & leurs bouts d'enhaut joints enfemble; car c'eft toûjours la mefme pratique: & pour exemple, remarquant que d'un bafton à plomb comme A B, figure 1, le plan eft le point A: ainfi pour les deux inclinez, figure 2, il en faut avoir encore un comme x, dont x B eft l'élevation, & les deux pointées A x C leur plan; de forte qu'ayant trouvé que x E eft la route d'un rayon de lumiere, & E le point d'ombre de B, extremité defdits baftons, pour avoir leur ombrage il ne faut que tirer les deux droites des points A & C, à celuy E.

Mais comme ces baftons font inclinez, & qui par confequent ne marquent point leurs ombrages à plomb 1 2, 5 6 comme en hault, il faut prendre convenablement à volonté un point fur leur plan A x, & pour exemple celuy 4, & ayant élevé à plomb la pointée 4 x, puis du point 4 tiré la droite 4 s paralelle à la route de l'ombre x E, & de celuy o, où la droite 4 r coupe ledit folide, élever encore la pointée o x paralelle à 4 x, lors ayant tiré du point x à la droite x 1 où elle coupera ladite o x au point x, menez par les points 1 & x la droite 1 x 2 jufques à ce qu'elle trouve au point 2 l'arrefte 2 6 du folide. Le mefme faut-il faire pour la droite 2 3, par le moyen de celle m 9 & de fon élevation m r égale à P 2 hauteur du folide, & à la continuée r 3; car ayant tiré la pointée r 3 fur le deffus du folide, paralelle à la route d'ombre, ou pour mieux dire, du jour x E, puis du point s au haut du bafton A B couper r 3 au point 3 par la droite s 9, l'on tirera du point 2 à celuy 3 le refte de l'ombrage 2 3 dudit bafton A B.

Par les lignes pointées qui traverfent les arreftes & fuperficies de ces folides, on peut voir que c'eft la mefme chofe qu'en la figure 1, pour le bafton C B, en attendant d'autres exemples qui faciliteront des rencontres plus compofées.

L

CE qu'il y a en cette Stampe de different de la precedente n'est que c'estoit des bâtons, & icy c'est côme des ais ou superficies opposées à la lumiere, & qui par consequent font sur les solides des plans ou superficies d'ombrages, & ainsi il n'y a qu'à joindre ou tirer des droites traversales de A à C & de D à B, tant au solide qu'à l'ombrage ; & comme cy-devant il passoit du jour entre les bâtons, il n'y en passe plus, & par ainsi le total A 1 2 3 n 4 C 5 6 7 9 8 m, figure 1. compris entre ces lignes, n'est que de l'ombre ou ombrage ; Et le mesme de celuy d'embas, figure 2. A 1 n 2 3 4 b, 8 7 6 5 C, & de son solide P 6 3, P r s s n, ombrage de P z 3, figure 1.

Donc pour la raison des ombres à la lumiere du Soleil, il est à remarquer, qu'au geometral tous solides dont les termes ou superficies opposées sont paraleles entr'elles, de mesme en est-il de leurs ombres ou ombrages sur les autres solides inclinez ou non inclinez.

Mais des autres non paralels, soit à plomb ou inclinez, comme celuy A B C A, figure 2. il n'en est pas le mesme, ainsi que l'on peut mieux connoistre par les figures aux 4. Planches qui suivent, tant sur les solides terminez de superficies plattes, que sur les courbes.

Il se faut souvenir que les ombres & ombrages doivent estre de plus en plus foibles qu'elles s'éloignent du corps qui les forme, & mesme moins terminées en leur contours, à moins que ce ne soit un jour de clair & vif Soleil, car autre chose est un jour où le Soleil est privé de nuages qui s'interposent entre luy & les objets, & d'un autre moindre, & mesme de celuy de la lumiere diffuse où le Soleil ne fait ny peu ny point du tout paroistre ses rayons ; ce qui ne se peut exprimer que par l'affoiblissement des couleurs & de foibles ombrages causez par l'interposition de quelque corps à la lumiere venant d'enhaut par le clair general du Ciel, & par les ombres ramassées dans les trous ou concavitez des objets où la lumiere ne peut entrer.

Sur tout par la proportion des échelles de front & fuyantes, & de leurs coupes paraleles au plan du Tableau.

POur faire plus facilement comprendre la pratique de trouver la place de ces jours, ombres & ombrages, considerez en bas, figure 1. que *a b* est un bâton en l'air, & *c d* son plan ou assiette, & que pour en avoir l'ombrage *e f* sur le terrain ou plan d'assiette, il n'y a, comme cy-devant, qu'à determiner la route du Soleil *c e*, puis la faire suivant son élevation *c a*, puis faire la mesme chose de *d f* paralelle à *c e* pour *d b*, & par ainsi *e f* sera l'ombrage du bâton en l'air *a b*.

En suitte voulant avoir les ombrages d'un semblable bâton A B, figure II. posé sur le dessus du solide K 7 G, faut supposer que ce bâton A B soit en l'air, & en faire l'ombrage sur E F le terrain, comme en la figure I, & le mesme de celuy A B, figure III. élevé en l'air au dessus d'un Cube, sans se mettre encore en peine quels ombrages ils feront sur ces solides.

Mais voulant les y trouver, on voit en la figure I I. qu'ayant continué la droite G h vers I, que la route de lumiere C E coupe G H I en *o*; que pour avoir l'ombrage 1, 5, il faut élever la droite à plomb *o* 4, & des points A & E tirer la droite pointée A E, & où elle coupera *o* 4 au point 4, faut mener du point 4 & de celuy 1 l'ombrage 1 5, qui finira au point 5. extrémité de la superficie élevée 8 H, ainsi 1 5 & E 7 sera partie de l'ombrage du bâton A B, celle de 7 B son autre extremité 5 F.

En haut, figure I I I. cet ombrage paroist plus composée, ce que j'ay fait à dessein de faire voir l'universalité de cette pratique, car j'ay changé la hauteur & la route du Soleil, lequel n'y fait que la moitié d'ombre ou de lumiere; car C E, route d'icelle, est la moitié de l'élevation C A, & aussi D F de D B. Or comme cet ombrage E F se replie au point *m*, puis à L, & de suitte à celuy 6 tirant vers 9, sur la superficie 6 9, donc il en faut dire quelque chose.

Premierement, ayant du point 7 élevé la pointée 7 5 paralelle à H 7, ou à CA, & du point 1 mené la pointée 1 2, paralelle à la route C E ou D F, & en suitte pris la moitié de l'intervale 1 5 & la porter sur ladite 1 2 au point 2, puis derechef fait le mesme de l'intervale 3 R ou x B, & porté encore leur moitié sur les paralelles 3 4, ou x *n* à la route C E, ou à 1 2, faut tracer par les points 4 2, ou *n* 2 la droite 4 6, puis où elle finira au point 6 mener par le point *o* la droite d'ombrage 6 L, & finalement du point L, où elle finit encore, tirer ou tracer le reste au point *m*.

Et sur cela je laisse encore à juger de l'utilité de toutes ces intersections de plans. Rebattons encore en la Planche qui suit la mesme chose pour en bien retenir la pratique.

Voicy encore deux autres exemples sur le mesme sujet, où je suppose qu'une forme de regle ou platte bande B A, fig. 1, soit en l'air comme tombante sur le solide C Q, dont l'une de ces extrémitez B soit de beaucoup plus éloignée de terre ou du plan d'assiette que l'autre A C m d; ce qui se voit par les deux pointées o B & d A, élevées perpendiculairement sur ce plan d'assiette.

L'on voit encore qu'ayant determiné l'assiette o d de cette regle A B, puis en suite la route du jour & de l'ombrage o m & d a, puis trouvé comme cy-devant son ombrage m a, qui est donnée par la moitié de o B pour o m, & de d A pour d a, qui fait voir vers a où cet ombrage coupe l'arreste basse du solide N x, & le plan o d de la regle au point e, par lequel ayant élevé la ligne à plomb e c, & mené c r paralelle au plan o d, & où elle coupera o B en r mener aussi r t paralelle à o m route du jour qui passe entre o & B. Cela estant, il n'y a plus qu'à tirer des points B & m la droite B m, & où elle coupera r t au point b, faut mener deux droites, l'une de b à c, & l'autre de c à s & de s à a, qui sera l'ombrage de l'arreste B A. Le mesme en est-il de ses lignes d'à costé & de dessus.

Toute la difference qu'il y a en la figure 2 d'embas n'est autre sinon que le dessus P D Q du solide n'est pas paralelle à son plan; car il est plus haut du costé C n de la hauteur de n D, & le mesme de son autre costé.

Ce qui oblige entre plusieurs voyes de prendre la plus naturelle, qui est de continuer m o de o vers 1, & où elle coupera N x au point i faut élever la perpendiculaire i l, puis faire o r égale à q z, & des points l & r mener la droite l r t, lors ayant mené comme en la Figure 1. d'enhaut, la droite B m, du point B à m, & sa paralelle, où elles couperont la droite l r t, comme au point b, faut mener la droite b c & celle c s, & aussi celle s a & sa paralelle.

L'on pouvoit aussi faire le mesme plus promptement, car ayant du point i élevé i l, & mené l r b paralelle à D P, trouver le point b par mener du point B à m la droite B b m. Tout cela bien compris par ces diverses intersections de plans & de lignes, l'on peut venir à bout du nombre infiny d'autres rencontres.

Vous allez voir en celle qui suit une autre exemple pour les ombres & ombrages des Cilindres ou portions de Colonnes, qui sert avec celle-cy pour tous les autres Corps courbes.

VOus pouvez voir par ces deux exemples de portions de
Colonnes ou Cilindres qu'il y a quelque peu de difference
à trouver en Geometral ou perspectif les places des lumieres, ombres & ombrages, d'avec celles des solides composez de
superficies plattes; La Figure 2 d'embas represente un Cilindre
Geometral couché, situé de front avec des lignes pointées à l'entour, comme s'il estoit enfermé dans vn solide quarré long.

Donc pour faire l'ombre de ce Cilindre de front O p ɪ C, Figure 2. faut premierement trouver les touchantes de deux
rayons paralels entr'eux, comme I L & l n.

Et si l'on veut G F & x ʍ, où est à remarquer que nous don-
nons icy l'exemple de faire une fois la hauteur de l'ombre aussi
longue que l'élevation du Solide, & une autre fois de la moitié.

Et pour plus facilement faire concevoir que c'est la pratique de cy-devant,
à la reserve de trouver les touchans des rayons, l'on suppose d'abord de faire
l'ombre d'un quarré élevé A D C B, dans lequel est tracé un cercle, dont le
centre est O: Voulant donc que l'élevation A D fasse autant d'ombre qu'elle a
de haut, A E sera son ombrage, & ne la voulant que de la moitié ce sera A H,
& si l'on veut avoir celuy du rond, il n'y a qu'à mener du point D par le centre O, la droite D O ɪ, puis de G, où D O ɪ coupe le cercle, mener aussi la touchante G F paralelle à D F, ou perpendiculaire à G O, & le mesme au point
touchant ɪ, opposé à celuy G, lors ʍ F sera l'ombrage de ce Cilindre ou
Colonne.

Et pour l'ombrage de la moitié, ayant mi-party également A D & porté une
de ces deux moitiez de A en H, A H sera l'ombre du quarré, & ayant de même mené la touchante I L & ʍ l, alors ʍ L sera l'ombrage de cette Colonne à
moitié d'ombrage, & ainsi le mesme de l'autre bout.

Pour la Figure 1 d'enhaut c'est la mesme, à la reserve qu'elle est en autre
situation, neanmoins toûjours Geometrale, & ce qu'il y a de plus, est d'avoir
tourné de costé ce Cilindre, & d'un de ces bouts sur le terrain, ou plan d'assiette, ce qui se fait comme cy-devant, en prenant des points à volonté sur la
ligne b a, plan du cercle ɪ ʍ ɪ r g x r, qui sont des points donnez à volonté, desquels abattant des droites à plomb paralelles entr'elles sur la droite b a, & puis
par les points que ces droites feront sur ladite b a mener les droites b p, 2 h,
ɪ ʍ, 34 & ʍ f paralelles entr'elles, de quel sens qu'on voudra; & en suitte ayant
determiné de faire l'ombrage de la hauteur du Cilindre, faut porter sur elles
les élevations ou intervales, comme b ʍ de b en p, 2 i de 2 en h, ɪ r de ɪ en ʍ, 3 g
de 3 en 4, de ʍ en f, & aussi pour le dessous dudit cercle ʍ b ɪ b 2 3 de 2 en 7, &
puis en ayant fait le mesme de l'autre bout du Cilindre, ou du moins un peu
pour avoir les points touchans 7 m f l, afin de mener les droites 7 m & f l.

Pour la Figure d'embas, comme la ligne I p est la separation du jour & de
l'ombre, aussi r ɪ est l'endroit de la plus grande force du jour ou de la lumiere, & l'ombre S ɪ son opposé en dessous, lequel on ne peut pas voir.

Les deux Planches qui suivent acheveront le reste.

DAns cette Planche est la representation geometrale d'un solide compris ou terminé de 9. superficies plattes, quoy que l'œil n'en découvre que 4 & deux courbes, toutes perpendiculaires au plan d'assiette A M N, & dessus ledit solide un autre petit de six superficies plattes, dont il s'en voit 3. Et aussi la place geometrale des jours, ombres & ombrages, comme cy-devant.

Ayant donc supposé que le Soleil soit à une élevation telle que la ligne pointée A B du Cilindre A B, qui est de huict pieds, fasse sur le plan d'assiette A M N son rayon d'ombre A C de quatre, en sorte que A soit le point touchant du rayon à ce Cilindre, & par consequent que les droites A D C & rayon B C soient en un mesme plan, ayant élevé du point D sur la superficie plane élevée M b f 2 la ligne D b paralelle à A B, ou à celle M O, & mené par le point B & C la droite B C, elle coupera D b au point b, lequel sera celuy d'ombre B : & par ainsi b D A sera l'ombrage de la droite A B,

Donc pour avoir de mesme l'ombrage de la courbe B F 2 sur la superficie M b f 2 platte, faut prédre à volonté sur icelle nombre de points. Pour exemple ceux F I L, & les porter de mesme en bas sur son assiette courbe A b G 3, puis par ces points ayant mené des droites paralelles à A D comme b E, G H, & autres ; & par ceux où elles rencontreront la droite de front M 3, mené aussi des paralelles E f, H i, 4 l, à la droite D b : lors allant au haut du solide, mener par les points F I L des droites F f, I i, L l, paralelles à B b C, & par les points f i 2, où elles couperont les droites E f, H i, 4 l, tracer la ligne courbe 2 l i f b. elle sera la place de l'extremité du jour & de l'ombre de la courbe B F I L, & de l'Angle 2 sa naissance.

Le même se doit faire pour les droites M O & O X sur la superficie courbe R P f x X aux points X x u s, comme vous le represente assez la figure, & de plus, par les lignes & lettres M N, Q R, & autres en bas & en haut O S T V X, Il ne reste plus qu'à donner, comme cy-devant, le moyen de trouver la rencontre de l'ombrage du solide Z K sur la superficie du Cilindre A K B suivant son plan ou assiette K, en bas ; Il faut donc considerer que c'est comme cy-devant des rayons du Soleil qui passent par l'espace des lignes d'élevations en l'air Y Z & n e ; & par ainsi que sur le plan d'assiette Y 4, n q paralelles à A D soient chacune la moitié de Y z, & de n e, comme A C de A B ; de sorte qu'ayant élevé deux droites p z, r z paralelles entr'elles & à A B, puis aussi des deux points ou Angles Z & e du solide K deux autres aux 2 points q & e, il n'y aura en suitte qu'à mener vne ligne courbe adoucie par les trois points 6 7 & z, & elle sera l'ombre des deux arrestes 6 e & e 2 du solide K, & z z celle de z 5. Ie me suis contenté de faire simplement voir par cet exemple la place de ces jours, ombres & ombrages, sans les finir ou achever en leur force & foiblesse, n'ayant autre dessein que d'en representer à l'œil les lignes blanches ou pointées qui servent à la pratique.

EN cette Planche l'on y voit le Geometral d'un solide terminé de unze superficies, dont il y en a deux courbes, comme le creux d'une tour, où est encore tracé la place des jours &
ombres à jour de Soleil, & son élevation, comme cy-devant.

Ie sçay bien que les intelligens & d'humeur à chercher d'eux-
mesmes suivant les divers corps, peuvent voir le total, par ce
qui en a esté dit ; Mais j'ay jugé que cét exemple estoit encore
necessaire pour d'autant mieux le donner à entendre à ceux qui
ne sont pas si penetrans.

Pour cet effet ils sçauront, que la ligne d'élevation ou Angle
A B est encore supposée faire son ombre & ombrage A C de la
moitié de sa hauteur, de sorte qu'ayant élevé du point D la
droite D b paralelle à A B, puis mené de B à C la pointée B C,
où elle coupera ladite D b en b, le point b sera l'ombre du point
de l'Angle B, de sorte que menant à volonté, comme cy-devant sur ¹- plan d'assiette, des droites pointées E a, G r, & autres
paralelles a A D, & où elles couperõt le cercle E a D en a r t n, ayant mené des
paralelles E F, G H, & autres à la droite A B, ou D b, finalement d'autres paralelles à celle B C des points F H L, &c. & d'abondant mené par les points
b f b t o M une ligne courbe adoucie, lors cette courbe sera l'ombre de la
courbe B L M. Il est à remarquer que pour avoir le point M, attouchement
de la lumiere, faut mener la pointée n M L paralelle à A D C : & comme il est
necessaire de trouver aussi bien l'endroit où la lumiere donne le plus directement ou à plomb sur les superficies concaves ou creuses que de leur opposé
qui est l'ombre, on remarquera que menant par le point q, centre du demy
cercle Y D a A, une droite q p paralelle à A D C, il faut mener par le point
qu'elle fera sur ledit cercle Y D A, comme p, une droite p m paralelle à A B,
& cette p m sera l'endroit le plus éclairé du creux dudit Cilindre; le mesme en
est-il de l'autre O g s de c à d fort éclairé, duquel il ne s'en voit que la portion
e g au haut d'iceluy, & pour son autre ombrage 1 9 4, pour l'élevation droite
11 & 4 8 t pour la courbe : 6 2.

Donc, à mon avis, ce qui en a esté dit doit suffire pour cela, & pour tous
autres rencontres de jours, ombres & ombrages plus composez, en concevant
bien les diverses coupes que peuvent faire ces plans des rayons du Soleil sur
toutes formes de solides suivant leur paralellisme & interlections ; Et mesme
entre les representations perspectives, cela se doit appliquer aux desseins des
élevations des architectures Civiles & Militaires : Ie convie donc les excellens Praticiens speculatifs de penetrer en ces choses, & de juger si ce sont
des particularitez qu'on doive mepriser, ou mesme negliger.

L'on pourra voir aussi si cela n'est pas d'autre instruction que ce qui est contenu en l'idéée de la perfection de la Peinture, imprimée au Mans, dans la
page 12. partie 3. où est parlé de la couleur ou application des ombres & des
lumieres

SVr ce que j'ay expliqué amplement dans ma premiere partie de la Perspective pour trouver la place des jours, ombres
& ombrages perspectifs à diverses illuminations, & principalement par celle du Soleil ; il m'est venu en pensée que quelques Praticiens pourroient commettre erreur, quoy qu'ils euffent bié placé en leurs Tableaux les jours, ombres & ombrages:
Qu'il ne seroit pas inutile de les avertir d'une circonstance, laquelle est, qu'ils doivent remarquer que quand les rayons du
Soleil sont paralels à la baze du Tableau A B, ou en bas *a b*,
soit qu'ils viennent du costé que l'on appelle d'ordinaire jour
droit, ou jour gauche, qui est à dire de A vers B, & de B vers A,
il est impossible que le Soleil se trouve dans le Tableau en aucun lieu : le mesme en est-il lors qu'on le suppose éclairer le
Tableau, & par consequent que les rayons de jour & d'ombre
vont du long des fuyantes C O, & autres.

Mais lors qu'ils viennent de dedans le Tableau, comme de
O ou F vers C, ainsi qu'en la Figure d'enhaut, ou bien en diagonale, ainsi qu'enbas *u h* & *e g*, il s'y peut rencontrer en divers
lieux ; Et pour regle generale d'en trouver le centre, il ne faut
qu'aprés avoir tracé la place des jours, ombres & ombrages
donnez selon la sujection ou la volonté, choisir seulement deux
divers points d'ombres, cóme pour exemple les 2. points en haut
G & H, qui sont ceux d'ombre *l m* du solide *e m*, puis par ce
point d'ombre G & par celuy *l*, mener la droite G *l n*, & le
mesme du point H par celuy *m* ; & où ces deux lignes s'entre-
croiseront, ce sera le lieu où doit estre placé le Soleil ; Mais
comme en cét exemple ils ne se sont pû croiser dans ce Tableau,
il faut conclure qu'il n'y doit pas estre, puis que l'ombrage *e G*
est trop courte, ou le haut du Tableau trop bas.

A l'exemple d'à costé, le solide *s s p* est d'un demy pied d'élevation, & en
fait deux d'ombrage, pour lequel ayant mené par les deux points d'ombre
X & *9*, & par leurs points correspondans *s* & *r*, les droites X *s* F & *9 r* F,
s'estant croisées au point F, le point F sera en ce lieu la place du Soleil.

Ie ne croy pas qu'il soit necessaire d'expliquer ce qui est au Tableau d'en
bas, puis qu'il n'est different qu'en ce que les rayons du Soleil vont en diagonnales ou à travers les fuyantes, qui fait que pour le mesme solide *s s p*, la
place du Soleil est en *f* au costé du Tableau ; & pour l'autre solide *e m*, les
rayons *g l n* & *h m r* se doivent croiser hors dudit Tableau.

Ie croy que la simplicité de cette particularité ne la rend pas moins belle
qu'utile.

AV haut de cette Planche sont les representations geometrales d'un flambeau ou torche allumée A C, élevée perpendiculairement au plan d'assiette s f o A s, d'un solide B, &
de plusieurs bastons, comme ceux I s, r D, q E, p F, o G &
s H de differentes hauteurs.

En bas est aussi representé en perspective plusieurs superficies
& solides éclairez d'un pareil flambeau A C.

Par ces deux exemples on peut connoistre qu'ayant representé de tels objets ou solides que l'on veut, tant en geometral
qu'en perspectif, il se peut trouuer la place de leurs jours, ombres & ombrages sur iceux.

Donc sur le geometral en haut, ayant tiré du pied du flambeau ou chan-
delier A sur le plan d'assiette des droites suffisamment longues, aux extrémitez basses de ces bastons qui posent sur leur plan d'assiette comme A s,
A r z, A q e, A p f, sans considerer encore le solide B, puis ensuite celles
A o m & A s l; & d'abondant par le point de la lumiere C, mené aussi d'autres droites par le haut ou extrémité desdits bastons élevez C H, C G m,
C F f, C E e, C D & C I s, & finalement C I s; où elles couperont les precedentes droites sur le plan d'assiette & jusques au bas de chaque baston, chacune en sera l'ombrage, ainsi que s pour celuy s, s r pour r l, q e pour
q t, p f pour p F: mais comme les deux ombres des bastons o G, & s H doivent se trouuer sur la superficie plane Z Y du solide B perpendiculaire au plan
d'assiette, ayant élevé de mesme les deux droites x g & o b, où les deux ombrages s u l & o x m croisent ladite superficie Z Y, les rayons C H s & C G m
couperont ces deux droites u l au point b, & x g au point g, ce qui fera que
l'ombrage o x g, sera l'ombrage du baston o G, & s u b celle s H: Le mesme se
deuroit faire à chaque flambeau, s'il y en avoit plusieurs diversement situez,
en remarquant ceux qui seroient plus ou moins proches des objets, & suivant
la situation de l'œil au plan du Tableau.

Pour le perspectif en bas, on doit voir par les lignes tirées de chaque angle
que c'est la mesme pratique; tout ce qu'il y a à remarquer est, qu'il faudroit
supposer autant de pieds ou assiettes de ladite torche qu'il y a de plans où
les objets sont posez, comme celuy A pour tout ce qui est élevé sur le plan
d'assiette s A s, D pour le plat-fonds G S T, E pour celuy S Q V; & finalement F pour B F N, & P pour l'élevation M N & petit solide 6, puis pour
la forme de fenestre 7 8, qui sont tous cinq dans un mesme plan G E I A L.
M N F B D G.

Cette pratique est encore expliquée dans ma premiere Partie de la Perspective.

Voicy quelques particularitez d'une pratique generale pour la reflexion des rayons du Soleil, ou autres luminaires ou lumieres, fur divers folides & fuperficies planes, outre ce que j'en ay dit & reprefenté dans ma premiere Partie de la Perfpective.

L'on concevra d'abord, comme il a efté dit, que l'angle d'incidence, qui eft figure 1. B A C eft toûjours conceu égal à l'angle de reflexion C A D, ou celuy de reflexion D A C à celuy B A C d'incidence.

Ayant pris à volonté un rayon de lumiere B A, pour fçavoir où le point A de la fuperficie bien polie & plane *e g* pourra reflechir contre le folide élevé E F, élevez du point A la droite A C perpendiculaire à *e g*, & faites l'angle de reflexion C A D égal à celuy d'incidence C A B, puis où la droite A D touchera le folide E F comme en D, le point D fera celuy de reflexion A.

Mais comme il peut avenir que les rayons de lumiere, & par confequent ceux de reflexion, peuvent toucher plus ou moins de biais ou obliquement fur les folides ou fuperficies, & que s'agiffant de les reprefenter par deffein en geometral ou perfpectif, un Difciple pourroit eftre arrefté, confiderez par la figure 2. que la ligne *e* A *g*, plan d'affiette biaize, & par ainfi que l'on ne peut pas faire au compas cet angle d'incidence égal à celuy de reflexion; c'eft pourquoy on verra qu'en ayant porté fur cette droite de biais *e g* les trois points *e* A *g*, ainfi qu'à la premiere Figure, puis d'iceux élevé les droites *e f*, A C *g h* à plomb fur le plan, & porté fur eux les hauteurs *e f*, *g h* de la premiere figure, l'on peut mener par les points A & *h* la ligne A *h* jufques à ce qu'elle aille rencontrer en la fuperficie du folide E D le point D, concevant bien que A *h* D E *e f* foient en un mefme plan. Le mefme en eft-il de la fuivante reflexion, qui fe peut faire du point D, comme le montre les deux lignes pointées D *r* & D *l*, qui feront auffi dans ce mefme plan.

Ie croy avoir affez dit icy de cette pratique, & dans mon premier Traité de Perfpective, pour concevoir les trois & quatre figures d'embas: car l'on y peut voir que leurs rayons de lumieres font paralels aux de front A *a* 3; & X A V, & qu'ils reflechiffent contre la fuperficie *r e* du folide *o r* 4, fig. 3, & au deffous du plat-fonds *m z d*, qui doit eftre éclairé ou coloré de la reflexion telle que fera le plan d'affiette A *l n* 3; & auffi que du premier reflexs la fuperficie eclairée V M *x et* V, figure 4, doit eftre V N *r s z u t* V, ne fe trouvant que les deux plans N *r* X & X *o r*; puis les deux autres *u r* 2 & 2 *e t* où cette reflexion n'a pû donner, ce qui ne fait pas que ces divers plans ne faffent plufieurs reflexions, mais toûjours les premieres & plus proches font plus fortes au geometral; mais pour le perfpectif, c'eft fuivant qu'elles font plus ou moins proches de la bafe du Tableau par comparaifon de leurs plus ou moins claires & brunes couleurs.

C'eft traiter icy de cette matiere d'une autre metho de que dans *Leonard de Vinci* Chap. 117. & avec plus de certitude & d'intelligence, quoy que la matiere demanderoit plus d'explication, à caufe des furfaces irregulieres & plus ou moins unies ou polies, puis que les polies diftinguent bien plus leur reflexion que les brutes & irregulieres, qui fe trouvent confufes quand elles ne font point diverfifiées de couleurs. Mais toûjours pour la Pourtraiture & Peinture, ce que j'en ay dit doit y bien fervir.

IE croy qu'à la seule veuë de trois representations contenuës
en cette Planche, on concevra facilement comme il faut representer la reflexion des objets dans l'eau & sur les miroirs, &
autres superficies polies.

En l'exemple d'enhaut, figure 1, il se faut garder d'errer comme plusieurs, en croyant qu'à cause que sur la superficie de l'eau
A *l h* B l'œil O voit l'apparence du point de reflexion du solide
C sur icelle au point *l*, & celuy F en *h*, qu'il faille dans le Tableau les placer en ces mesmes lieux, & non en *c* & *f*; ou comme en l'exemple du milieu à l'égard du regardant A *o*, de placer
la ligne *c* 2, reflexion de l'élevation de la Tour 2 C, à l'endroit 3, en lieu d'estre au lieu 2 *c* & égale à 2 C qui est l'objet.

Donc pour bien faire on remarquera en cet exemple, figure 2, qu'à l'égard
du regardant A *o*, s'il avoit à representer sur le profil d'un Tableau 4 5 les reflexions de ce qu'il voit dans l'eau du nombre des objets C E *p* & autres, il
n'en representeroit que la partie *c* 2, laquelle vient de 2 C, puis le petit coin
de la Tour E, tout le reste de derriere luy estant caché : Mais s'il estoit placé
de sorte que la droite A 2 B luy fust de front, comme à nous qui regardons
cette Stampe, & non en fuyant, ainsi qu'au regardant A *o* suivant sa situation, il les verroit ainsi que nous.

D'où resulte par l'exemple d'embas, figure 3, qu'il faut concevoir la superficie de l'eau O B P A estre comme un plan d'assiette perspectif estendu à l'infini, sur lequel les objets sont situez; de sorte que selon qu'ils sont plus ou
moins proches de cette superficie d'eau, & plus ou moins éloignez de la baze
du Tableau O P, il s'en voit aussi plus ou moins dans l'eau : donc il faut
porter toûjours dans icelle les mesmes hauteurs & largeurs desdits objets depuis ce plan d'assiette d'eau en les renversant ; bref faire de la mesme sorte que
l'on representoit sur un plan d'assiette perspectif de verre les mesmes objets
en dessous dudit plan dans ce solide de verre que dessus iceluy dans nostre
masse d'air naturel, en prenant garde au point de veuë du sujet, ainsi que l'on
voit le mur A I M B L & ses joints des pierres, ensemble les solides, pieces
de bois & de pierre C D & E en saillie hors d'iceluy, & le point de veuë 4.

Les reflexions dans l'eau O B sont cottées de mesmes lettres en italique, que
les naturelles. Et pour ce qui est des deux bastons *o a b* & *r s q* qui entrent
dans l'eau, l'effet qu'ils font dans icelle s'appelle refraction, où pour regle
generale & en gros je diray que tous solides qui entrent dans ladite eau à
plomb ou perpendiculaires comme le baston *o a b*, ne paroissent pas à l'œil
rompus comme celuy *s r q*, mais bien un peu plus courts & gros depuis la superficie de l'eau en bas. Et pour ceux comme *s r q*, ils font un angle plus ou
moins aigu, suivant son plus ou moins d'inclination dans icelle, & qu'elle a
plus de profondeur, & aussi plus courts & gros dés ladite superficie en bas.

Pour traiter amplement de ce qui est connu de cette refraction, elle demanderoit seule un tres-ample Traité : Suffit donc de cecy pour le present touchant
la Peinture ou Pourtraiture.

POur ceux qui pourroient vouloir apprendre à faire la representation Geometrale égale & semblable d'une figure platte, & d'un solide donné de position à l'égard d'une droite
donnée.

Dans cette Planche en haut est l'original donné à copier
égal & semblable; premierement du triangle a c b Figure 1.
puis du solide a b b Fig. 2. donnez de position sur la droite a d D.

Sçachant faire, comme il a esté dit en la 6. Planche, un angle égal à un angle donné, l'on sçait aussi-tost cette pratique,
puis qu'il ne s'agit que de la reïterer. Et pour exemple, ayant à
copier le triangle a c b, tirez à vostre copie la droite M a D,
& portez-y l'intervale M a comme m a, puis faites l'angle
a c d, copie, égal à l'original a c d Figu. 1. & prenez l'intervale
c b & la portez en bas de c en b, faisant un trait d'arc, puis prenez en suitte l'intervale b a & faites d'icelle le mesme en bas,
& par l'intersection des deux petits cercles b menez la droite b a
& l'autre b c, & lors le triangle sera fait égal & semblable au
donné.

Semblablement pour faire le solide Figure 2. faut y prendre
l'intervale a e & le porter en bas de a vers e, & aussi celuy b e de
b en e, & derechef l'intervale a s & le porter en bas de a en s en
après prendre b s & le porter de b en f, & finalement ayant pris
s h & porté de f en h, & a h en bas en a h, & par ces points m né
les droites a e, b f, c h d'élevation, & celle f h e f, l'on aura fait
le solide a b b égal & semblable au donné.

Pour le solide d'embas, il est semblable, & les lignes doubles
de grandeur à ceux d'enhaut, n'y ayant autre difference en la
pratique pour le faire sinon, que l'ayant voulu du double, l'on
a doublé tous les intervales du donné.

L'on va voir en la Planche qui suit une autre pratique pour
faire la mesme chose, qui est par les deux lignes ou échelles de
conduite de front & fuyante, laquelle s'applique mesme à mesurer les plans ou assiettes, profils & élevations des Corps ou solides accessibles, sur lesquelles lignes on fait un devis de leurs
mesures par chifres sans rien desseigner, & par le moyen d'iceluy devis l'on peut representer ses solides, soit en geometral ou
en Perspectif; pratique aussi simple & belle qui se puisse découvrir, comme elle se peut voir cy-après, & dans ma Premiere
Partie de la Perspective.

VOicy au haut de cette Stampe l'assiette d'un triangle *n o p*,
& d'un solide F, puis une courbe E g D, que l'on suppose
vouloir representer en bas une fois égales & semblables, puis
semblables & les lignes du tiers plus grandes.

Pour cela il faut tirer à volonté sur l'original en haut les
deux droites A C B, que nous nommons de front, & C D fuyante perpendiculaires entr'elles, & les diviser en parties égales, en
commençant de l'endroit C où elles se croisent ou font leur intersection, menant de tous les angles des plans ou assiettes de vôtre original, des droites pointées paralelles à la de front A C B.

Il faut tirer en suitte sur le plan d'assiette de la copie deux
pareilles droites de front & fuyante A C B & C D, & aussi de
mesme perpendiculaires entr'elles & divisées; puis prendre
au compas sur la fuyante C D de l'original, tous les intervalles
C D, C ƒ, C b, C m, C t, C 2, & C e & autres, & les porter l'un
après l'autre sur la fuyante C D copié, comme de C en D, en ƒ,
en b, m, &c. & par ces divisions mener des semblables de front
tant à droit qu'à gauche, de C D paralelles à A C B; & prendre à l'original tous ces intervalles de front, encor à droit & à
gauche, ainsi que C n, e r, 2 p & o, & à droit 2 ƒ, t u, s H & autres, & les porter sur les mesmes de front copies, & ayant mené par leurs extremitez les droites qui y correspondent, comme n p, o n, r 3, H 3; H s, s r, & autres, l'on aura fait les assiettes ou plans de la copie égale & semblable à l'original;
Ce que l'on veut aussi faire des élevations par la mesme maniere; mais comme cela se peut autrement & plus facilement
pour la Perspective, nous en userons ainsi que vous allez voir.

L'on sçait, comme j'ay dit, que les superficies des solides sont ou à plomb
ou inclinées sur leur plan d'assiette, & qu'elles ont leurs hauteurs données,
lesquelles estant sceuës, il n'y a qu'à faire ainsi que nous l'avons expliqué en
nostre premiere pratique du geometral.

La copie d'embas est faite de la mesme sorte, comme les lignes & les lettres le montrent assez à l'œil, à la reserve que l'ayant voulu faire du tiers
plus grande que l'original d'enhaut, il a falu faire les divisions des échelles
de front A C B, & fuyante C D, chacune du tiers plus grande, & par proportion d'icelles tout le reste.

Pour la courbe E e g D, on sçaura que si elle n'a aucune portion de compas,
il la faut trouver par points donnez, comme ceux m E l e g D & autres, s'il est
besoin, suivant les mesures prises des de front m E, b a ƒ g, & suivantes.

Mais comme dans ma premiere Partie de Perspective cecy est plusieurs fois
expliqué & pratiqué, ceux qui le voudront voir y auront recours.

Venons maintenant au moyen de lever le plan d'un sujet naturel de relief
accessible & ses élevations par une semblable methode.

'Ay fait imprimer ce difcours & cette Planche en ce fens, pour avoir plus de facilité d'expliquer ce qui y eſt contenu.

Pour la pratique dont eſt queſtion, ſi l'on veut eſtre precis, faut avoir trois ou quatre bâtons hauts d'une oiſe ou environ, leſquels pour plus grande facilité & occaſions de terrains durs ou mols, doivent eſtre, ſi on peut, armez de pointes de fer par l'un de leurs bouts, pour les ficher en tous terrains : de plus, il faut auſſi quelques cordeaux ou chaînes de nature à ne ſe point allonger en les tirant, comme font d'ordinaire les fi-elles, & ſur toutes les neuves, puis un niveau & une eſquierre aſſez gräde, qui peut au beſoin ſervir de niveau.

Si le terrain eſt plat & uny, & auſſi ſi audit lieu il y a quelques bons alignemens & nivelemens dont on puiſſe ſervir, à la bonne heure, eſtant autant de temps abregé.

Donc ſuppoſant n'avoir ny terrain plat, alignement ou parties de niveau, ayant determiné l'endroit où l'on veut commencer de rendre la meſure des objers, pour exemple, au lieu A de cette Stampe faut ficher un de ces bâtons, comme celuy A O, puis vis à vis de luy un ou deux autres, de ſorte qu'en mirant ou bornéyant de l'œil, ils ſe couvrent l'un l'autre, & y ayant de l'un à l'autre attaché ledit cordeau ou chaîne, l'on aura ſubſtitué une ligne droite, que je nomme Eſchelle de conduite fuyante, comme celle B C D F, ſoit que ledit cordeau touche à terre ou qu'il en ſoit élevé plus ou moins, ainſi que celuy ʒ L N.

Cela fait, faut attacher d'abord au premier angle de l'objet ou ſujet, comme 1 à voſtre gauche, & G à la droite, un autre cordeau B, ou élevé ʲ L, & les tenans rendus chacun en ligne droite, en ſorte qu'ils faſſent, ayant l'aide de l'eſquierre B, un angle droit avec la fuyante A B C, puis ayant meſuré exactement le cordeau I B avec la toiſe ou le pied, & l'autre B H G, tirez ſur du papier à tablette une ligne *f* à volonté, comme cela eſt repreſenté au devis de ces objets à coſté de cette Figure, & ſur icelle y cotter le nombre des toiſes que l'on y a trouvées; par exemple de A à B ſur le cordeau fuyant ʒ. toiſes, ſur les cordeaux de front I B, 4, & I B G, 9; élevez ou non au deſſus du terrain, comme *m* L & L *l*; En aprés pour un autre angle, comme celuy *t* & *s*, faut attacher cordeau *s n*, & verifiez à l'eſquierre C, s'il eſt perpendiculaire au cordeau fuyant A B D, & de meſme ayant meſuré ce que contient de toiſes l'aſſiette du mur *t s* & le cordeau de front *s n*, qui a ʒ. toiſes 2. pieds, & *t s*, 1. toiſe 3. pieds, ayant porté la cotte de cette meſure ſur voſtre devis, & auſſi les deux toiſes qu'il y a ſur la fuyante de B à *n*, & ainſi fait le même à gauche de *n p*, & *p o*, *o c*, & à droit de *q* 6, *f c*, *c b*, 2 *K*, ʒ 3, &c. en faiſant qu'ils ſe trouvent tous eſtre à l'eſquierre de la fuyante A C D F.

Pluſieurs élevations deſdits objets ſe peuvent mettre auſſi ſur ce devis, en y marquant deſſus une petite croix, comme il ſe voit audit devis, ſur la de front *b g* & autres, à voſtre droite. Mais à cauſe du grand nombre, on peut les prendre à part, & les mettre par cotte ſur des broüillons deſſeignez de chaque façade, comme je diray cy-aprés manque de place icy.

IE suppose encore qu'au haut de cette Planche soit un enclos de logis, ou de terre bornée de fossez ou murs, duquel on desire avoir un devis de ces mesures par chifres, comme en bas à vostre droite sur la fuyante pointée E C D B, pour par ce devis en tracer une copie, soit sur le terrain & en dessein geometral & perspectif, en telle grandeur que l'on desirera, comme cela est representé cy-dessous, à costé du devis.

Ayant fait comme devant par les picquets & cordeaux la droite fuyante E C D B, & mené de tous les angles ou parties dudit lieu des cordeaux à l'esquierre, ou perpendiculaires à la fuyante E C B, premierement celuy F E, celuy G H, l 2, V t, t 2, n o, I t C, & autres autant qu'il y en aura,

Il faut mesurer exactement tous ces cordeaux de front, & l'espace fuyante qui se trouve entre chacun deux sur la fuyante E C B, & les cotter par chifres au devis à costé, comme a esté dit en cōmençant du point E à vôtre gauche vers F, où il s'y est trouvé 9. toises, & à vostre droite sur la de front H G, 5. toises 4. pieds, & de l'une à l'autre sur la fuyante une toise de E à H de plus, de H à 2 sur icelle une toise 5. pieds, & pour la de front V t une toise 5. pieds, de 2 à l à la droite, 3. toises; A gauche de t à 2 deux toises 2. pieds, & de t à V, 5. toises 4. pieds.

Et pour la courbe V n M, il la faut avoir par points donnez, comme n o, &c. Et ainsi le mesme de toutes les autres droites & courbes, & même pour les élevations, que le mur elevé L 3, T 4, à deux toises, ce que l'on cottera au devis par une petite croix pour les distinguer de ceux du plan, ainsi que j'ay dit.

Et comme en telles occasions il se peut rencontrer des solides, ainsi que celuy P & autres, qui empeschent de mener des cordeaux de tous les angles sur la fuyante D B, ceux qui sont tant soit peu intelligents voyent bien qu'il n'y a qu'à prendre d'un ou d'autre costé d'iceluy, cōme le montre les deux esquierres b & a.

Donc par ce devis de mesure fuyante E D B, & ces de fronts à vostre droite & à vostre gauche, F E de 9. toises, H G de 5. toises 4. pieds, & leur entre-deux d'une toise, & ainsi des autres qui ont toutes les mesmes lettres du sujet, qui a aussi sa fuyante & ses de fronts divisez par toises & pieds, l'on peut en sçavoir les mesures.

Et pour les élevations, si les objets sont reguliers il y a peu à faire; car y ayant des ordres de Colonnes, & la mesure d'une & le nombre, on a le tout, & mesme la masse du bàtiment, que l'on doit déja avoir euë par son bas, suivant ce devis. Il ne reste donc plus que quelques autres parties en hauteur.

Venons au moyen de trouver des intervales ou lignes où il n'y aye qu'une de leurs extremitez accessible.

DAns cette Planche il y a vne maniere de trouver la longueur des lignes ou intervales & par exemple de celle AB
lors que l'on ne peut aller qu'à une de ses extremitez A.

Ayant fiché à plomb en quelque lieu à volonté un bâton C
un peu éloigné du point A , & mirant ou bornéyant à l'œil par
C B, élevez encore un autre bâton D, en sorte que ces deux C D
& B se couvrent & fassent une droite , & prolongé la droite
A C, faisant la distance E A égale à celle A C ; lors du bâton D
& de celuy A ayant fait encore une droite D A F, puis aussi re-
du la distance A F égale à celle A D, il se faut reculer de A vers
G, en sorte que les bâtons G A & le point inaccessible B fas-
une ligne droite, & aussi en mesme temps les trois bâtons G F
une autre : Alors la distance A G sera égale à la longueur re-
quise A B.

Mais comme il peut arriver que l'on sera en lieu si restrain
qu'il n'y aura pas de place pour se tant reculer ; voicy en b
une autre maniere d'y p. oceder , qui est la mesme chose, n'
ayant qu'à multiplier la longueur trouvée.

Pour ce faire , il faut poser un bâton e, & dans e a prolongé
vers, a prendre a c multiple de a e, comme triple ou quadrup
ou de telle autre raison que l'on voudra de a e; & ayant pla
un autre bâton d dans c b, & pris dans d a prolongée, la longueur a f, qui soit le tiers de a d, autrement qui soit en mes
raison avec a d, comme a e est avec a c : Il se faut reculer
suitte dans la droite e f jusques au point g, en sorte qu'il soit
ligne droite avec a b : Alors a g sera le tiers de la ligne a b des
rée, par ainsi, si ayant mesuré la droite a g elle se trouve av
100. toises, la distance a b desirée en aura 300.

Ainsi l'on peut juger que par cette pratique ou maniere, l'
peut prendre toutes sortes de longueurs, intervales ou distan
sans les aborder que d'une de leurs extremitez.

Dans les deux Stampes qui suivent , il y a une autre prati
de la mesme chose, & pour en avoir aussi les hauteurs ; & qu
qu'elle semble fort mechanique , je croy toutefois qu'une p
sonne intelligente & exacte en fera quelque chose assez preci

Plusieurs personnes sçavent qu'il y a plusieurs instruments , par lesquels
trouve toutes ces grandeurs & largeurs, mais comme ils sont quelque
mal executez & incommodes à porter , la pluspart des plus sçavans en c
matieres vont à present aux manieres les plus simples, commodes & fac
à trouver & faire à toutes rencontres,

47 PLANCH

Sur le mesme sujet.

IE suppose donc que l'on ait une escabelle, ais, ou table unie, comme au haut de cette Planche, celle A C B, laquelle on puisse faire arrester fixe de niveau & commodement élevée, & sur icelle attacher une fueille de papier, sur laquelle il y ait une ligne droite, comme B A bien divisée en parties égales, de plus, faut avoir une regle F G assez épaisse si l'on veut se garentir d'y ajouster des pointes ou pinulles dessus. ce qui est quelquefois necessaire, & aussi une esquierre I L.

Donc avec ces outils on peut dans une campagne, comme en la figure d'embas, poser cet ais A B C de niveau ; & ayant choisi l'objet que l'on veut mesurer où prendre la distance, pour exemple celuy r de la porte de la Tour s, faut poser la regle f g sur ladite table, & sur la quelconque des divisions de la droite B A, comme celle f, de sorte qu'en mirant ou bornéyant de l'œil l'arreste de ladite regle s'ajuste au point r, & son autre bout g au point pied de ladite Tour, lors faut tirer du long de cette regle sur ce papier la droite f m, en après la faire tourner en sorte que son bout f demeurant fixe au point f, l'on mire où bornéye de mesme que cy-devant au lieu desiré, comme à l'arbre c & ayant tiré la droite f n du long de l'arreste d'icelle f g, comme f n, & fait le mesme des autres endroits f u e, f d t, &c Elles feront des droites sur ladite table ou papier ; dont le point f sera leur but commun, & aussi des angles.

Cela fait, faut changer de place la table B C à la gauche, de D en E, sur une droite A f, B e, comme l'on verra mieux en la Planche qui suit, en contant précisement combien de toises, alors il faut aussi conter sur la ligne ou échelle divisée B A du point f vers B le mesme nombre de parties, & pour exemple 1 5 qui font quinze toises naturelles, que l'on s'est reculé du point f, à sçavoir de f en e à la table reculée de D en E, lors mettant la regle audit point e & bornéyant ou mirant, comme cy-devant : premierement au point r de la Tour r s, & où ladite arreste de regle, coupera la droite f n au point 4, ledit point 4 representera celuy du point r, & par consequent l'intervale f 4 sera la distance de f à r, laquelle ayant portée sur l'échelle B A, l'on verra ce qu'elle en contiendra de toises ou de pieds, si on le veut ou si on le peut. Il s'en doit faire le mesme des autres lignes chacune à la sienne, & l'on trouvera les points 4, 3, 2, 1, &c. sur les droites f m, f n, f u, f d.

Maintenant pour les hauteurs, il faut supposer qu'ayant mis une esquierre I L, divisée ou non, élevée & adjointe à ladite regle sur le point 4 de la ligne qui va droit au pied de la Tour s, puis en mirant du coin de la hauteur de la regle ou pinule x jusques au haut de la Tour s, & où le rayon x s coupera l'esquierre, cette hauteur sur elle sera la hauteur de la Tour proportionnée aux toises de l'échelle e f ou B A. Le mesme en sera-il de toutes autres hauteurs, mais je remets ce que j'ay encore à dire sur ce sujet en la Planche qui suit.

L'on sçaura aussi qu'à cause des eminences, si l'on entend d'avoir ces longueurs, comme estant sur le niveau, qu'il faut rabattre ce qu'il y a d'élevation, par exemple de cette terrasse au niveau de l'eau r qui bat le pied de la Tour r s, & ce par le mesme nombre des parties de l'échelle B A à celles naturelles des objets.

CH

N

D'Autant qu'il peut arriver que des Praticiens feroient empefchez de prendre par cette pratique tous les objets qu'ils pourroient avoir devant, à cofté, ou derriere eux, n'en ayant rien dit cy-devant.

Ils feront avertis qu'en cette Planche la premiere Station où l'on pofe l'ais X T, & où l'on a tracé avec la regle les lignes C L, C K, C I & autres eftans faites ; fi l'on veut en faire le mefme pour les objets N, O, Z, R, Q, & P de derriere foy, il faut mettre ladite table X T de ce cofté là, ainfi que X M, en forte que l'efchelle divifée X S & le point C demeure en mefme fituation qu'à la premiere operation, où on nottera qu'il y faut aufli ajoufter deffus un autre papier bord à bord de l'efchelle X C S.

Cela fait, ayant tiré du point C la droite C S B fur le terrain, & s'eftant reculé fur icelle de treize toifes à voftre droite du point C plus ou moins, s'il eftoit befoin ; il faut conter fur l'efchelle X S dudit ais, le mefme nombre de parties, en commençant aufli du point C à voftre droite, allant vers S, qui ira à treize de ces petites toifes, au point *a* : Lors ayant placé cet ais fur la droite du terrain X S B, faifant que le point *a* foit au point de ces treize toifes, & l'ais *x c a* ainfi placé & mis derechef la regle au point *a*, & miré ou bornéyé, comme cy-devant, à tous les objets *a* D, *a* F, *a* G & *a* H, & autres ; & marqué precifement l'endroit où ladite regle croife les premieres lignes, ainfi qu'aux points *d f g h i k l*, &c. Lors ces points objets, feront fituez femblablement fur le papier dudit ais, & proportionnement à l'efchelle *x a* B, comme les objets du terrain le font, & leur toife naturelle.

Pour ce qui eft des élevations, je tiens que ce qui en a efté dit au difcours precedent, & reprefenté en fa Planche, & de plus icy pour l'élevation D E, de l'efquierre *d e*, doit fuffire pour ceux qui font un peu intelligens à chercher d'eux-mefmes en pratiquant.

Et pour avoir les interfections ou points des lignes, fur ledit ais, pour les objets de derriere foy, comme ceux *n o r q p*, faut faire le mefme en tournant cet ais comme cy-devant y ayant attaché deffus le papier, ainfi que la figure montre ; & lors ayant joint enfemble les deux papiers, l'on aura tous ces objets fituez deffus autour du point de l'œil *c*, comme au point C de la premiere Station, ne reftant plus à trouver que les objets qui feront dans l'alignement de la ligne du terrain A S B, tant à droit qu'à gauche, le que l'on peut juger à prefent facile à faire par une feule Station, en tournant l'ais perpendiculairement à la droite A S B, fuivant ce fens des pointées Y 2 & 3 4, qui font perpendiculaires à X C S, ou bien le cofté V M paralelle à la droite A X S B.

COmme l'on peut faire en Geometral une superficie carre-lée également ou inégalement ; ensemble y representer dessus proportionnemét des assiettes ou plans de divers solides, puis leurs jours, ombres & ombrages à toutes sortes de lumieres.

Dans la figure 1. l'on voit le carrelage égal D N, & sur luy les assiettes ou plans de trois solides C B A, & en bas, figure 3. ces solides C A, élevez sur le plan d'assiette, & le solide B, posé sur celuy A, ensemble la place de leurs jours, ombres & ombrages aussi geometrales ; Et que la fondamentale de front D E, desdits carrez, est divisée en quatre parties égales, & la fuyante 2, A f en six.

Dans la figure 2 est, un carrelage geometral inégal, à qui j'ay donné, ayant de la place une fois autant de carrreaux, qu'à l'égal, & placé proportionnellement dessus lesdites assiettes $c a b$, & de mesme aussi en bas figure 4, les élevations desdits solides, puis placé les ombres d'iceux, de sorte que la differen-ce qui se trouve pour la pratique des figures 2 & 4, inégales, d'avec celle égale figure 1 & figure 3, n'est qu'à l'élevation des solides, de la figure 4, en ce qu'il faut changer d'eschelle à mesure que l'on change de place, & qu'à celuy égal une es-chelle sert par tout.

Car qui ne voit que si l'on estoit obligé de construire en re-lief une galerie qui fust plus estroite à un de ces bouts qu'à l'au-tre, ainsi que le carrelage inégal, figure 2 montre, qu'il fau-droit faire faire des carreaux grands & petits, & ainsi propor-tionnez ; & de plus, y faire aussi dessus les assiettes ou plans inégaux $c a b$, que cela ne feroit pas pour cela que l'on peust di-re que ce fust de la perspective.

Mais je demeure bien d'accord, que si l'on vouloit represen-ter en perspective celle du carrelage égal & ses figures, que cette representation prendroit la forme approchant de cette inégale : Et aussi de plus, que si l'on representoit en perspecti-ve cette inégale, elle feroit encore une double diminution.

Cecy soit seulement dit pour faire voir comme il est amplement expli-qué en mes Traitez, que toute perspective n'est qu'un geometral inégal, & par consequent, selon Monsieur Desargues, la difference n'est en la perspe-ctive, que de sçavoir couper au Tableau ou dessein, l'eschelle fuyante 2 fr, en ses deux sujections de distance, & d'élevation d'œil.

Aussi plusieurs sçavent, que pour les decorations de Theatres il faut sou-vent faire de tels geometraux, pour representer de plus grands éloignemens, à condition d'en affoiblir la couleur.

PAr ce qui eſt repreſenté en cette Eſtampe, l'on doit facilement comprendre ſur quoy eſt fondé la pratique de la
Perſpective.

Remarquez que ſans conſiderer encor le petit Tableau colé
ſur le plan d'aſſiette A E D G, & le regardant A, ny non plus les
objets I L H repreſentez deſſus, qu'il faut concevoir que
A E G D eſt le naturel plan d'aſſiette ou niveau carrelé en
partie de carreaux égaux ; puis aprés que les ſolides I & L, &
la figure H ſont ſuppoſez élevez à plomb ſur ce plan, avec la
place de leurs jours, ombres & ombrages à la lumiere du Soleil ; davantage, que les deux pointées A E & A D, font l'angle de la viſion qui contient ce que le regardant A embraſſe
d'une ſeule œillade de ces quarrez & objets.

L'on remarquera auſſi, que pour bien entendre la poſition
du regardant A, & celuy du petit Tableau C B e d, emborduré
par ces deux coſtez ou montans, & par ſon haut, qu'il les faut
lever perpendiculaires ou à plomb ſur ce plan d'aſſiette, pour
une perſpective verticale, & ſi on veut pour une inclinée ; de
ſorte qu'à chacune le regardant A, & le plan du Tableau, ſoient
tous paralels entr'eux ; c'eſt ce qui a obligé de les coler par le
bas ſur ledit plan d'aſſiette.

Ce Tableau & ce regardant eſtant ainſi à plomb ou incliné, on doit voir
que C F B eſt le bas dudit Tableau, c e, & B d ſes montans, & e d ſon haut.

Il faut auſſi remarquer que ſi les deux ſolides ſuppoſez naturels I L, &
figure H eſtoient élevez à plomb ſur le plan d'aſſiette, ainſi que le regardant
& ce Tableau, & qu'il partiſt de ces deux ſolides & de la figure, des rayons
ou des fils qui allaſſent tous aboutir en ligne droite à l'œil de ce regardant,
qu'en paſſant dans cette ſuperficie ou Tableau, qu'ils y repreſenteroient ces
objets, comme ceux i l h & ces quarrez, ainſi que cela ſe peut voir les re-
gardans à travers un verre, ou d'une coupe d'air, qui ſont les points apparens que l'on pretend trouver par la regle de Perſpective.

Et quoy que ce Tableau ſoit compoſé de peu d'objets, il doit faire connoiſtre la béveuë de ces aveugles preoccupez de leurs habitudes à mal voir,
à mal faire, & à fauſſement avancer, que les regles de perſpectives font des
depravations dans l'Architecture & dans les figures, &c.

Enfin, cette Planche n'a eſté compoſée de la ſorte que pour faire voir & connoiſtre ce que c'eſt que le plan d'aſſiette A E D G, les ſujets ou objets I L H, le
Tableau C V D, & l'œil O du regardant A O, dont ſa diſtance au Tableau eſt
A F, qui a ſix pieds, & la droite r V s l'horiſontale, & V ſon point de veüe ;
La petiteſſe de la Planche m'a empeſché de prendre la diſtance A F plus
grande, à cauſe de la place du regardant A O. Les pointées a f, paralelles &
égales à la droite A F, n'y ſont auſſi miſes que pour faire connoître que ſi le regardant A O eſtoit placé en l'un ou l'autre des points de Station a a, ſe ſeroit
toûjours une même diſtance, qui donneroit en divers lieux differents points
de veües, quoy que toûjours ſur la meſme horizontale r V s, & par ainſi la
repreſentation differente de ces objets.

J'ay creu neceffaire pour confirmer davantage la neceffité de fu'ir cette mauvaife & fautive maniere de deffeigner, ainfi que l'œil voit ; de reprefenter encore comme la fuperficie fur laquelle l'on deffeigne ou reprefente les objets, eft ce qu'on nomme Tableau, ainfi que nous venons de dire.

On voit donc par cette Planche, que la fuperficie K C T élevée à plomb ou perpendiculairement au plan d'affiette K M A, eft fuppofée carrelée de quarrez égaux, & qu'elle peut auffi bien eftre prife pour un Tableau, que pour le naturel.

En fuitte l'on doit remarquer les deux reprefentations de Tableaux D E & F G, pofée à plomb fur chacun un chevalet à Peindre L b M & p N o, & que l'on en peut encore concevoir par les droites h i, l m, &c. puis la figure du regardant A O.

De plus, que des divifions de la ligne H I, de la fuperficie K C il part des droites pointées, qui vont aboutir au point de l'œil O, & fuppofée paffer dans les Tableaux D E, F G & autres, & par ainfi y font des droites à plomb a b, F N, &c. & davantage, l'on doit voir que les parties de la ligne H I eftant égales entr'elles, le mefme en arrive-il des autres a b, F n, h i, l m, & finalement de toutes les droites perpendiculaires & de front, qui forment ces quarrez, ne s'y trouvant différence entre chaque Tableau finon, qu'à mefure qu'ils s'approchent de l'œil O, ces quarrez font plus petits, & le mefme de toutes autres chofes reprefentées fur eux.

Cela oblige de dire que de tout objet ou fujet, ce qui fe rencontre dans un mefme plan, ou coupe paralelle au plan du Tableau, doit eftre deffeigné femblable, & peint de mefme force, comparant un air uniforme, ou rempli par endroits de pouffiere ou fumée chacun à celuy de fa nature, & que la diminution perfpective ne fe doit concevoir qu'à ce qui fuit ou qu'on fuppofe entrer dans le Tableau, comme cela eft tres-amplement & demonftrativement déduit dans mes deux Traitez de perfpective.

Suffit pour conclufion de dire, que comme la diftance H Q A eft de douze parties de la droite H I, le mefme en eft-il de celle Q A, des parties a b, du Tableau D E, puis de r A, de celle F N, à celuy F G, & ainfi par proportion chacun au fien des parties h i, l m, & autres plus proches de l'œil, ou placées entre les autres paralellement à H I.

Donc il s'enfuit, que la diminution fe fait proportionnellement de l'œil au Tableau, comme de l'œil au naturel, puis qu'ainfi que j'ay dit, on peut prendre la fuperficie carrelée B C, pour un Tableau auffi bien que pour un mur, carrelé de quarrez égaux entr'eux.

Ainfi je puis conclure, que ceux qui deffeigneroient & prendroient le relief, ou naturel, comme ils le voyent, outre qu'ils employe-roient bien du temps à ne rien faire de bien, ce qu'ils auroient executé ne leur feroit point à l'œil la vifion du naturel, qui eft toute ce que l'on doit defirer.

AV haut de cette Planche sont deux eschelles de conduite geometrales, l'une de front *c a d*, & l'autre fuyante *a* divisées en parties égales nommées pieds.

Puis en bas les deux eschelles de conduite, pour la pratique de la perspective, l'une geometrale de front C A D, & l'autre fuyante perspectiv A B.

L'on voit en haut des lignes divisées & élevées perpendiculairement sur le plan d'assiette, l'une *f g* de la hauteur de trois pieds desdites eschelles, & éloignée de 2 de la de front *c a d*, & à 2 de la fuyante *a b*, à la droite.

L'on a aussi à la gauche de *a b* à 3. pieds le point *b*, sur la de front *3 t h*, & la droite élevée à plomb *h i*, & l'inclinée *h l* de l'inclination *h m* : Puis en suitte sur la de front *u n*, éloignée demy pied fuyant de *3 h*, & à un pied & demy à gauche de *a b* La droite *n o* est élevée de 2. pieds, & enfin le point *e* est à trois pieds sur la de front *l r e* à gauche de la fuyante *a b*, & sur icelle de la de front *c a d* d'un pied.

Par cette pratique geometrale l'on voit en bas que celle du perspectif est la mesme, n'y ayant difference quelconque sinon que la fuyante A B est coupée en parties inégales suivant les deux sujetions d'élevation d'œil B, & de distance; & qu'en haut la fuyante *p s t*, & les deux 4 7, & 8 9, dont *a p* marque le pied de front, & *a* 4 le demy, puis 8 *p*, 2 pouces; lesquelles sont toutes trois paralelles à la fondamentale fuyante geometrale *a b*, qui est coupée par des droites de front 1 *r*, 2 *s*, 3 & autres, paralellement à la conduite de front *c a d*, & qu'elles sont toutes égales entr'elles.

Mais en bas, ces lignes ou rayons aboutissant au point B font que les de front 1 *r*, 2 *s*, 3 *t*, *u* N & autres, sont inégales entr'elles.

De sorte que pour la pratique de la perspective, il n'y a qu'à pratiquer, ainsi qu'en haut, tant à droit qu'à gauche de la fuyante A B, en prenant toûjours la mesure sur le pied qui se trouve vis à vis du sujet que l'on desire representer; comme pour exemple, de prendre le pied 1 *r*, pour placer le point E, celuy 2 *s*, pour F & pour son élevation F G, le mesmes des autres; en quelque endroit qu'on voudra couper, tant en haut au geometral *a b*, qu'en bas la fuyante perspective A B.

En la Stampe qui suit, vous y aurez encore, outre ce qui est expliqué mon Traité de Perspective, deux moyens de couper les eschelles perspectives

CEux qui ont dit sçavoir couper l'eschelle fuyante perspective, tout d'un coup sans emprunter des points, ny tirer des lignes à costé d'elle, n'ont pas veu que cela est expliqué dans ma Premiere Partie de la Perspective, Planche 148. & que les tant soit peu intelligens le peuvent voir au haut de cette Planche; & de plus, que l'on ne peut pas en estre venu au point de la couper par nostre maniere, sans avoir passé par celle qu'ils pretendent avoir découverte : Mais comme j'ay sçeu qu'ils se vantoient de meriter par cela les 100. pistoles de Mr Desargues, j'ay fait la Planche 66. de ce Traité pour leur faire voir leur méprise.

D'autres abandonnant la pratique par ces eschelles, ont pretendu mieux faire par l'ouverture des angles sans avoir encore veu & entendu les 146, & 147 Planches de mon premier Traité & leurs discours, & reconnu que cette maniere n'est pas ce qu'il faut aux Peintres qui ont le plus de besoin, ny non plus les discours de ceux, qui sans sçavoir ce qu'ils disent, ont promis des pratiques, ou par lesquelles il ne falloit point faire de plan, ny geometral, ny perspectif, desquels il en est dit quelque chose à la fin de ce Traité, & sur des avancez encore plus ridicules.

L'on voit donc au haut de cette Planche encore un moyen de couper l'eschelle perspective B G de gros en gros par distance, qui fait connoistre que la fuyante B E, costé du Tableau, se peut couper par moitié, puis une moitié N E en tiers comme N P, & de suitte P E en quart, comme P R, & finalement en cinq, 6 7 8, &c. d'où resulte que cela se peut aussi faire sans emprunter aucun point ny ligne à droit ny à gauche d'icelle, soit que ces intersections se trouvent dans le grand paralellogramme A E B G, ou dans le petit B F C E & autres, contenus dans le grand, & aussi en détail, qui est ce que j'ay dit cy-dessus.

Pour le Tableau d'embas l'on peut diviser sa baze A B, outre ces divisions de 8 pieds en un tel nombre de parties égales qu'on voudra; puis prendre sur icelle l'intervale A 6, contenant le nombre des pieds qu'on veut prendre pour distance de l'œil au Tableau, & la porter à volonté sur l'horizontale E D, comme de E en F, & pour ce faire il faut tirer la droite A F au point F, puis prendre telle partie de ces divisions qu'on aura besoin, & mener des droites au point E; & où elles couperont ladite A F, se fera les points fuyants desirez, comme la pointée s E, coupe A F en ж à 5 pieds, 6 E à 16, e E à 50, & B E à cent Et pour couper ladite fuyante en continuant & comme à l'infiny, il n'y a qu'à diviser la droite de front s ж en tel nombre de parties égales à s s, tirée de ж à E, de sorte que menant la droite ж à E, elle coupera encore la fuyante A F à 80. pieds, d'où B E la coupe, & ainsi de suitte.

Donc par cela & par les diverses manieres de couper l'eschelle perspective, qui sont dans mon Premier Traité de cette pratique, qui reviennent toutes à une mesme maniere universelle, de laquelle je laisse à juger aux intelligens, & sur tout lors qu'il y a de l'honneur & du profit à recevoir, s'il ne faut pas parler franc & net, qui est à dire sans déguiser.

PAr cette Planche on peut connoiſtre en gros ce qu'en geometral & perſpectif je nomme les coupes des eſchelles de
front paralleles au plan du Tableau, afin d'eſtre pleinement
aſſeuré, tant pour les dimentions ou contours des objets qu'on
doit repreſenter ou deſſeigner deſſus le Tableau, que celle des
jours, ombres & ombrages, & en ſuitte le fortiſement des
teinctes touches ou couleurs, que l'on ne les doit point repreſenter ny deſſeigner de la forme, grandeur, force & foibleſſe
que l'œil les voit au naturel.

Ie ſuppoſe donc que A V X B ſoit le Tableau ſur lequel on
veut deſſeigner, que la ligne A B eſt ſa baze, diviſée en 4 pieds,
que V X eſt ſon deſſus, paralel à la baze A B, puis que A V &
B X ſoient les coſtez ou montans dudit Tableau ; de plus, que
le point h, eſt celuy de l'œil h, & la droite g h i, celle du plan
d'iceluy, conceu paralelle au plan d'aſſiette, carrelé A P O B;
& auſſi que la ligne c b h eſt l'eſchelle fondamentale fuyante.

De plus, que les droites de front E Q R G, H n m I, K o d L,
M N, O P, ſont paralelles entr'elles, & à la baze du Tableau
A B ; & qu'elles ſont éloignées les unes des autres de quatre
pieds ou quarrez.

Donc eſt à notter, que tout ainſi que les pieds de ladite baze
A B, ont ſervi à donner l'élevation des montans ou coſtez A V
& B X, de meſme les pieds qui ſont ſur la de front F G, ont
ſervi à élever les autres lignes Q S o & R T r, & ainſi de ceux
de la de front H n m I, pour ceux n u & m x; & ainſi des autres,
tant qu'il y en pourroit avoir.

Donc le reſultat eſt, que tout ce qui ſe rencontrera à placer,
ſoit en largeur & hauteur, ſur la quelconque de ces eſchelles
de front, ou en quelque place de leurs entre-deux, comme les
pointées 5 6, 7 8, & autres qui peuvent eſtre infinies en nombre, ainſi que le coulement du point à faire une ligne ou des
lignes à faire une ſuperficie, doit eſtre meſuré par icelles, chacune ſuivant ſa coupe d'eſchelle, tant pour le trait des ſolides,
que pour le fortiſement & affoibliſſement des couleurs claires
ou brunes.

Mais comme ces choſes ſont ainſi que j'ay dit amplement expliquées dans
mes deux Traitez de Perſpective, je n'en diray rien davantage icy, ſinon que
vous allez voir par les deux Planches qui ſuivent, qu'alors que la forme des
objets eſt ſuivant le paralelliſme des de front & fuyantes, ils ſont faciles à eſtre
reduits en perſpective.

55. PLANCHE.

A Cause que plusieurs versez dans quelques pratiques particulieres au sujet de la Perspective ont voulu soustenir,
quoy que sans bonnes raisons, que la nostre estoit plus difficile
à pratiquer, & mesme en quelque sorte moins precise à trouver
sur le Tableau les points apparens du sujet ou objet; j'ay creu
devoir donner dans cette Planche & en celle qui suit une
forme d'un Piedestal Toscan, afin de faire connoistre qu'alors
que l'objet est regulier & situé de sorte que ses principales lignes & superficies estant paralelles au plan d'assiette à celuy
du Tableau, & à ces costez, bref, qui vont du sens des eschelles fuyantes au point de veuë, & aux de front entenduës paralelles à la baze A B, & à la ligne du plan de l'œil.

On met ces objets là en perspective bien plus promptement
& facilement que ceux qui sont reguliers, inclinez à l'horizon,
& posez ou situez en travers, ou diagonnalement sur ces de
front & fuyantes.

L'on peut donc par cette premiere figure, non achevée, afin d'éviter confusion, voir facilement qu'ayant fait sur la de front G O H, qui mi-partit
en deux parties perspectives le plan ou assiette A C, d'un Piedestal, ainsi
qu'il se desseigne en geometral, lequel j'ay pointé de points ronds, pour le
distinguer des autres lignes, & aussi estre averti qu'il doit estre tracé de lignes blanches ou au crayon, pour l'effacer lors que l'ouvrage est achevé en
son trait ou contour Perspectif.

Cela estant, l'on doit voir qu'il n'y a qu'à tirer les diagonales blanches A C,
B D, puis par les points du profil 1 3 5 7 du bas de ce Piedestal abaisser les
pointées à plomb sur la de front H O, ou paralellement à la ligne O P,
essieu du Piedestal, tant geometral que perspectif, comme celles 1 2, 3 4, 5 6,
7 H: lors des points 2 4 6 & H, & du point de l'œil V, ayant mené des droites continuées, tant qu'elles coupent les demies diagonales O B & O C, aux
points 8 9 n H; il n'y a qu'à tirer encore de ces points d'élévation 7 r 5 1,
& autres, s'il y en avoit des droites au point d'œil V, suffisamment en deça
& en de là du profil 1 3 5 r 7, lors ayant élevé des points B n 9 8 d'autres droites à plomb ou paralelles à O P, elles couperont ces secondes droites fuyantes
aux points a b c, & ainsi des autres C D, qui sont sur la diagonale A O C.

Or comme de tous ces sortes d'objets leurs angles sont droits, & qu'ayant
l'un, l'on a ensuite les autres, puis qu'il n'y a qu'à tourner autour des parties
de l'objet, paralellement aux de front, & mener les autres au point de veuë V.

Il est clair à ceux qui ont un peu de lumiere dans la pratique de la Perspective, qu'ayant trouvé les points d'élévations a, b d, puis en haut e f r s, on
a ceux d'à costé e u, & d'embas A p r, & autres paralellement situez à la
baze du Tableau, ou à A B, puis les autres de derriere ou fuyants au point de
veuë V.

Manque de place j'acheveray en la page suivante, & sur l'autre Stampe
une partie de ce qui se peut dire sur ce sujet.

O

VOicy le Trait de ce Piedestal achevé, où j'ay encore voulu laisser le moyen de discerner en son milieu sa coupe
geometrale pointée, & les autres élevations & lignes qui vont
au point de veuë V.

Ainsi par cet échantillon, & les autres particularitez amplement expliquées en mes Traitez de Perspective, on connoistra
clairement que ce cas y est compris; & comme il a esté dit,
que tous objets dont les lignes & superficies vont du sens des
eschelles fuyantes & des de front, se peuvent representer en perspective, sans avoir, si on ne veut, de plan geometral fait que
dans l'imagination, & qu'une infinité de Colonnes, Piedestaux,
avec leurs Architraves, Frises & Corniches, Arcades, Entre-
Colonnes, & tels autres corps, se peuvent faire facilement
ainsi.

Mais lors que les objets sont d'une autre construction ou situation, il faut de necessité avoir recours à un devis d'un plan
geometral, de quelle bizarre forme qu'il puisse estre, n'estant
en rien plus difficile, mais en quelque sorte plus long à executer, ainsi que j'ay dit & fait voir ailleurs.

Avant que finir ce discours, je diray avoir veu des ouvrages
de tres-excellents Peintres (desquels on croiroit commettre
un crime d'avancer qu'ils manquent en la pratique de la
Perspective) y ayant remarqué qu'au lieu d'avoir supposé
cette élevation geometrale pointée de ce Piedestal, estre placée
dans le milieu du solide perspectif, comme un plan que l'on
entend qui le coupe par la moitié, & qui n'a nulle épaisseur ou
saillie que de deux costez de son profil, ils l'ont supposée estre
faite ainsi geometralement sur la de front A B, qui est une
tres grossiere faute, laquelle ils n'auroient jamais commise s'ils
avoient entendu l'universalité de nostre pratique.

Concluons donc que la particularité de cette figure n'est
qu'un cas de la nostre, pour laquelle quand il se rencontre que
tout ce que l'on a à faire en perspective est de cette nature, à la
bonne-heure; car on profite de cette commodité

Mais tousiours retenons l'universalité, puis qu'elle franchit
tout ce que l'on peut proposer, & distinguons les choses
plus composées d'avec les moins composées.

Puisque par nostre pratique, comme j'ay souvent dit, il n'y a point d'objets plus difficiles à mettre en perspective l'un que l'autre, mais bien plus
longs, ainsi qu'au geometral, où sans contredit on aura plûtost fait un ordre
d'Architecture Toscan qu'un Corinthien.

Voicy en cette Stampe comme on peut placer l'œil, en telle élevation & diſtance determinée,pour voir plus ou moins du dedans ou du deſſus d'un objet que l'on veut repreſenter en Perſpective, ſur un Tableau vertical ou perpendiculaire à l'horizon.

Pour exemple, j'ay pris la diſtance C D, la longueur d'une court B,& un pavillon B F E,puis F A une autre court ou jardin, par leſquelles on doit voir qu'ayant fait un profil geometral du principal endroit que l'on veut voir du dedans de cette court & jardin, qu'il n'y a qu'à tirer de l'endroit de la plus haute élevation dudit ſujet une droite comme r E g, qui aille couper celle de la diſtance D O m g, paralelle au Tableau C x h; & ſi on ſe contente auſſi de voir ſeulement de la court C B la partie I B, & celle du jet d'eau r t, lors le point g ſera la place de l'œil; de façon qu'au Tableau ou deſſein vertical C x h, l'élevation de l'œil ſera de vnze toiſes & la diſtance de quatre, & le meſme ſi on en veut voir davantage, ou moins, faut eſtre plus ou moins élevé ; car l'œil eſtant au point m, il ne peut rien voir de la court C B.

Le meſme eſt de l'œil O, eu égard à la hauteur de la porte C n s, car ſelon que montre l'angle de ſa viſion C O S E, il ne pourroit voir que cette porte, & une partie du couvert du pavillon B u E.

Par cét exemple,on voit que cela ſe peut appliquer en une infinité de Tableaux, compoſez d'une ou de pluſieurs figures,païſages, & autres objets,ſi on veut faire quelque choſe de raiſonnable.

Pour ceux qui entendent bien l'uſage des eſchelles perſpectives, & la ſujection des diſtances & élevations de l'œil au Tableau, n'ont que faire de cet enſeignement, & ce que j'en ay fait n'a eſté que pour les nouveaux Praticiens, qui ne conçoivent les choſes qu'en particulier, & non univerſellement; & pour faire voir que ceux qui ne ſçavent point de pratique de perſpective & qui deſſeignent à veuë d'œil, ne peuvent faire la repreſentation des bâtimens & leurs iſſuës, s'ils n'ont des lieux où ſe placer, pour les voir ainſi de haut, ce qui ſe rencontre rarement.

La petiteſſe de la Planche ne m'a permis de prendre une plus grande diſtance.

CE qui est representé en cette Stampe n'est que pour faire voir que le nouveau Reformateur des pretenduës depravations de la Perspective a bien témoigné de n'en entendre pas à fonds la pratique, quand il a dit & écrit que j'avois cité faux, d'avoir avancé que ceux qui desseignoient & peignoient les objets de relief comme l'œil les voyoit, faisoient tres-mal, & que j'ay eu raison d'avertir les Estudians ou Eleves de l'Academie de ne s'habituer pas à commettre ces erreurs.

Ie diray donc que la droite K C ƒ L est divisée en 8 parties égales, & que le regardant M O voit ces 8 parties, ainsi qu'elles sont tracées sur le cercle A C F I, lesquelles estant transportées sur la superficie élevée K N L, comme en *a b c d e f g h i*, elle ne feroit pas à l'œil O du regardant la mesme vision que celle K C ƒ L, veuë de cette mesme distance M K ou O C, & élevation d'œil M O ; car elle feroit encore une autre diminution.

Ie conclus donc, qu'il ne faut pas en user ainsi, mais bien de representer ladite K C ƒ L ainsi qu'elle est, si on la desire faire de sa mesme grandeur, ou plus ou moins petite comme celle P X Q, S Y R, V Z T les divisent toûjours en parties égales entr'elles, afin que cette diminution se fasse proportionnement aussi bien de l'œil à la copie, que de l'œil au naturel.

Et pour d'autant plus le prouver, supposez qu'aprés avoir pris ou dit, que K C ƒ L est le naturel, si vous le prenez en suite pour en estre la copie, vous devez voir que la diminution de ces parties apparoist de mesme à l'œil qu'alors qu'on le prend pour estre le naturel.

L'Estampe qui suit achevera le reste, qui est le moyen de desseigner & peindre à veuë d'œil comme il faut d'aprés le naturel ou relief.

AYant remarqué que la plus grande partie de ceux qui def-
feignoient en l'Academie faifoient les fautes dont nous venons de parler ; & de plus, qu'ils contractoient de mauvaifes
habitudes, outre la mauvaife methode qu'ils ont de deffeigner
à veuë d'œil d'après leur modele ; car ils commençoient par en
faire une ordonnance ou fequis en gros fur leur papier: Premierement de la tefte, & en fuitte y joignant bout à bout les épaules, le col, la poictrine, le ventre, les cuiffes, jambes & pieds,
puis les bras, fans fçavoir precifément les veritables endroits où
chacune de ces parties devoient finir : pratique qui les oblige
fouvent, crainte de manquer de papier, defquifer leur ordonn-
nance petite fans fçavoir précifément où ils finiroient : ce
qui n'eft pas faire que ce foit le Maiftre qui conduife fon
ouvrage, mais au contraire, c'eft l'ouvrage qui le conduit.

Cette incertaine pratique m'obligea donc de leur dire, que
pour ne faire de telles fautes qu'il eftoit bon de determiner
d'abord la diftance & hauteur de l'œil d'où ils doivent voir &
deffeigner l'objet, encor qu'il fuft pour eftre veu de bas en haut
ou de haut en bas, ainfi que de l'œil O, ou de ceux d'au deffus o o o o, & que fa raifonnable diftance & élevation n'eftant
affujettie, devoit eftre du double de la plus grande hauteur ou
largeur de l'objet ou modelle, & l'élevation de l'œil de 4 à cinq
pieds du plan d'affiette.

Cela donc arrefté fixe, je leur dis, qu'il falloit pour la figure
A B, tirer une ligne droite perpendiculaire ou à plomb fur le
bas du papier, & determiner fur cette droite la hauteur que
l'on veut donner à la figure ; puis concevoir une autre droite
A B, paffant dans icelle, comme un Axe, ou d'autres plus petites, ainfi que ceux C D, E F, r s, t u, x y, qui foient paralelles
à cette A B.

Et ayant choifi dans cette figure des endroits qui la divife en
parties égales, foit en nombre pair ou impair, & pour exemple
celle A B en fix, de divifer auffi precifément à veuë d'œil fur le
papier cette hauteur determinée de ligne en 6 autres parties
égales geometrales, & ainfi en faire le mefme de fa largeur en
quelques endroits, puis tracer par ces points l'ordonnance de ladite fig. fans faire changer ces points de place, & en fuitte fuivre
ce mefme ordre pour le détail, qui font les menuës parties.

La Planche qui fuit achevera le refte.

Par cette Planche & ce discours, je tâcheray de faire encore mieux comprendre ce que j'ay dit en la precedente, où je prendray pour exemple une simple ligne divisée, afin de la donner d'abord à partager à veuë d'œil, bout à bout par cette fautive maniere.

Supposez donc, que l'on ait à copier à veuë d'œil une ligne droite située & divisée comme au haut de cette Planche celle A B; de la mesme grandeur, ou si on veut plus ou moins grande: Et pour ce faire ayant tiré une droite indeterminée C D, pour la faire semblable à A B, faut porter ou tracer sur elle à veuë d'œil la premiere division D 3, qu'il juge estre égale à B 3, puis y adjoustant en suitte bout à bout, ou comparant partie à partie celles 3 4, 4 5, 5 6, 6 7, & autres, suivant le nombre qu'en contient celle A B, l'on reconnoistra que ce seroit un grand hazard si toute la droite D C, & ses parties se trouvoient égales à celle A B, ce qui fait connoistre que c'est une fautive maniere de desseigner.

Mais il n'arrivera pas ainsi, si nous faisons le mesme par la bonne maniere, qui est, qu'ayant determiné à veuë d'œil la longueur de la droite E F, égale à A B, ou bien plus grande ou plus petite, & veu que ladite A B est divisée en 8 parties égales, dont le point 1 est la moitié, puis 2 celle de A 1, & 4 de A 2, & le semblable de son autre moitié 1 B, si l'on partage ou divise ainsi à veuë d'œil ladite E F, premierement en sa moitié E 1, & ladite E 1 encore par moitié au point 2, puis chaque partie E 2 & 2 1 aussi par moitié, comme aux points 4 & 3, & de mesme l'autre moitié 1 F; ce sera le vray moyen d'en venir à bout sans courir risque deffacer & refaire, & souvent aprés tomber en confusion, & encore avec aussi peu de certitude & precision que devant.

Pour donc faire le semblable de la droite à plomb L I à l'imitation de celle G H, l'on voit que c'est toute la mesme maniere, & aussi de la superficie O P M N, à copier ou imiter, puis qu'elle est terminée de lignes; seulement est à remarquer qu'il faut d'abord avoir les contours ou enceintes, comme Q S, S T, T R, R Q Q S, & rentrer en dedans par mesme ordre pour les plus menuës parties.

Je croy aprés cela, qu'il est facile de courir au reste, & d'estre asseuré que cette maniere de desseigner à veuë d'œil est la plus facile, prompte & precise que l'on puisse avoir, & par consequent faut absolument rejetter, comme fautive & trompeuse, celle de desseigner ainsi bout à bout en comparant partie à partie, & comme l'œil voit, n'en déplaise à quelque desseignateurs de pourtraits en petit, qui veulent la maintenir à cause qu'ils ont peu d'estenduë à parcourir, car s'ils avoient une histoire à imiter, ou seulement une figure humaine, ils n'y trouveroient pas leur compte.

LA teste cottée *d* A est supposée de relief avec la representation d'une bordure entr'elle & l'œil O , perpendiculaire à la Table T *s*.

Au dessus dudit œil O est la copie de cette teste *d* A.

Or il faut concevoir que desirant faire la copie ou representation égale & semblable à cette teste, en sorte qu'elle fasse à l'œil O , la mesme sensation ou vision de grandeur , puis de force , de couleur & de relief que luy fait cette teste ; il faut que la bordure soit située si proche d'elle que le fil à plomb b D G attaché à la verge *o l* touche le bout du nez d'icelle, comme fait sur elle la ligne à plomb *d g* , & sur la copie le fil aussi à plomb D G.

Avant que d'en venir à cette pratique, je diray avoir fort peu veu de pourtraits d'un & d'autre sexe, où je n'aye remarqué que le Peintre ou desseignateur n'en ait desseigné plusieurs parties tournantes trop larges & trop hautes, & trop peu affoiblies en leur couleur pour les tournans precipitez, ce qui fait dire d'ordinaire qu'on les a faits trop gras ou trop pleins.

Et pour mieux faire remarquer, comme sans y penser l'on commet ces fautes, j'ay fait à diverses fois desseigner à l'ordinaire plusieurs testes, & mesme aprés avoir donné cét avis.

Puis en suitte ayant posé cette bordure au lieu dit , & rangé les fils à plomb C F , D G , H I , L M , en sorte que l'œil du Peintre les vist de la distance precise & élevation d'œil O, vis à vis des parties de cette teste, comme on les y voit, & mieux encore à la copie ; lors venant à prendre au compas les intervales de ces filets contenus entr'eux, & aussi les parties suyantes élevées & abaissées du front vers les cheveux, & du nez vers le menton , il se trouvoit qu'on avoit desseigné la partie tournante & suyante precipitée *t w* du petit costé de la teste au Tableau plus large que celle du naturel de prez de deux lignes , qui est à dire que l'intervale *w s*, puis celle *s r* de trois, & la restante *e w* de quatre , & du reste à proportion.

Cecy soit dit seulement pour avis, à ceux qui pratiquent & qui sont d'humeur à faire cette experience, & desireux d'aprendre la bonne pratique de cét Art; sçachant tres-bien qu'il y en a peu qui soient capables de se départir des mauvaises habitudes , lorsqu'ils les ont prises & contractées de long-temps, puis qu'elles sont presque incurables à plusieurs.

Et pour ce qui est de l'affoiblissement des teintes, qui fait encore une grande partie du bel effet, cela est expliqué en mes deux Traitez de Perspective autant à fond qu'il se peut, ainsi que j'ay dit.

Ceux qui font profeſſion d'ébaucher en relief des figures humaines ou d'en deſſeigner, ne peuvent nier que ce ne leur ſoit un avantage d'avoir ſeulement en gros leurs meſures, ainſi qu'en cette Planche, puis qu'il n'y en a nul qui ne fuſt tres-content d'avoir d'abord en deſſeignant d'aprés le relief ou naturel quelque nombre de points principaux des parties de ſon modelle preciſement placez, afin d'en faire ce que nous nommons l'ordonnance ou la forme en gros.

Ie les ay repreſentées comme en perſpective aux figures 2, 3 & 4, & en geometral à la premiere figure 1, où j'ay mis à coſté la ligne à plomb A B, diviſée en ſix parties égales, chacune priſe ſur le pied r A s, du profil de ladite figure.

Donc pour cette figure A i e B, conſiderant que ſon pied r A s doit eſtre diviſé en douze parties, nommées douze pouces, & l'un de ſes pouces en autres 12 nommées lignes; que toute ſa hauteur A 1 B à ſix de ſes pieds, que B c en eſt la hauteur de la teſte, laquelle a 9 pouces 2 lignes, le col c e, 4 pouces 7 lignes, les épaules e d & e f chacune 6 p 6 l. de l'eſpaule au coude d l, ou f e, 1 pied 6 l. du coude au poignet l m ou o p, 10 p. 2 l. les mains m n ou p q, 7 p. 11 l. l'eſpine du dos e i, 1 pied 7 p. 7 l. les hanches i g & i h, chacune 4 p. 11 l. des hanches aux genoüils g z ou h x, 1 p. 16 l. du genoüil au deſſous du pied z A u s, 1 pied 5 p. 8 lignes, ainſi l'on doit diſcerner les autres figures perſpectives par les meſmes lettres que celle-cy, & de plus, voir au ſujet de la Planche qui ſuit & ſur les 3 & 4 figures par les pointées à plomb figure 3, C, & en la 4, f c & autres, qu'ayant par une meſure donnée fait de fils de leton, ou de fer, de la longueur deſdits eſſieux, en ſorte que chacun d'eux fuſt enclavé l'un à l'autre par boucles, comme une chaiſne, telle qu'à coſté de la figure 4, cottée O F E; puis qu'on euſt reveſtu ces eſſieux de cire raiſonnablement mole & pliable, & leur donner les aſtitudes deſirées eſtant poſées ſur une ſuperficie plane & de niveau, & meſme, ſi on le veut, carrelée de quarrez, tels que porte la meſure du pied de ladite figure, ſur qui on peut auſſi agencer des draperies;

Ainſi on pourra pour les repreſenter en perſpective, en prendre le devis geometral de pluſieurs parties d'icelles par le moyen d'un inſtrument, comme en la Planche qui ſuit.

63. PLANCHE.

POur bien entendre ce qui est representé en cette Stampe sur
le sujet énoncé.

Ayant un modele tel qu'il a esté dit & representé cy-devant,
ou tout à fait bien formé en toutes ses parties, ainsi qu'il s'en
voit ; il faut avoir un instrument comme celuy F C G, exactement divisé du bas en haut suivant la mesure du modele, &
pour exemple, que son pied en soit de deux pouces de celuy de
Roy ; premierement en pieds, en demys pieds & en pouces.

Cét instrument se peut faire de buis bien sec ou de metal, sa tige F G n'a
point besoin d'estre quarrée, suffit que les deux largeurs opposées où sont les
divisions, comme celle F G soit d'un pied, & ce costé ombré & son opposé
d'un demy-pied.

En suitte faut que son soustien s t x soit bien plat en dessous & pesant,
pour qu'il demeure ferme ou fixe & de niveau sur le plan d'assiette, & aussi
les branches estroites, & ladite tige & ligne F C G par consequent bien perpendiculaire ou à plomb sur ce plan ; Il faut de plus avoir deux autres pieces
mobiles C & o p, qui passent quarrement ou à angles droits dans ladite tige
F C G, en coulant doucement sans ressauts, à l'exemple d'un compas de Me-
nuisier ; lesquelles deux pieces sont representées en plus grand au haut de cette Planche, & de plus, une autre cottée o M, qui porte un bec ou avance courbe, afin de pouvoir au besoin la substituer en place de celle o p, lors qu'il
s'agit de prendre des points en dessus ou en dessous desdits modeles, car
cette piece o M se peut ajuster sur la piece mobile C selon cette position, &
aussi la renverser.

Donc l'on peut juger qu'ayant un tel outil posé à plomb sur une table, qui
peut estre treillissée par quarrez égaux, & semblable au pied de cet instrument, ainsi qu'un échiquier, & disposé son sujet sur cette table, soit d'une ou
de plusieurs figures ; l'on peut choisir d'iceluy les parties que l'on desire avoir,
puis ajuster la pointe de la piece o p, ou celle o M, en haussant ou baissant l'autre piece mobile C qui la soustient, comme au point du coude p de la figure
des essieux a b f l m.

Ayant en cette situation arresté la piece C par la vis r qui presse la tige
F G, lors par un plomb p q passé dans un petit trou au bec p, vous aurez le
plan du coude p sur vostre table au point q, & l'élevation q p en contant les
divisions qu'il y a depuis le bas d'icelle jusques au dessus de la piece o p, qui
doit estre paralelle à ladite table ou plan d'assiette B E ; D A.

Ainsi l'on peut avoir plusieurs points precis de plan & d'élevation geometrale de ces figures, ou tels autres objets, pour s'en servir au perspectif ; ce qui,
a mon avis, n'est pas peu, puis qu'il n'y a aucun Desseignateur aprés nature,
qui ne desirast pour faire son Ordonnance precise, avoir seulement de son
objet huict points bien arrestez.

Chacun peut juger que pour des objets situez ou élevez en l'air, qu'on
peut aussi par ce moyen en avoir les plans & élevations, ce qui n'exclud pas,
comme j'ay dit, la maniere ou pratique de desseigner à veuë d'œil, soit le
naturel ou de tels modeles, pourveu qu'on observe ce à quoy la regle de la
Perspective vous oblige, mais non pas comme l'œil voit.

L'on doit voir aussi que qui auroit des modeles ou manequins en grand,
que le mesme se pourroit faire ayant cet instrument aussi proportionné.

P

Touchant la pratique de faire les Bas-reliefs.

LA compofition du plus grand nombre des Bas-reliefs ou demies-boffes, eft abfolument fauffe ; & il n'y en a point de vrayes, que celles dont les fonds ou derrieres font plats, & contre lefquels les objets font fuppofez adoffez, ou bien enclavés ou enfoncez dedans plus ou moins, qui font ceux qui fe peuvent voir de divers coftez ; Mais lors que l'on y reprefente de toutes fortes d'objets en perfpective, comme aux deffeins & Tableaux de platte peinture ; cela eft en quelque forte faux & contraire à la nature de cet ouvrage, toutefois à caufe de fon grand ufage & de certaines obligations, ainfi que font foy ceux reprefentez contre ou autour de la Colonne Trajane & autres, & mefme qu'eftans en quelque forte judicieufement traitez, ils font agrément à l'œil, j'ay jugé à propos (outre ce que j'en ay dit cy-devant vers la fin du Chapitre V.) d'en dire encore icy quelque chofe, finon en détail, du moins en gros ; & d'autant plus, que nombre de ceux qui en font n'entendent non plus la regle de Perfpective, que plufieurs Peintres, & ainfi y commettent auffi de tres-lourdes fautes, & mefme à leur toucher de fort & foible, dont il fera fait icy mention.

Ceux qui ne fçavent pas comme fe font ces ouvrages, fçauront derechef qu'il s'en fait de deux fortes ; l'une par application de terre, de cire, ou telle autre matiere, en commençant fur un fonds plat les chofes que l'on fuppofe les plus éloignées de la baze du Bas-relief, en venant du plus éloigné objet au plus proche, comme font les Païfagiftes.

L'autre, comme le marbre, ou autre forte de pierre, bois, yvoire & femblable, en oftant de la matiere, & en allant ou travaillant du grand au petit, ou pour dire encore autrement, du proche au plus éloigné, & du fort au foible.

Pour ceux qui font ces ouvrages feulement à veuë d'œil ou de routine, ils feront avertis, qu'outre qu'on y doit obferver la regle de la Perfpective pour faire, s'il fe peut, le moins mal, il faut reduire une grande partie de fon geometral, comme les Planches fuivantes 64. 65. vous reprefentent, afin qu'eftant racourci fur fon fonds, ainfi qu'en la Figure 3. de la Planche 64. on puiffe avoir la proportion du relief des divers objets; Puis apres fe fouvenir, qu'afin que les objets proches de la baze

du Bas-relief, outre qu'ils feront les plus grands & les plus en
faillie, il faut faire encore que les creux ou concavitez de leurs
parties, foit draperies ou autres, foient affez fortement tou-
chées ou profondes, pour faire que les ombres y apparoiffent à
l'œil plus brunes & luy femblent d'autant plus venir en avant :
& au contraire, faire proportionnellement que les objets les
plus fuyans ou éloignez n'ayent point de ces fortes touches ou
creux : car il eft tres conftant que fi un Bas-relief, & mefme
une figure de ronde boffe, un chapiteau, ou tels autres ornemens,
leurs creux ou concavitez ne font forcez, fur tout aux endroits
les plus en faillie, ils femblent à l'œil trop foibles ou fades, fur
tout lors que la matiere eft blanche, comme le marbre, pierre
de Tonnerre, &c.

Donc ceux qui ne font pas avertis de ces particularitez, n'ont
qu'à donner fur de tels ouvrages des coups dans ces endroits
avec un crayon un peu brun fuivant la raifon des coupes perfpectives, & lors ils verront un effet extraordinaire qui les fur-
prendra, & par ainfi leur donnera lieu de foüiller ces creux
plus avant. C'eft ce que j'ay reprefenté groffierement en la
Planche 65. Figure 1.

Quand les Bas-reliefs qui font hiftoires n'obligent pas à un
fonds bien éloigné, on les peut faire plus vrais & plus facilement que fi on y vouloit reprefenter nombre d'objets bien éloignez de leurs bazes. Ce qui fe peut remarquer en plufieurs Bas-
reliefs antiques, où il n'y a pas beaucoup d'enfoncement entre
les figures ou corps de devant & leur fond. Neanmoins par la
contrainte les Anciens cherchoient à mettre corps contre corps
pour fervir de fonds à chacun, afin d'aller jufques au dernier.

Pour les Bas-reliefs qui forment hiftoires & païfages éloignez, c'eft la maniere corrompuë, & où il fe rencontre plus
d'obftacles, fi l'on n'eft judicieux à ordonner fon fujet : Mais,
comme j'ay dit, le grand ufage d'iceux & les obligations où il
en faut employer obligent fouvent de les faire ainfi. Ce que
l'on va voir en la Planche qui fuit.

TOuchant la pratique de faire en quelque forte mieux les Bas-reliefs ou baffes-tailles que par l'ufage ordinaire, confiderez une fois toute l'épaiffeur raifonnable que vous luy voulez donner, puis ayant determiné fur un plan d'affiette degradé de catreaux geometraux, figure 1, l'objet que voulez faire, & pour exemple ce fimple plan ou affiette *efg*, lors prenez au compas l'épaiffeur de voftre Bas-relief : & pour exemple, fi c'eftoit celuy *acbd*, figure 2, divifez fon épaiffeur *ac*, & *bd* en autant de parties égales que le carrelage égal A C & B D figure 1, puis faite la droite de front *ab*, figure 2, égale à celle A B figure 1, & la divifez auffi en 8 parties égales, & menez de ces divifions des droites pointées paralelles à *ac* & à *bd*, ou perpendiculaires à la de front *ab*, & en fuite tracez dans ces quarrez longs proportionnellement à ce qui eft tracé dans les quarrez parfaits fig. 1, au plan *efg*, & luy donnez auffi, fi le defirez, fon élevation.

Cela fait, confiderez en bas, figure 3, un folide creux A C D B en forme d'un mur creufé, où vous devez faire dedans voftre Bas-relief, en cas que ce foit en appliquant de la matiere, foit cire ou terre ; Vous fçaurez auffi que A F, B E eft fon plan d'affiette, fur lequel on doit faire la degradation perfpective du geometral retreffy *adcb* figure 2, fuivant la diftance & élevation d'œil determinée.

Pour faire la degradation perfpective fur le plan d'affiette creufé A F, lequel eft paralelle à l'horifon ; Ayant divifé la baze A B en huit parties égales, & determiné l'horizontale I K, & la fituation de l'œil O fur quelque lieu plat ; faut des points B & A mener les droites A O & B O au point O, puis mettre fur la de front A B le nombre de parties égales qu'avez pris de pieds pour la diftance ; & par exemple feize, qui eft le double des pieds qui font fur A B ; & comme figure 2. il y a huit pieds à l'épaiffeur du Bas-relief, il faut prendre de A vers *n* huit de ces feize parties, & dudit point *n* à I tirer la droite *n* I, elle coupera A O au point E ; & les autres contenuës de *n* à A auffi menées au point I, elles couperont A E en huit parties perfpectives, defquels points ayant mené des droites de front paralelles à A B, vous aurez fait voftre degradation, pour puis apres y rapporter en perfpective le geometral applati d'enhaut figure 2. proportionnellement, & enfuite y faire les élevations, ainfi qu'à cofté les figures P Q, & autres corps d'Architecture qui leur fervent de fonds.

A cofté du creux dudit Bas-relief, figure 3. vous y avez les deux Efchelles des pieds de fronts & fuyantes perfpectives B K *n* B, pour y avoir recours en travaillant, foit en oftant de la matiere, ou en y en adjoufter en modelant.

J'Ay mis en haut de cette Planche figure 1, une teste ou forme de medaille de profil, & à costé le profil de ce profil, lequel paroist de front, pour faire voir que les vrais Bas-reliefs mis perspectifs doivent avoir bien peu de saillie ou d'épaisseur; & c'est ce qui oblige de reduire le carrelage ou treillis geometral dans l'espace de l'épaisseur du bloc ou creux du Bas-relief, pour en suitte le faire perspectif.

Vous remarquerez que ne voulant donner que fort peu de saillie aux objets qui composent cet ouvrage; il faut par la raison des coupes paralelles à la baze *a b* toucher ou foüiller un peu fortement les parties les plus élevées des objets, principalement ceux où il se rencontre des concavitez, comme les oreilles, tortillement de cheveux, creux de drapperies, chapiteaux des Colonnes, & tels autres ornements.

Manque de place en la Stampe precedente, je n'ay pas dit qu'on peut reduire au perspectif, fig.3. le plan d'assiette moindre en épaisseur que le geometral applati, fig. 2. sans changer l'eschelle de front A B, fig 3. Car il n'y a qu'à le determiner sur la fuyante A O au point E, ou ailleurs, & tirer du point I & E la droite I E *n*, puis diviser *n* A en autant de parties égales qu'en contient l'épaisseur du plan d'assiette applati *a c*, *b d*, & les tirer au point I, lors elles couperont perspectivement le segment ou intervale fuyant A en mesme nombre de parties.

Il se voit encore au bas de cette Estampe, fig. 1. une superficie plane A B, B C, avec une degradation perspective pour faire un Bas-relief ainsi que l'on fait les Tableaux & Desseins, dont la de front A B a huit pieds, la distance quatorze, & l'elevation de l'œil O quatre ou environ.

Faut remarquer qu'ayant sur ce fonds plat & treillis placé les plâs ou assiettes des objets, il n'y a plus qu'à y faire les élevations 1 2,3 4,5 6, & autres, puis leur dôner leurs mesures geometrales. L'on doit aussi faire reflexion qu'à cause qu'on n'a pas lieu comme aux Tableaux & Desseins d'y representer la place des jours, ombres & ombrages, ny le fort & foible des couleurs, il y faut suppléer par un peu de relief, qu'il faut prendre en deçà de la de front A B, qui est entr'elle & l'œil du regardant; Ce qui est à revenir un peu à la maniere cy-devant de la fig.3. Car pour peu de saillie qu'on donne à celle-cy à veuë d'œil ou autrement, il la faut connoistre afin de la comparer aux autres, & comme j'ay dit, y substituer des Corps d'Architecture, & autres, tenant un peu du plat derriere l'un & l'autre, puis que d'ordinaire ce sont les figures naturelles à qui on donne plus de relief: Mais, comme j'ay dit, ces particularitez demandent plus d'explication & de figures, & mesme de beaucoup plus grandes.

Voicy une Planche de laquelle des épreuves ont paru il y a quelque temps, à l'occasion d'un Vertueux, lequel ayant creu que nostre pratique de perspective n'estoit pas universelle, me dit un jour que si on m'obligeoit de faire un dessein ou Tableau perspectif triangulaire, où le point de veuë fust au sommet D dudit triangle, que je serois obligé pour couper l'eschelle fuyante de sortir dudit Tableau ou champ de l'ouvrage, y ajoustant qui s'en verroit peut-estre bien tost quelque chose au jour : ce qui m'obligea de luy repartir, qu'il n'avoit pas asseurement bien entendu l'universalité de couper nostre eschelle perspective ; & pour cet effet quelques jours aprés je gravay cette premiere figure, & luy en donnay une épreuve, afin de l'asseurer de ce qu'il avoit douté.

La figure d'enhaut A F D E B est un Tableau en triangle; A D B est un angle quelconque ; A C B baze dudit Tableau; D point de l'œil ; D C est droite, C E paralelle à A D, D F égale à C E, F C est droite ; C F D E est un paralellogramme, dont F n E, & C n D sont diagonnales; C E est divisée en autant de parties que la distance a de pieds : Les droites menées de F à ses parties coupent C n en autant de pieds fuyants perspectifs; n m est paralelle à C E, & est divisée en autant de parties qu'elle ; les droites menées de F à ses cinq divisions, coupent de suite encore n o en autant de pieds fuyants perspectifs, & le mesme de o r, o s & autres, tant que l'on voudra.

La figure d'embas est pour le mesme sujet, mais d'autre maniere & d'une autre distace. L'on peut sçavoir par mon premier Tome de la Perspective, que quand on coupe l'eschelle fuyante c d en gros de distance en distance, que l'intervale c 1 est la moitié de c d, que 1 2 est le tiers de 1 d, 2 3 le quart, 3 4 le quint, le sixiéme, septiéme, &c. de sorte qu'ayant par ces divisions menées de front e f, m n, o p, q r & autres, paralelles à la baze du Tableau a c b, puis tracé les diagonnales b 1, e 2, m 3, o 4, &c. & enfin divisé b c en autant de parties égales que contient de pieds ou autre mesure vostre distance ; & pour exemple icy en douze, & mené de ces divisons les pointées au point de veuë d, elles couperont chacune de ces diagonnales en pieds fuyants perspectifs, qui est ce que nous avons dit sçavoir faire sans sortir du champ du triangle ou Tableau.

Pour moy je prefererois la premiere maniere à celle-cy, à cause qu'il ne faut point faire toutes ces divisions de moitiez, tiers, quart, cinquiéme, sixiéme, septiéme, huictiéme, &c.

CEtte Estampe servira encore pour faire connoistre le plan ou assiette geometrale d'une Maison, extraite ou tirée du Traité de Paladio, avec son élevation au bas, & par le moyen des lignes pointées paralelles entr'elles & perpendiculaires à la de front A B, trouver les places desdites élevations geometrales & profils geometraux, pour avec l'Eschelle des mesures y déterminer les hauteurs.

De plus, ceux qui ont entendu ce qui precede verront bien qu'il leur sera facile, selon ce plan & son élevation, de reduire le tout en perspective, & mesme y ajoûter la place de tel nombre de figures qu'ils voudront par la conformité du geometral avec le perspectif.

En ce reste de page vous y voyez une copie de la Lettre que Messieurs de l'Academie m'ont donnée pour m'agreger à leur Corps, avant mesme d'avoir fait le cours de ces Leçons, mais seulement de la Perspective.

MARTIN DE CHARMOIS SEIGNEUR DE LAURI', CONSEILLER DU ROY EN SES CONSEILS, Chef de l'Academie Royale de Peinture & Sculpture. *A tous ceux qui ces presentes Lettres verront :* SALUT. Ladite Academie voulant reconnoistre les soins & les peines que le Sieur Abraham Bosse a pris volontairement depuis trois années (comme il en a esté convié par icelle) & continuë encore à present d'enseigner gratuitement les Pratiques de Perspective & leurs dépendances dans l'Academie avec beaucoup de fruit & d'utilité pour la Jeunesse ; & considerant les belles lumieres & la connoissance qu'il a des Arts de Peinture & Sculpture, Auroit, de l'avis de toute l'Assemblée, receu ledit Sieur Bosse en ladite Academie en qualité d'Academiste honoraire, pour y avoir séance & voix deliberative en toutes les Assemblées, lequel auroit à cet effet presté le serment en tel cas requis, promis & juré d'en observer les Statuts. En foy dequoy nous luy avons fait expedier ces presentes, signées de nostre main, scellées du sceau de ladite Academie, & contre-signées par un des Anciens estant en mois. A Paris ce deuxiéme jour de Decembre mil six cens cinquante & un.

Signé, DE CHARMOIS.

Baugin.

Pour conclusion, je diray icy que ces Leçons, cette Lettre, & une partie de ce qui suit, donnent un dementy considerable à celuy qui a voulu persuader par des impertinens Libelles, que les choses enseignées de mon temps & par moy en l'Academie estoient de folies, fausses & erronnées doctrines.

Ce qui est contenu aux Planches ou Estampes 38, 46, 47, 48, 53, 63, 64, 65 & 66, n'a point esté expliqué dans l'Academie aux Etudians, ayant esté découvert depuis ces Leçons données.

Fin desdites Leçons.

L. S. D.

Ce qui suit est pour ceux qui auront la curiosité de sçavoir une partie du procedé de Monsieur Desargues, & de moy, envers quelques-uns de nos Antagonistes, & de partie de son sçavoir ; Ensemble des Remarques faites sur le contenu en plusieurs Chapitres d'un Traité attribué à Leonard de Vinci, Traduit d'Italien en François par Monsieur Freart Sieur de Chambray, sur un Manuscrit pris de celuy qui est dans la Bibliotheque de l'illustre, vertueux & curieux Monsieur le Chevalier Du Puis à Rome.

I L n'y a rien de plus ordinaire & qui nous doive moins surprendre que les attaques de l'Envie contre les personnes de merite & les ouvrages qu'ils mettent au jour ; Mais ses efforts, bien loin de leur nuire, sont des preuves de leur excellence & engage de la gloire qui les attend, beaucoup plus grande que s'ils n'avoient aucuns Ennemis à combattre ; ce qu'on a pû remarquer dans les plus grands Hommes des siecles passez pour toutes sortes de Sciences, d'Arts & de Professions ; Si quelques-uns ont esté assez malheureux pour ne survivre à la Calomnie, la Posterité les a vengez de l'injustice de leur siecle, & les a fait triompher lors qu'ils estoient moins en estat de se deffendre. Ces exemples servent de consolation & d'esperance à ceux qui souffrent les mesmes difficultez. De nostre temps, comme autrefois, paroissent de nouvelles productions utiles au Public & dignes d'estime ; mais aussi d'abord grand nombre d'Envieux s'elevent avec leurs artifices ordinaires : Neanmoins comme les forces ne sont pas égales, l'assurance de la victoire est toûjours pour la verité, qui ne peut estre long-temps obscurcie, &

Q

éclate plus clairement par la confusion de ses adversaires.

Cette conformité que les Ouvrages de feu Monsieur Desargues ont avec plusieurs des Anciens, tant pour la gloire de l'invention, excellence & reputation, que pour le traitement qu'il en a receu de ses Contemporains, fait esperer un semblable succez, d'autant plus que les matieres dont il a traité, & les questions debatuës, y sont resoluës par des demonstrations qui satisfont l'esprit & le convainquent pleinement : Ainsi les personnes intelligentes desireuses de s'instruire & d'en juger avec connoissance de cause, n'auront pas peine à se déterminer.

Pour ceux qui jugent des choses par préoccupation sans connoistre les raisons des Parties, il sera mal-aisé de les desabuser, si ce n'est par le recit du procedé des Adversaires de M. D. qui fait voir leur foiblesse & leur mauvaise foy. Les premiers ont voulu copier ses œuvres & y mettre quelque chose du leur pour les déguiser ; mais comme il est arrivé qu'on en a sceu faire le discernement, & que ce qui leur en appartenoit estoit faux, lors que l'on a eu la bonté de les en avertir, leur dépit a éclaté par des injures, dans des Affiches & Libelles qu'ils publioient en cachans leurs noms.

D'autres ont dit, qu'ils avoient trouvé nombre de fautes dans ses Oeuvres, & qu'ils les maintiendroient au desdit mesme de cent pistoles ; mais ces offres ayant esté acceptées, ils ont varié, & n'ont osé soûtenir ce qu'ils avoient cité. Dans ce desordre M. D. tascha de les r'asseurer par un puissant motif sur l'esprit de gens interessez, & qui pouvoient estre avides de gain, apres avoir renoncé à l'honneur ; Il leur offrit aussi cent pistoles, s'ils vouloient maintenir leur dire en tout ou en partie, avec le pouvoir de choisir tel Article qu'ils croiroient plus favorable.

Ie ne dis pas cecy legerement & sans preuve, puis que de ces Ecrits signez de M. D. il y en a un imprimé au commencement de ma Premiere Partie de la Perspective dès l'année 1647. De sorte que depuis tant d'années ces Messieurs qui provoquoient au commencement au combat avec tant de hardiesse, n'ont osé profiter de l'argent qui leur a esté offert, s'ils pouvoient soûtenir leur proposition.

Ils sont donc reduits à present à jetter leur venin en cachette, & décrier mes Traitez par des bruits sourds & des pratiques conformes à leur esprit & à leurs manieres, & mesme aux tesûmens qu'infpirent l'envie & l'ignorance dans les ames baffes qu'elles poffedent.

Quelques-uns ont dit par préoccupation feulement , que l'explication de mes Traitez eft trop longue ou prolixe , qui eft un recit fait en l'air fans aucun bon fondement , puis que par la Table de mon premier Volume de la Perfpective , pour le Trait des objets , & celuy de la place de leurs jours , ombres & ombrages , & finalement pour l'affoibliffement de leurs touches , teintes ou couleurs , l'on voit que fa pratique y eft expliquée briévement en une feule Planche , puis en quatre ou cinq & en dix ou douze , par une maniere qui revient entierement à la premiere ; & encore par d'autres propres pour des Cavaliers à l'aide du Compas de proportion , & par les angles donnez , fans fortir mefme du champ du Tableau ; & finalement les demonftrations apres un grand nombre d'exemples , les uns pour faire voir fur plufieurs cas l'univerfalité de ladite Pratique , & les autres quelques cas , qui eft , ce me femble , le vray moyen de fatisfaire ceux qui y font plus ou moins verfez.

Nous en avons fait de mefme pour fa pratique du Trait de la Coupe des Pierres en l'Architecture , & pour celle de tracer les Cadrans Solaires fur toutes fortes de fuperficies plattes ou non , laquelle y eft expliquée en diverfes manieres , & pour quatre fortes de perfonnes

En mon particulier j'ay fouvent eu plufieurs démeflez à vuider avec de femblables Efprits , qui dans noftre Compagnie & en prefence de nos Eleves , m'ont donné l'avantage de les confondre fur des allegations temeraires qu'ils avoient faites , & cela avec toute la civilité qu'ils pouvoient defirer : neanmoins ils ont eu tant de dépit de s'eftre mépris , qu'ils m'ont pris en averfion pour les avoir éclairez , & ont cherché tous moyens de me pouvoir nuire , tant en mon honneur qu'en mon bien.

Enfuite pour fe dérober à la honte d'eftre confondus , & ne pouvant arrefter le cours de leur malice , ils fe font avifez de publier des Lettres fans aucun nom d'Auteur , remplies de tant de fottifes & d'impertinences , qu'il eft aifé de croire que la premiere eft d'un Ecolier , comme ils luy en font porter le nom , & l'autre d'un Intereffé mal intentionné.

Mais il eft étrange qu'avec tant de vanité ils ayent tant de foibleffe , apres avoir avoüé qu'ils ne pouvoient trouver à mordre fur les ouvrages dudit D. & demeurans d'accord de leur excellence & utilité, ils ont esté jaloux de la reputation qu'il en recueilloit, & n'ont pû dissimuler ce sentiment secret, qu'ils avoient caché jusques alors ; Ils m'ont voulu obliger d'oster son nom de ces Traitez, & n'en point parler comme je fais dans les endroits où je rends témoignage à la verité, pretendans qu'il seroit honteux qu'un homme comme luy, qui n'a esté ny Peintre ny Desseignateur, leur eust donné des preceptes de leur Art, sans avoir l'esprit de penser qu'ils avoient eux-mesmes choisi sa pratique sur toutes les autres : Toutefois je me sens en quelque sorte obligé de dire icy, que la plufpart de ceux qui avoient avancé ces paroles témoignerent quelques jours apres s'en retracter.

Mais ce motif est-il affez considerable & affez honneste, pour ravir à une personne la gloire qui lui est deuë ? Il n'est pas honteux de profiter des inventions des premiers Inventeurs des Arts & des Sciences, ou de celles que les Esprits extraordinaires découvrent de nouveau ; mais il est fort honteux d'estre ingrat à ce point, d'en vouloir profiter sans les reconnoistre, ou de priver le Public de l'utilité qu'il y peut trouver, parce qu'ils ne font pas en estat de luy faire de tels presens.

Enfin l'Auteur & les Traitez touchant la Perspective ou Pourtraiture & Peinture estans au dessus de leur portée, ils ont tasché de les rendre inutiles & en diminuer la reputation en substituant un autre qu'ils ont vanté au souverain degré. C'est le *Traité de la Peinture attribué à Leonard de Vinci, cy-devant Peintre Italien tres-renommé, Traduit*, ainsi que j'ay dit cy-devant, *d'Italien en François, Et dédié à nostre premier Peintre du Roy Monsieur le Poussin* ; Et le mesme encore en Italien, dédié à la *Reine de Suede*, par feu Monsieur *du Fresne*.

Veritablement ces noms illustres me donnent du respect pour tout ce qui vient d'eux, ou leur appartient en quelque façon, mais ils font trop raisonnables pour exiger une soûmission aveugle de ceux qui connoissent ces matieres ; Il leur est avantageux qu'on donne à connoistre que l'on discerne dans ce Traité ce qui est d'eux ou de quelqu'autre, ensemble ce qui est d'une ou d'autre espece : Ce que je n'ay eu la pensée de faire que par la necessité de deffendre la verité & mes ouvrages, que mes Envieux jaloux ont voulu malicieusement ravaler & rendre méprisables par l'opposition de ce Traité qu'ils pretendoient mettre au dessus de tous les autres, sans mesme estre afſeurez de ce qu'ils avançoient. Et pour une infaillible preuve de cela, il n'y a qu'à voir un petit Livret imprimé en cette forme, intitulé, *Lettre du Sieur Boſſe à un ſien Amy, ſur ce qui s'eſt paſſé entre luy & quelques Meſſieurs de l'Academie*, par lequel on peut voir des choſes tres malignes & tres groſſieres.

Mais puis que j'ay le bon-heur d'avoir contribué avec feu Monſieur Deſargues au profit que le Public doit tirer de nos Traitez, & que j'en connois l'excellence, j'aurois trahy ma propre connoiſſance & contrevenu au ſerment que j'ay fait lors de ma reception à l'Academie, ſi j'avois ſouffert qu'à faute d'a-vertiſſement les menées de tels Eſprits fiſſent, au prejudice du Public, prevaloir à mes Traitez celuy de Leonard de Vinci, qui en nombre de circonſtances leur eſt de beaucoup inferieur, & dont enfin il ſuffira d'en toucher ſeulement quelques-unes, pour faire voir ſi en ma deffenſe je ſuis bien ou mal fondé: Ou-tre les ſentimens de Monſieur le Pouſſin, leſquels ſe verront cy-apres.

Enfin l'on ne ſçauroit blaſmer le deſſein charitable que ledit D. a eu, de faire part au Public des connoiſſances particulieres qu'il s'eſt acquiſes dans pluſieurs Sciences par ſon étude & ſon merveilleux genie; ny le mien de les avoir appriſes de luy & données au Public.

C'eſt, ce me ſemble, le propre du bien de ſe communiquer, & chacun ſçait combien ſon inclination y a eſté portée, puis qu'il a communiqué franchement & gratuitement les belles choſes qu'il poſſedoit, comme les Ouvrages que j'ay mis au jour en font ſoy, & entr'autre ce qu'il a fait imprimer des Se-ctions Coniques, dont une des Propoſitions en comprend bien comme cas ſoixante de celles des quatre premiers Livres des Coniques d'Appolonius Pergeüs, luy a acquis l'eſtime des Sçavans, qui le tiennent avoir eſté l'un des plus naturels Geo-metres de noſtre temps, & entr'autres la Merveille de noſtre ſiecle feu Monſieur Paſcal Seigneur d'Ethonville, qui a publié de luy en 1640. dans un Imprimé intitulé, *Eſſay pour les Coni-ques*, où il y dit ſur vne Propoſition cottée Figure I: Nous demonſtrerons auſſi cette proprieté, dont le premier Inventeur eſt Monſieur Deſargues Lyonnois, un des grands Eſprits de ce temps & des plus verſez aux Mathematiques, & entr'autres aux Coniques, dont les Ecrits ſur cette matiere, quoy qu'en petit nombre, en ont donné un ample témoignage à ceux qui en

Q iij

auront voulu recevoir l'intelligence : & veux bien avoüer que je dois le peu que j'ay trouvé fur cette matiere à fes Ecrits, & que j'ay tafché d'imiter autant qu'il m'a efté poffible fa methode fur ce fujet, qu'il a traité fans fe fervir du triangle par l'axe, &c.

Son Traité du Trait de la Coupe des Pierres en l'Architecture a bien fait voir qu'il eftoit Geometre ; & fa Pratique univerfelle de Perfpective que j'ay divifée en deux Tomes ; l'un pour tous les Tableaux plats, & l'autre pour les irreguliers & courbes, pour laquelle il a offert fi genereufement par une Lettre imprimée cent piftoles à celuy de nos François qui pourra luy donner le contentement d'aller plus outre ; Celle des Quadrans folaires fur toutes fortes de fuperficies, fans avoir aucune connoiffance de l'Aftronomie, foit de declinaifon du Soleil ou d'élevation du Pole, & fans autre inftrument que la Regle, le Compas, l'Efquierre & le Plomb, avec preuve : Toutes lefquelles pratiques font de fa pure découverte, où à aucunes d'elles ces Envieux n'ont fceu trouver à redire avec raifon ; Et mefme que feu Monfieur Millon, fçavant Geometre, en a fait un ample Manufcrit de toutes les Demonftrations, lequel, à mon avis, meriteroit bien d'eftre imprimé.

De plus, en ouvrage d'Architecture, les Degrez ou Efcaliers de l'Hoftel de l'Hofpital, celuy de Turenne en fa fujettion, ceux des Maifons de Monfieur Vedeau de Grammont Confeiller au Parlement, & plufieurs autres, qui font tous des chefs-d'œuvres en cet Art ; & les premiers où l'on voit diftinctement la belle forte de regularité & l'ordre que doivent garder entr'eux leurs Appuis, Baluftres & autres ornemens, fuivant leur niveau & rampe, fans qu'il y arrive (comme parlent les Ouvriers) aucune fauffe rencontre ny reffauts, mais foit continuellement chaque chofe dans l'ordre naturel du corps de l'œuvre, & ajuftemens de Baluftres fur le giron des marches, ainfi que cela eft amplement déduit & reprefenté dans mon Traité d'Architecture, fans compter ce que, Dieu aydant, j'efpere de mettre de luy en lumiere, que j'ay encore par Manufcrit.

Neanmoins aprés toutes ces belles productions, il y en a qui demandent encore ce qu'on voit de luy ; croyant que pour eftre dit fçavant en l'Architecture qu'il ne faut que fçavoir deffeigner nettement fur le papier quelques morceaux de ces Ordres, qui eft, comme chacun fçait, la perfection d'un pur

Copiſte, qui meſme ſouvent ne ſçait pas faire le choix ou diſ-
cernement de leur plus belle ordonnance, & encore moins la
Regle pour ſur le papier trouver cette proportion, telle qu'on
ſoit pleinement aſſeuré qu'eſtant conſtruits en grand, ils faſſent
à l'œil l'agréement deſiré ; Ce que j'ay appris auſſi de luy, &
expliqué dans mon Traité d'Architecture, & pluſieurs belles
particularitez, par leſquelles, & ſes autres Oeuvres, on peut
juger ſi l'on a eu raiſon de le vouloir encore obliger à ſçavoir
travailler nettement de la main.

l'oubliois de mettre icy que ſa maniere de pratiquer la Perſpective luy a fait concevoir le moyen de former un ouvrage
en ſaillie courbe, de façon que le relief ſemble s'approcher de
l'œil quand il en eſt loin, & s'en reculer quand il en eſt prés,
choſe qui ſemble directement aller à l'encontre de ce que d'un
ouvrage formé d'autre maniere la couſtume eſt de ſentir qu'à
l'œil il eſt trouvé plus grand de prés que de loin, Particularité
excellente à ſçavoir pour executer bien les Bas reliefs & autres
ouvrages de pareille nature.

Mais il eſt temps de finir cet Ecrit par les remarques faites
ſur le Traité attribué à L. de Vinci : car pour celuy de la Perſpective dédiée à Monſieur le Brun, il ſuffit de ce que j'en ay
dit & fait voir enſuite de ma Lettre à Meſſieurs de l'Academie.
Et pour celle mal nommée Affranchie par le P. B. Religieux
Auguſtin, eſtant donnée par les angles, elle ne peut eſtre de
grand uſage, ſur tout pour les Peintres & tels autres Deſſeignateurs de pluſieurs objets formant hiſtoires, puis que parmy
de ſemblables Artiſtes la reduction du petit pied eſt familiere,
mais bien pour mettre en perſpective quelques morceaux d'Architecture militaire, où le plan geometral eſt d'ordinaire fait
par la connoiſſance des angles.

Premierement pour celuy de L. de Vinci, j'ay veu qu'il eſt
compoſé de 365. Chapitres ſans aucun ordre reglé, que de leurs
chiffres, dont la plus-part n'ont rien de bon ny de ſpecieux que
leurs Titres.

Ayant leu & veu par pluſieurs fois ſon diſcours & ces figures
en diverſes Stampes curieuſement gravées, j'ay jugé que ſon
Manuſcrit eſtant tel, qu'il ne le faloit conſiderer que comme
un ramas de penſées écrites en divers temps, à meſure qu'elles
venoient en l'imagination de l'Auteur, ou qui les peuvoit
avoir recouvrées d'ailleurs (qui peut eſtre le plus vray) puis

que l'on ne doit croire avec raison qu'elles soient d'un mesme
esprit, veu leurs grandes inégalitez; ny qu'il les eust mis en un
si mauvais ordre, y laissant tout ce qu'il y a de mauvais & de
dangereux à suivre; ensemble d'un nombre importun de redi-
tes, foiblesses, contraditions, & beaucoup d'obscuritez, s'il
eust voulu le faire imprimer.

Car j'avoüe qu'ayant leu dans son Epître, *que d'oresnavant*
ce Livre doit estre la regle de l'Art, & la guide de tous les vrais
Peintres; & de plus, *que Monsieur le Poussin avoit fait la de-*
monstration ligneale de tous les Chapitres qui avoient besoin d'estre
éclaircis & representez par des Figures, cela me surprit, estant
certain que pour arriver à la perfection de vray Peintre, il se
faut servir de regles toutes contraires à celles de ce pretendu
L. de Vinci, duquel je feray voir qu'à la reserve des Figures
humaines nuës, il n'y a rien dedans qui vienne de Monsieur le
Poussin.

Mais outre toute cette certitude, j'ay voulu pour cause,
comme j'ay dit, luy en écrire à Rome, lequel de sa grace m'a
fait la réponse qui suit.

J'ay eu quelquefois du plaisir & ay profité
des divers jugemens que l'on a fait de moy
ainsi à la haste, comme ont accoustumé de faire
nos François, qui en cela se trompent trop sou-
vent; je vous suis redevable d'en avoir jugé
favorablement. Si vous me regalez de vos der-
niers ouvrages, j'en feray le mesme estime que des
autres que j'ay de vous, que je tiens tres-chers.

Pour ce qui concerne le Livre de Leonard
Vinci, il est vray que j'ay dessiné les Figures hu-
maines qui sont en celuy que tient Monsieur le
Chevalier Du Puis; mais toutes les autres, soit
geometrales ou autrement, sont d'un certain de
Gli Alberti, celuy-là mesme qui a tracé les Plan-
tes

*tes qui sont au Livre de la Rome Sousterraine ;
& les gauses Paisages qui sont au derriere des
figurines humaines de la copie que Monsieur de
Chambray a fait imprimer, y ont esté ajouts par
un certain Errard, sans que j'en aye rien sceu.*

*Tout ce qu'il y a de bon en ce Livre se peut
écrire sur une fueille de papier en grosse lettre ; &
ceux qui croyent que j'approuve tout ce qui y est
ne me connoissent pas ; moy qui professe de ne
donner jamais le lieu de franchise aux choses de
ma profession que je connois estre mal faites &
mal dites.*

*Au demeurant, il n'est pas besoin de vous rien
écrire touchant les Leçons que vous donnez en
l'Academie, vous estes trop bien fondé.*

Et encore que cette seule réponse soit suffisante pour convain-
cre nos Envieux médisans, je ne laisseray pas pourtant d'ap-
puyer le dire de Monsieur le Poussin & le mien par les remarques qui suivent, en attendant le reste, si j'y suis encore forcé,
ou bien pour mieux & briévement faire, en cotter le bon par
abregé, ainsi qu'a tres bien dit nostre Illustre ; *de la communi-
cation duquel j'ay esté tellement ravi, que je remercie mes Criti-
ques malins & peu éclairez de me l'avoir procurée, quoy que sans
y penser.*
Ie ne m'arresteray donc point, comme j'ay dit, à deduire
nombre de choses foibles qui sont dans plusieurs de ces Chapitres, comme au XVI. *pour trouver des figures & des histoires
dans des murs salis ou marbres bigarrez.* Et au XX. *de tout copier
d'apres nature,* quoy qu'un Peintre, ou tel autre Desseignateur,
soit obligé de sçavoir une innombrable quantité de choses, qui
par ainsi seroient superfluës ; ny du XXII. & XXIII. *comme
un homme peut estre universel, & qu'un Peintre fist mal de prendre la maniere d'un autre :* car je ne croy pas qu'il luy fust des-

avantageux d'avoir pris celle de Raphaël, de Monſieur Pouſſin, du Dominicain, du Correge, des Carraces, de P. de Cor-
tonne, & de ſemblables autres.

Pour dans le XXV. Chapitre, on remarquera, qu'il entend
*que l'on prenne le triple de la plus grande hauteur de l'objet pour
diſtance en le deſſeignant* ; ce que je ne trouve à propos, ſinon en
des occaſions qui le requierent : car n'y ayant point d'obligation ou de contrainte, le double peut ſuffire à mon avis. Mais
en cela il obmet une choſe tres-conſiderable, qui eſt, de ne dire
point de l'œil au Tableau ou ſection ; car d'entendre de l'œil à
l'objet, c'eſt pour tomber dans l'erreur dont nous avons parlé
cy-devant, de deſſeigner comme l'œil voit.

Dans le XXVII. il eſt dit, *qu'il faut que les ombres & ombrages des objets ſoient de la meſme hauteur que ces objets.* Ce qui
ne doit non plus ſe faire en toutes occaſions que ce triple de
diſtance de l'œil au ſujet ; & en cela le Traducteur dudit Traité ne s'accorde pas, puis que dans ſon Idée de la perfection de
la Peinture il preſcrit cette diſtance de l'angle équilateral, qui
eſt aller à une autre extrémité.

Au XXVIII. il y eſt dit (une choſe vraye) *que les ombres &
ombrages au jour du Soleil apparoiſſent à l'œil fort brunes.* Mais
afin de ne donner à cela aucune mauvaiſe entente, il me ſemble
qu'il devoit plûtoſt dire, que c'eſtoit les places des jours où le
Soleil donne qui apparoiſſent ou doivent eſtre plus claires &
vives, puis que l'on peut aſſurer que les ombres & ombrages
d'un jour où les rayons du Soleil ſont plus ou moins offuſquez
de nuages entr'eux & la terre, ces ombres & ombrages ſont
auſſi plus ou moins brunes, & qu'ainſi on voit plus clair au jour
& à l'ombre d'un beau jour de Soleil net & clair, qu'à un plus
ſombre ; car la lumiere d'un flambeau ou autre luminaire ne
rend pas la nuit plus obſcure, mais bien nous peut-elle ſembler
telle par cette oppoſition de clarté : Donc, ſelon mon ſens, ce
n'eſt que la plus grande vivacité des parties éclairées d'un beau
jour de Soleil oppoſée à ces ombres & ombrages qui les font
paroiſtre à l'œil ſi brunes. Mais ſur cela il faloit avertir qu'en
pluſieurs rencontres, & ſur tout lors que l'on n'a pas des couleurs aſſez fortes, vives & claires, pour exprimer les parties de
pluſieurs Corps éclairez du Soleil, d'en rendre les ombres op-
poſées plus brunes & plus fortes que celles du naturel, ainſi que
j'ay amplement dit cy-devant.

Au XXXI. le titre eſt, *De la maniere de deſſeigner ſur la boſſe, ou apres nature*; Et ſon explication eſt, *Celuy qui deſſei-gne ſur le relief doit s'accommoder en telle ſorte, que ſon œil ſoit au niveau de celuy de la Figure qu'il imite.* Or en verité doit-on croire que cette inſtruction puiſſe partir d'un Peintre tel qu'eſtoit L. de Vinci, & ſi elle ne doit pas paſſer pour un gali-matias, comme s'il n'y avoit pas lieu de deſſeigner ce relief à telle hauteur ou ſituation d'œil que l'on deſirera, ou ſelon l'o-bligation ? Et ſur cela on peut voir le Chapitre XXXVIII. où il parle de la meſme choſe un peu plus raiſonnablement.

Dans le XXXIII. c'eſt encore un galimatias de dire, *que les Païſages doivent eſtre peints en ſorte que les arbres ſoient demy éclairez & demy ombrez, & qu'ils reçoivent une ombre univer-ſelle de la terre, &c.* Car au contraire, ſouvent les reflexs d'i-celle éclairent leurs ombres. Le Chapitre CXLIII. contredit, ce ſemble, celuy-cy.

Au XXXVI. Tres-foible raiſonnement & avis, de dire *que pour faire les reflexs de la carnation beaux, qu'il faut teindre les deux murs où eſt le naturel ou modele, d'une couleur de carnation, & que le deſſus ſoit à découvert.* Iugez encore ſi on doit croire que cela ſoit ſorti d'un tel Peintre que L. de Vinci.

Au Chapitre XXXVII. il fait une cauſe generale d'une particuliere.

Du XXXIX. Ie laiſſe encore à juger ſi le titre qui ſuit ſon diſcours eſt d'inſtruction, & meſme s'il convient au lieu où il eſt: MESURE OU DIVISION D'UNE STATÜE: *Diviſez* (dit-il) *la teſte en douze degrez, & chaque degré en douze points, & chaque point en douze minutes, & les minutes en ſecondes, & les ſecondes en my-ſecondes.* Et rien plus. Ainſi ne voila-t-il pas une foible & imparfaite explication.

Le XL. Ie laiſſe encore à en faire le meſme de celuy-cy, & ſi ſa Figure peut paſſer pour une legitime inſtruction à un Pein-tre, *de ſe placer à l'égard du jour qui éclaire ſon modele*; & ſi meſme un Peintre de Village ne ſe moqueroit pas d'un tel avis.

Dans les XLII. & XLV. je trouve ſa Philoſophie bien de-licate, de dire, *qu'un Peintre avant que de travailler apres le naturel doit ſe voir par le corps, afin de connoiſtre s'il eſt mal pro-portionné, puis que ſon ame, qui n'eſt qu'une avec ſon jugement, ſe plaiſt à faire le meſme de ce qui reſſemble à ſon ouvrage:* Donc, dit-il, *pour ſe garantir de cet accident, il faut qu'il deſſeigne pre-*

mierement fa Figure fur un modele d'un corps naturel dont la pro-
portion foit generalement receüe pour belle, puis apres il fe fera
mefurer & voir la difference qu'il y a en luy à comparaifon de
cette belle proportion, afin d'y prendre bien garde.

Au LIV. Erreur de vouloir obliger *de mettre toûjour le point*
de veuë hors des Tableaux lors qu'ils font *hauts élevez;* puis
qu'il y a des occafions où cette obfervation ne convient nulle-
ment : au contraire, cela feroit impoffible & mefme ridicule.

Le LV. Son difcours femble contrarier ce qu'il a dit en d'autres Chapitres fur ce fujet.

Au LIX. l'on peut voir auffi fi le difcours de ce Chapitre
contient une claire & raifonnable inftruction, pour prouver
que la Peinture ne doit eftre veue que d'un feul endroit, & fi ce
n'eft pas ignorer les fondemens de la Perfpective de parler de
la forte ; Et bien plus, par ce qui eft dit au CCCXXII. comme l'on verra cy-apres.

Dans le LX. C'eft une foible & mauvaife inftruction qui ne
peut abfolument partir d'un grand Peintre.

Les Figures des Chapitres depuis le LXXX. jufques au
LXXXV. touchant les reflexions font fauffes, fi les angles d'incidence ne font égaux à ceux de reflexion. Et ce qui eft une
plus groffiere meprife, c'eft que dans la Figure du Chapitre
LXXX. le rayon d'incidence N B eft de mefme cofté que celuy
de reflexion B F ; Chofe que j'affurerois bien n'eftre pas de
Monfieur le Pouffin. Or en cela l'erreur n'eft pas au difcours,
& je m'eftonne qu'en faifant la traduction on n'aye remarqué
fur les Figures cette beveuë, veu qu'à ceux qui fçavent ces regles elles font fi évidentes.

La Figure pour le Chapitre CXLI. eft encore fauffe en la
reprefentation de fes jours, ombres & ombrages : car l'ombre
du pilaftre eftant paralelle au Tableau, l'ombre du cilindre
creux le doit eftre auffi, & la partie concave du cilindre n'eft
pas bien ombragée, & ainfi n'a efté faite que par une perfonne
tres peu fçavante en telle matiere.

Au CXLIII. fon difcours eft bien embroüillé, & de plus, il
contredit celuy du Chapitre XXXIII. car il n'eft pas toûjours
vray, comme il dit, *que la partie ombrée d'un arbre foit de beau-*
coup plus grande que l'éclairée.

Ie n'ay point examiné le difcours des Figures nuës copiées
fur les deffeins de Monfieur le Pouffin, touchant le centre de
gravité des corps humains.

Le CCLXXXVI. contient un pauvre sujet & bien chimerique à mon sens.

Le suivant est d'une autre nature, où, à mon avis, il y fait une composition de ruë regardant le couchant, & de toits de maisons éclairez en son midy assez embroüillée, & le tout pour faire que les visages ayent du relief avec de la grace ; & pour cet effet donne deux exemples de Figures, dont l'une est tout à fait superfluë, & l'autre de peu d'instruction.

CCLXXXVII. Foibles instructions particulieres.

Dans le CCXCI. il a raison de dire, *que dans le monde il y en a qui méconnoissent leurs meilleurs amis :* car avec plusieurs autres je ne l'ay que trop experimenté.

Au CCXCIV. la Figure n'y convient pas, & de plus elle est fausse, partie en son trait & en celuy de ses jours, ombres & ombrages.

Au CCXCVIII. Estrange galimatias & alleguez ridicules & impossibles, qui absolument ne peuvent estre de L. de Vinci : car l'effet des couleurs *ne se mesure pas toûjours par cuillerées,* comme il y est dit.

Au CCC. Il semble que son titre, son discours & sa figure n'ayent esté faits que pour se railler du Lecteur & du Praticien.

Du CCCI. J'avoüe que ce qu'il contient m'est fort obscur ; & de plus, j'ay veu que celuy qui a accompagné d'architecture la figure prise sur le dessein de Monsieur le Poussin n'a pas entendu ce que veulent exprimer les lignes droites ponctuées ny la courbe N M R. Mais cela a esté expliqué en ce Traité & en celuy d'Architecture.

Au CCCXXII. Sa regle de *diminuer les objets de distance en distance* est fausse, & la *modification de 20. brasses* est d'autant plus ridicule. Et sur ce je laisse à juger quel Traité de Geometrie & pratique de Perspective qu'il cite, pouvoient avoir esté fondez sur de telles reveries & galimatias, & si cette erreur seule ne suffit pas pour rejetter un tel Auteur, & à n'avoir aucun regret d'estre privé de ces deux Traitez.

Dans l'endroit de ces Chapitres, & tant devant que cy-apres, j'ay eu peine à découvrir pourquoy il a tant d'affection à un vilain broüillart & air grossier proche de terre, puis que ce sont des corps ou objets qui nous ostent à la veuë la nette distinction des beaux & agreables, & d'où vient qu'il les repete tant de fois & par tant de figures, puis qu'une seule pouvoit suffire.

Car, à dire vray, je m'y suis plusieurs fois embroüillé en cherchant dans tous les Chapitres & Figures qui en traittent. Ce qui l'a meu de faire une regle comme generale d'une particuliere, & où mesme il se méprend bien souvent, manque de déterminer la position du Tableau entre l'œil & l'objet : ce qui causeroit aussi méprise à un qui suivroit ces preceptes ; & davantage par ces discours si souvent reïterez, que les objets les plus éloignez de l'œil luy apparoissent plus petits & plus foibles en couleur ; car cela peut faire croire (à ceux qui ne sçavent pas ce que j'en ay dit en mes Traitez) qu'il les faudroit ainsi diminuer & affoiblir au dessein ou Tableau.

Dans le CCCXXXIX. Mauvaises instructions.

Dans le CCCXLIII. le discours semble contredire celuy du LV. ainsi que j'ay dit.

Dans le CCCXLVIII. Il y est dit, que l'ombre des Ponts ne peut jamais estre veuë sur l'eau qui passe dessous, que premierement elle n'ait perdu la qualité transparente qui la rend semblable à un miroir, & qu'elle ne soit devenuë trouble & boüeuse ; & sur ce pretend en déduire la raison, laquelle avec son énoncé est absolument fausse, & mesme la veuë en découvre le fait.

Dans les CCCLII & CCCLIII. Ces deux discours ne doivent avoir esté faits que par personnes tres-ignorantes en l'Art de Peinture, soit à huile ou à détrempe ; & sur tout le dernier, car il est extravagant.

Au CCCLIV. Matiere tres-mal entenduë & resoluë.

Au CCCLXII. Pauvre, foible & chetive instruction pour la Perspective des draperies, laquelle ne peut estre attribuée qu'à un tres-pauvre Peintre.

Chapitre CCCLXV. Ce dernier Chapitre est une foible instruction pour les reflexions, & de plus la Figure n'en exprime rien. Or je laisse à juger si ce que j'ay dit cy-devant sur cette reflexion est de telle trempe.

Ie trouve à propos de finir pour le present ces Remarques par cette derniere, (sçavoir) Que si on avoit voulu croire mes sentimens lors que l'on commença ce travail, il eust esté purgé d'une grande partie de son defectueux : car j'en avois veu un semblable Manuscrit entre les mains d'un nommé Monsieur Phélibien, qui disoit l'avoir pris sur le mesme Original dont j'ay parlé cy-devant, pour le traduire aussi en nostre langue :

mais luy ayant fait remarquer quelques-unes de ces erreurs , & averti que Monſieur de Chambray avoit fort avancé le ſien , il abandonna ſon deſſein , & meſme me dit quelques jours apres qu'il avoit donné audit Sieur de Chambray le Privilege qu'il en avoit obtenu.

Et comme depuis peu j'ay encor veu que le Sieur G. H. continuë ſa paſſion & ſon emportement contre moy, en continuant de remplir ſes Libelles d'invectives au lieu de raiſons, j'ay jugé à propos d'avertir en cet endroit qu'il ne trouvera point en moy d'ennemy, & que je ne prendray point pour le combattre des armes ſemblables aux ſiennes, que la charité, l'honneur & la conſcience deffendent : Mais quand il voudra parler avec raiſon, & s'éclaircir des choſes qui ſont en mes Ecrits, contre leſquels il voudroit faire quelque objection, je promets de les luy reſoudre ſans paſſion & ſans emportement, quand il me les voudra faire dans cet eſprit.

Et pour ce que quelques-uns ont voulu dire qu'il faloit eſtre fort dans le Deſſein & dans la Peinture auparavant que de s'appliquer à la Perſpective, je croy y avoir ſatisfait ſuffiſamment tant par ces Leçons, que par l'ordre que vous verrez apres l'Acte qui ſuit.

NO u s ſous-ſignez de l'Academie Royale de Peinture & Sculpture , Reconnoiſſons qu'auparavant qu'il fuſt parlé de cette Academie Monſieur Boſſe ayant mis au jour un Livre entr'autres de la Maniere univerſelle de Monſieur Deſargues, pour pratiquer la Perſpective autrement la Pourtraiture ; Et ladite Academie ayant eſté depuis inſtituée, Elle auroit par ſes Deleguez prié ledit Sieur Boſſe de vouloir y venir expliquer ladite Perſpective aux Etudians en icelle à la pratique de l'Art de Pourtraiture : Ce qu'il auroit courtoiſement accordé & effectué durant des années avec de notables ſuccez : En témoignage & reconnoiſſance dequoy ladite Academie luy auroit de ſon plein gré donné ſa Lettre d'Academiſte honoraire, pour avoir ſéance & voix deliberative en ſes Aſſemblées, & pour y expliquer auſdits Etudians la Perſpective & ſes dépendances ; dont & dequoy, ſuivant la couſtume & les formes, ledit Sieur Boſſe auroit preſté le ſerment ; Apres quoy, d'un commun adveu de la Compagnie, il auroit à diverſes fois recommencé ladite explication de la Perſpective, à laquelle il auroit joint

l'enseignement de choses de la Geometrie pratique propres à
estre sceuës en celle dudit Art de Pourtraiture ; Et de plus encore sur les preceptes que d'abondant il auroit receus de nouveau dudit Sieur Desargues, & desquels il avoit donné simplement avis dans sondit Livre ; il auroit pour comble d'instruction ausdits Etudians enseigné bien au long un Ordre methodique & demonstratif à suivre & tenir pour conduite assuré
en la pratique de Pourtraire à la veuë du naturel ; & cela par
des Leçons la pluspart signées de l'Ancien de la Compagnie
lors en mois. Ce qu'il auroit toûjours fait au nom & comme
en Resultat des soins de l'Academie, à rechercher au possible
tout ce qui se pourra trouver en quelque maniere servir & contribuer au prompt & solide avancement desdits Etudians à l'intelligence, & des raisons à sçavoir & des moyens à tenir en
ladite pratique. Ce que ledit Sieur Bosse ayant intention de
mettre en lumiere, il auroit rendu cette deference à la Compagnie, de mettre à son option ou qu'il la fist en Academiste sui-
dit au nom & comme un effet des soins de ladite Academie, ou
comme ses autres Oeuvres d'auparavant qu'il fust Academiste
en son nom seul, demandant Acte en forme de sa deliberation
là-dessus. Pour laquelle chose aucuns des Anciens & Acade-
mistes se trouvans assemblez, une partie en fin d'Assemblée
declarerent de parole audit Sieur Bosse, Que la Compagnie
avoit à gré l'honneur qu'il luy vouloit faire, en mettant de
tres-belles choses en lumiere au nom de son Corps ; mais ne
pouvoit consentir qu'il y laissast le nom dudit Sieur Desargues : A quoy sur le champ ledit Sieur Bosse répondit, Qu'en
homme d'honneur il ne devoit ny ne pouvoit l'en oster.

Et Nousdits Sous-signez luy avons donné cette presente de-
claration, Qu'en tant qu'en nous est, pour la part que nous
avons & faisons en ladite Academie, Nous RECONNOISSON
ET AGRE'ONS l'honneur qu'il témoigne luy vouloir faire
en publiant au nom d'icelle des Preceptes bien conceüs pour le
seur & facile avancement à venir des Etudians à la pratique de
Pourtraire, au lieu de l'y mettre comme ses precedentes Oeuvres en son nom seul. Fait à Paris ce premier Iuillet 1655.

C. VIGNON, Ancien.   LAURENT DE LA HYRE, Ancien
M. CORNEILLE, Ancien en mois.   S. BERNARD.
CH. MAUPERCHE'. L. FERDINAND. MONTAGNE.

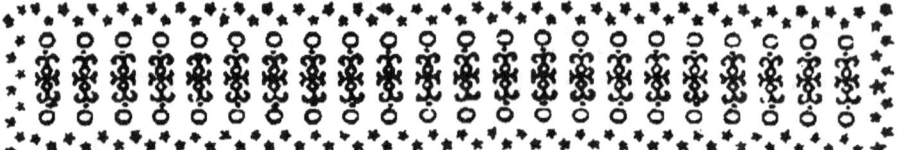

La pluspart de ceux qui composent l'Academie Royale de la Peinture & Sculpture establie en cette Ville ayant donné leurs voix qu'un chacun d'eux eussent à rediger par écrit leur sentiment, de l'ordre que l'on pourroit tenir pour l'éducation des Eleves ou Disciples d'icelle ; moy Bosse ay sur ce sujet dressé ce qui suit ; outre ce que j'en ay écrit en trois Traitez, deux de Perspective & un des Sentimens sur la distinction des Tableaux Originaux d'avec leurs Copies, dedié à Messieurs de ladite Academie.

LE but principal de celuy qui desire se perfectionner en la pratique de cet Art de Pourtraiture ou Perspective est, de se rendre capable de s'y bien representer par imitation sur toutes sortes de surfaces les objets de la nature, & ceux que l'on peut concevoir par idée ou de l'imagination ; que cette imitation ou copie fasse à l'œil du regardant la mesme sensation que son original, & suivant l'idée que l'on en peut avoir conceuë.

Pour y parvenir il y a divers moyens, desquels j'en ay choisi deux.

Le premier, d'imiter ces objets par une pratique purement & simplement à veuë d'œil, en les ayant presens à iceluy ou en l'imagination, sans se servir de regle, mesure, ny compas.

Le second, de sçavoir prendre la mesure geometrale de ces mesmes choses, pour en suite en faire la representation perspective sur une quelconque surface.

Ceux qui sont avancez en âge, & doüez en quelque sorte

S

d'une folidité d'efprit, peuvent en mefme temps s'avancer en la pratique de cet Art par ces deux moyens, manieres ou pratiques.

Mais pour la jeuneffe, il n'en doit pas eftre le mefme ; car il fuffit tout premierement de la pratique à veuë d'œil.

Or avant toute chofe, je croy qu'il faut examiner fi celuy qui veut apprendre la pratique de cet Art a l'œil & le jugement exercé à reconnoiftre la forme des objets reprefentez par cet Art : Ce qu'eftant reconnu, il faut de vive voix l'inftruire pleinement de ce qui fuit.

Premierement, que pour l'operation effective de ces chofes il convient d'en faire la forme de tous les contours par de fimples traits ou lignes droites ou courbes.

Puis déterminer la place des jours où la lumiere donne fur icelles, & de leurs ombres & ombrages.

Et finalement, fçavoir affoiblir & fortifier la couleur d'iceux par raifon, & fuivant qu'ils fe prefentent plus ou moins de front ou de biais, tournant ou fuyant.

Ces dernieres particularitez font amplement décrites & par figures & par difcours dans mes trois Traitez cy-devant citez.

Pour la jeuneffe, il faut diftinguer celle qui defire d'embraffer ou pratiquer l'Art de la Sculpture ou Relief, d'avec la Peinture, Pourtraiture ou Perfpective platte, & auffi l'Art de graver en Taille douce.

Pour l'un & pour l'autre il convient déterminer les chofes que l'on defire de leur donner d'abord à copier ou imiter, afin de leur infinuer en quelque forte ce que l'on tient entre les Sçavans pour le bon gouft, à caufe que les mauvaifes idées ne fe confervent que trop dans tels tendres efprits.

Pour l'Art de Sculpture, ne l'ayant pas pratiqué ny beaucoup medité fur iceluy, je n'en diray autre chofe, finon que le Difciple eft de mefme obligé d'apprendre à deffeigner fur une furface platte que le Peintre & Graveur, avant que d'en venir au moyen ou pratique d'ebaucher à veuë d'œil d'apres les bons Bas-reliefs, rondes-boffes & naturel : Puis en fuite fe rendre extrémement exact à mefurer geometralement les divers beaux objets de la Nature, & en rediger par devis les proportions exactement, pour eftre capable de pratiquer cet Art en toutes fes dependances.

Pour celuy qui choifit ou veut faire élection de l'Art de la Peinture ; apres avoir efté quelque temps inftruit du moyen de copier quelque objet ou fujet bien finy & achevé, foit Deffein ou Taille-douce, on doit luy donner pareilles chofes moins finies ; j'entens faites avec Art comme en forme d'efquis ; afin de luy imprimer de bonne heure la vie, l'efprit, gravité, gayeté des objets naturels, & autres ; & par ce moyen l'empefcher de tomber dans une maniere pefante & ftupide de deffeiner & former ces objets en leur gros & détail, & le tout plûtoft en grand qu'en petit.

Pour celuy qui defire d'eftre Graveur, il n'eft point obligé de deffeigner ainfi en grand, fuffit qu'il s'inftruife à bien deffeiner nettement & finy, foit à la plume ou pointe de crayon par une maniere bachée, & de telle forte que les hacheures ne corrompent point la forme des parties des objets qu'il voudra reprefenter : Tout le principal fonds qu'il doit faire eft du deffein ; car enfuite la Graveure, foit au burin ou à l'eau forte, ne luy fera qu'un joüet pour l'execution.

Lors que la jeuneffe fe fera renduë capable de paffablement deffeigner à veuë d'œil les objets de relief, il eft neceffaire qu'elle s'inftruife de la belle proportion des divers objets, ou du moins de celle receuë des Sçavans ; puis du geometral, pour reduire à l'occafion le tout perfpectivement ; & pour cet effet luy faire bien comprendre qu'il fe faut bien donner de garde de deffeigner les objets comme l'œil les voit, mais bien de faire en forte de trouver fur le Tableau ou furface la place de leurs contours, jours & ombres ; enfemble celle de leurs fortes & foibles touches, teintes ou couleurs, & des airs qui les environnent : bref fe rendre capable de pouvoir remettre en fon veritable geometral un Tableau compofé de divers objets perfpectifs.

En fuite il les faut inftruire d'une infinité de chofes qu'ils doivent fçavoir, s'ils defirent fe rendre un jour Peintres ou Deffeignateurs, en l'univerfalité de ces objets vifibles de la Nature, & non en quelque particularité.

Comme de l'Hiftoire, & de tout ce qui eft convenable pour l'expreffion defdits objets, tant en leurs formes, difpofitions, mouvemens & paffions.

Or de tout ce que deffus l'on peut en particularifer par ordre & détail, remettant le tout à l'examen des Sçavans qui compofent ladite Academie.

Fait double, à Paris le premier Samedy du mois de Iuin de l'année 1653. dont l'un est demeuré dans ladite Academie pour estre enregistré dans le Livre de ses Deliberations, & l'autre és mains dudit Bosse.

Cecy fut signé par feu Monsieur de la Hyre Ancien, & par celuy qui pour lors faisoit la fonction de Secretaire de l'Academie.

L. S. D.

A PARIS,

De l'Imprimerie D'ANTOINE CELLIER ruë de la Harpe.

M. DC. LXV.

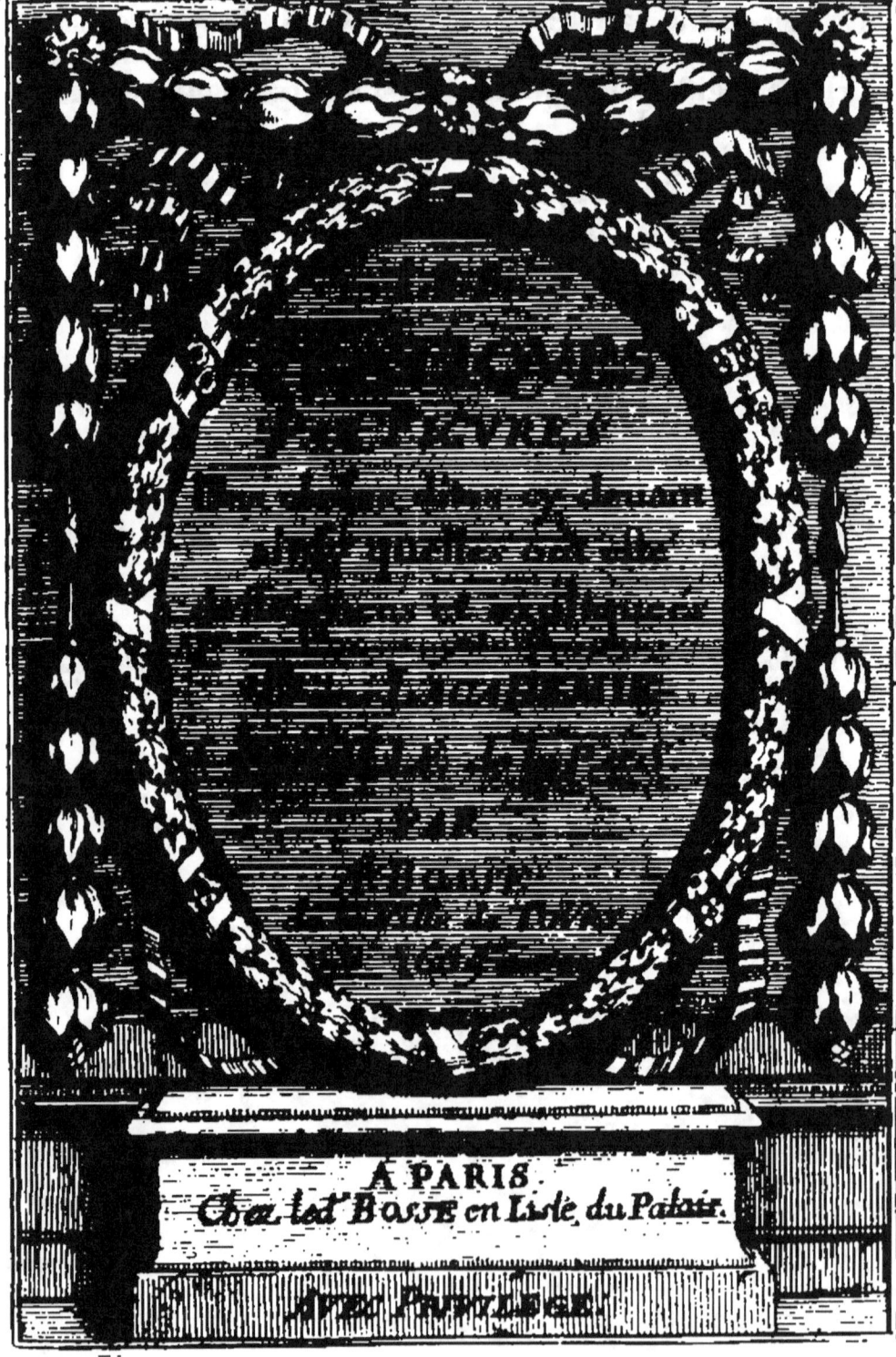

DEFINITIONS ou NOMS.

le Point   la Ligne droite.

*

SVPERFICIE.

ANGLES PLANS.

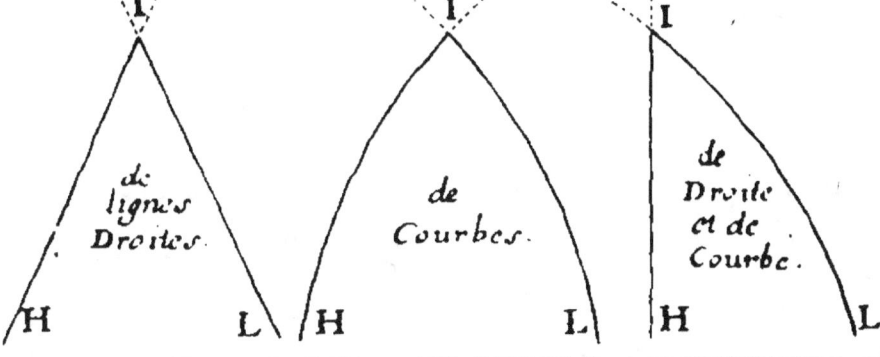

de lignes Droites.

de Courbes.

de Droite et de Courbe.

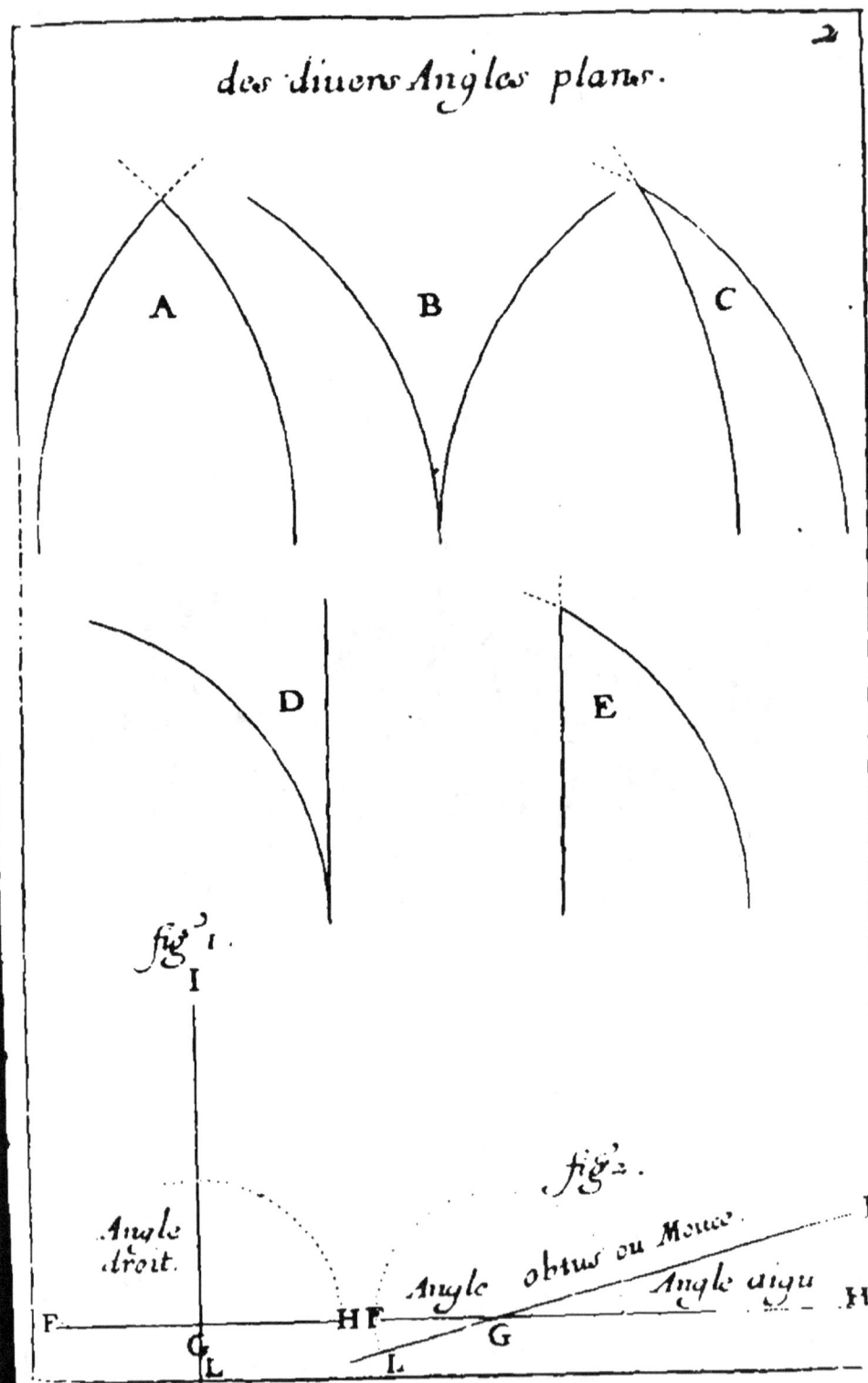

des diuers Angles plans.

A   B   C

D   E

fig. 1
I

fig. 2

Angle
droit.

Angle obtus ou Mousse

Angle aigu

F   H   G   H
G   L   G
L   L

Cercle

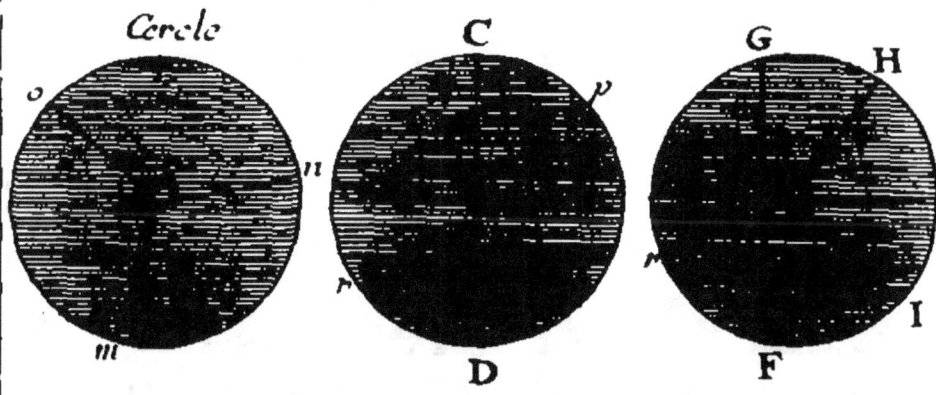

Figures comprises de lignes droites.

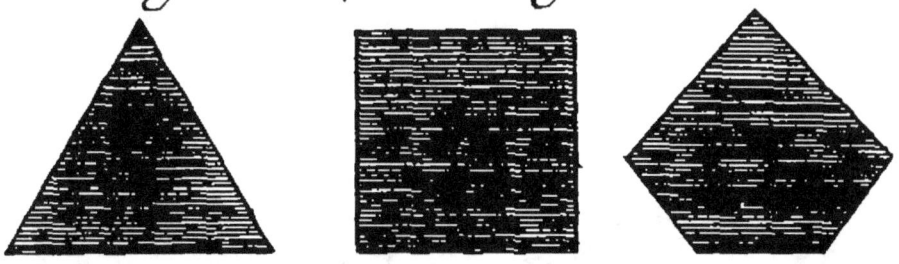

autres Figures de courbes.

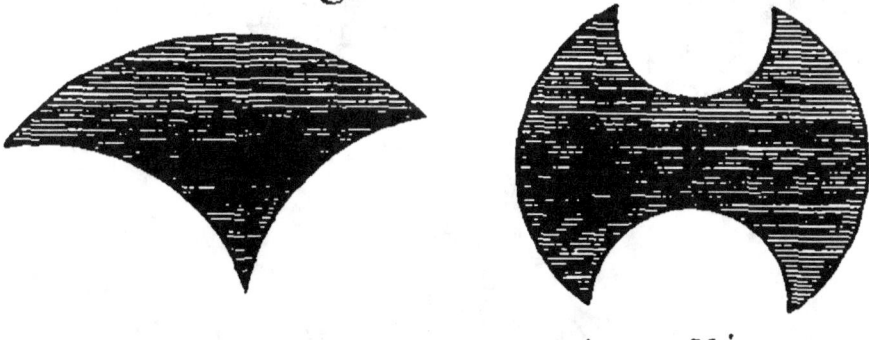

Figure Mixte.

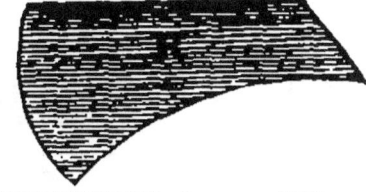

Triangles ou Figures de trois lignes droites.

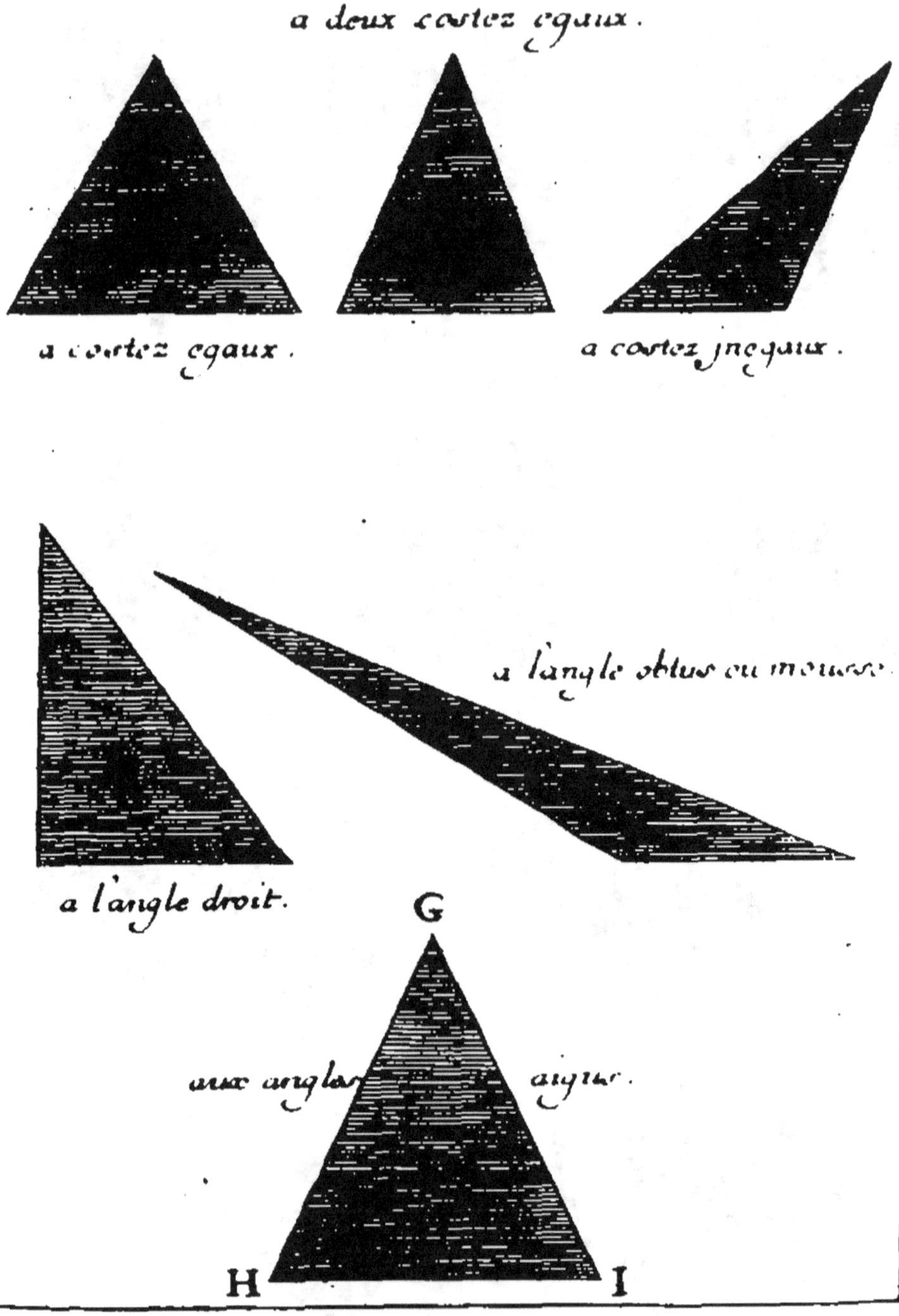

a deux costez egaux.

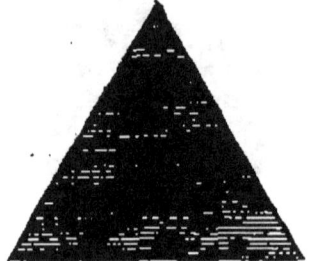 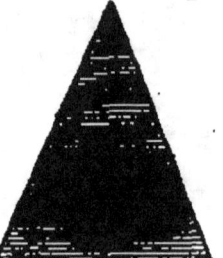 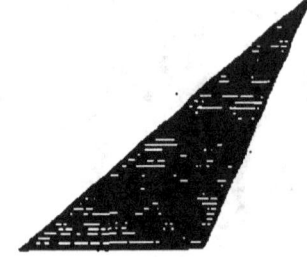

a costez egaux.

a costez jnegaux.

a l'angle obtus ou mousse.

a l'angle droit.

aux angles aigus.

Figures de quatre lignes droites.

Quarre

Quarré long.

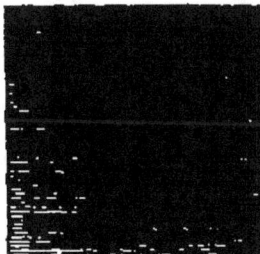
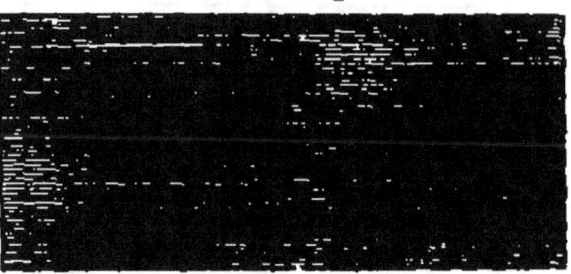

Rombe.

Romboide.

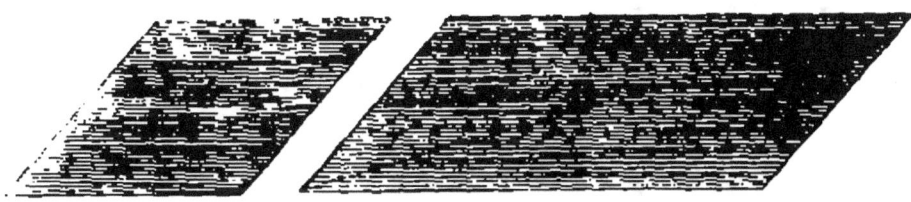

Trapeze.

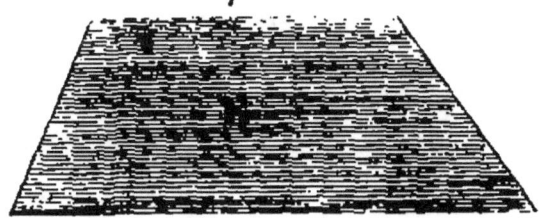

autre Trapeze.

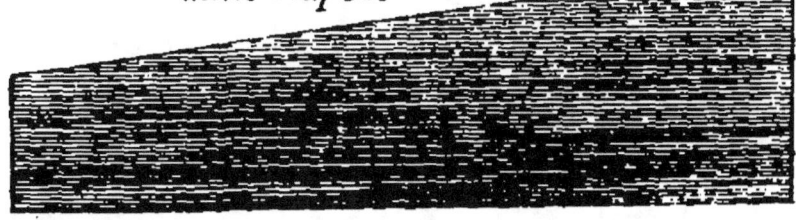

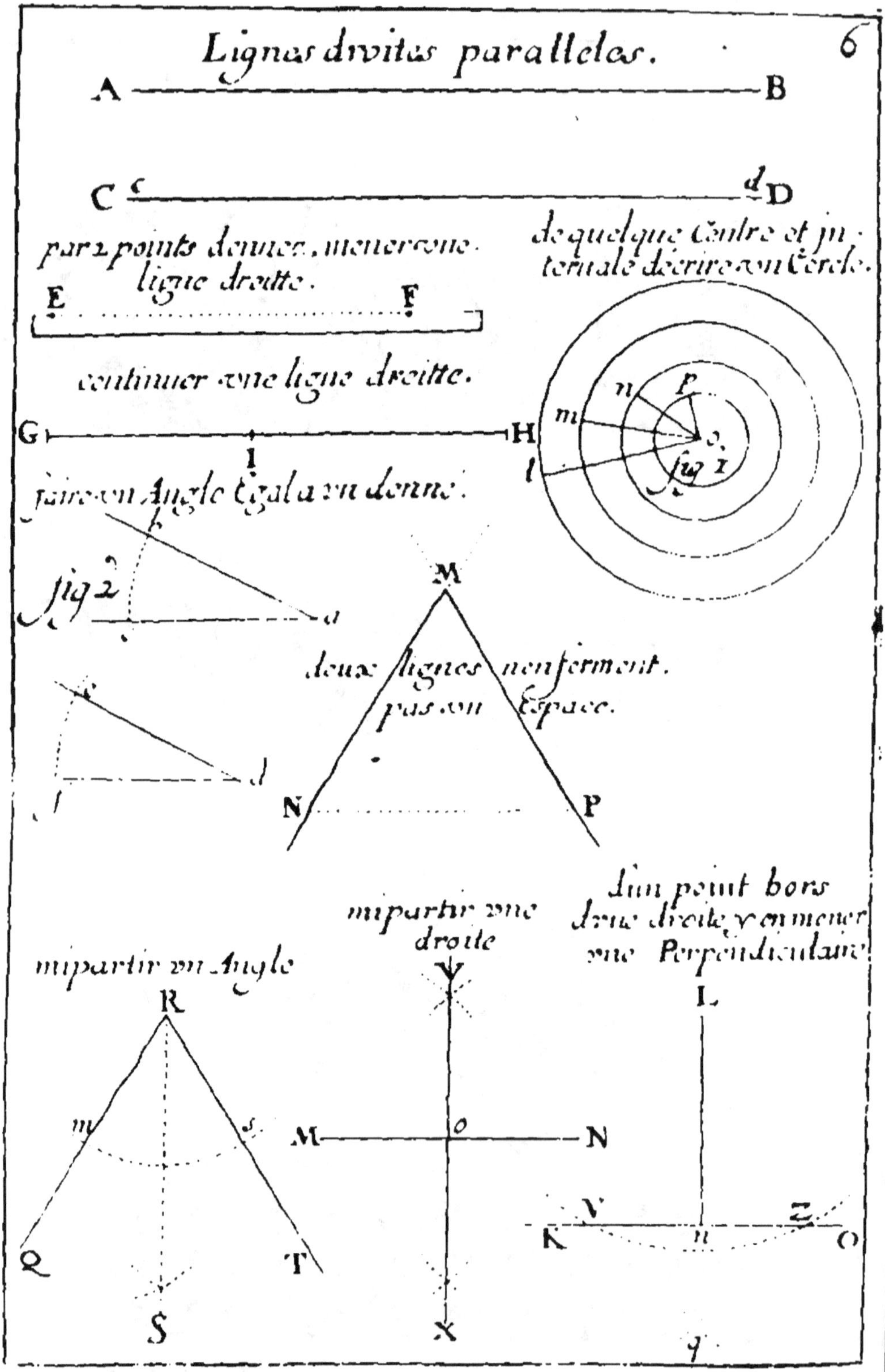

A ——————————————— B

C ——————————————— D

par 2 points donnes, menercone
ligne droitte.

de quelque Centre et in-
ternale decrire von Cercle.

E ————————— F

continuer vne ligne droitte.

G ——————— I ——————— H

faire vn Angle Egal a vn donne.

fig 2   a

m
n
P
o
l
fig 1

deux lignes nenferment.
pas vn Espace.

M

N .... P

mipartir vne
droite

d'un point bors
d'vne droite, y en mener
vne Perpendiculaire.

mipartir en Angle

R

L

m   s

M ——— o ——— N

Q   T

V   Z

K   n   O

S

X

q

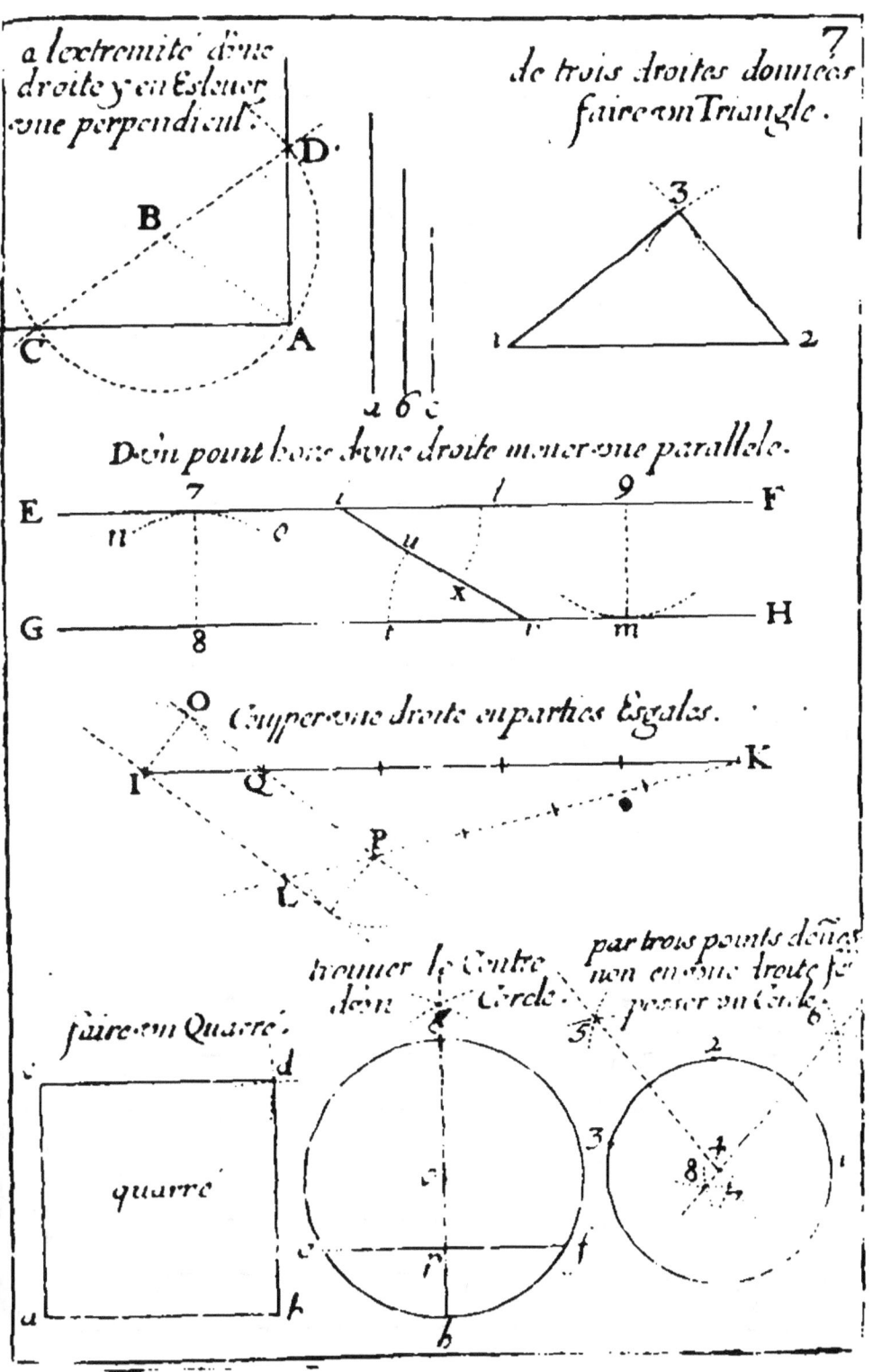

a lextremité d'une
droite y en Esleuer
une perpendicul.

D

B

C   A

de trois droites données
faire un Triangle.

3

1   2

D'un point hors d'une droite mener une parallele.

E   7   l   l   9   F
   n   o   u

                          x
G   8   t   r   m   H

O   Couper une droite en parties égales.

I   Q   K

          P

L

trouver le Centre
d'un Cercle

par trois points deñés
non en une droite fe
passer un Cercle

faire un Quarré

c   d

quarre

a   b

5

3

2

8

3

r

b

Instrument propre a diviser des lignes.

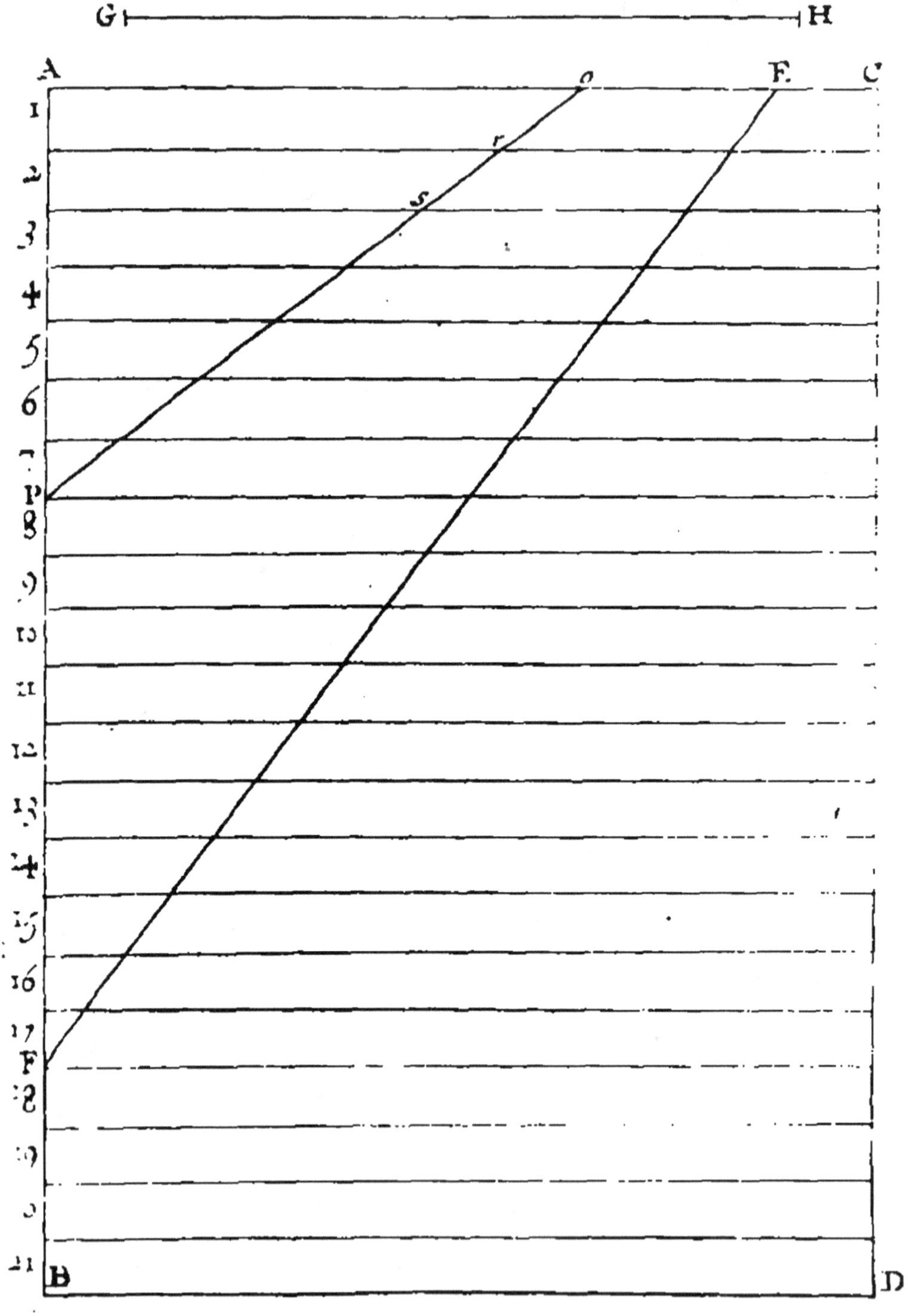

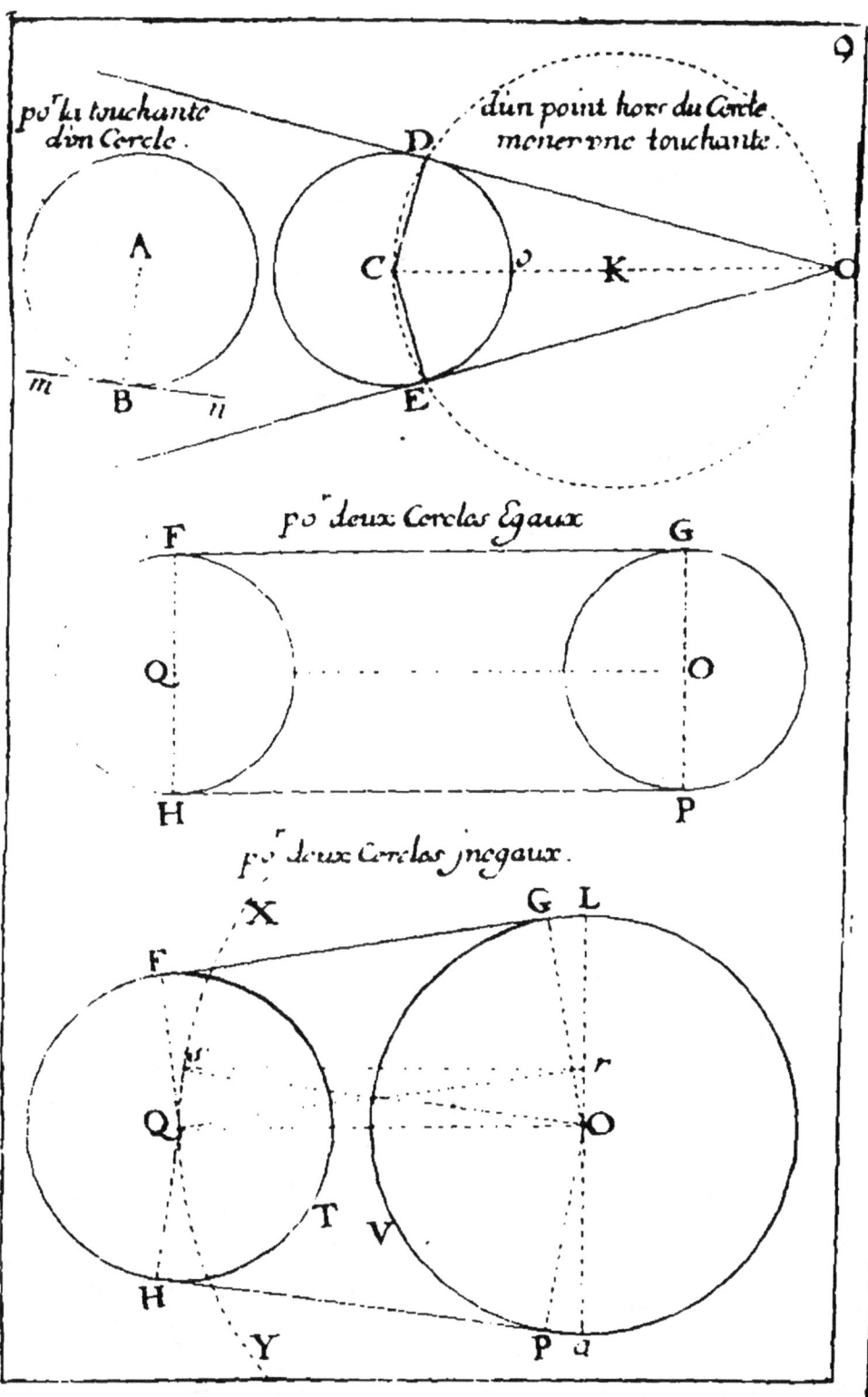

po.r la touchante d'un Cercle.

dun point hors du Cercle mener vne touchante.

po.r deux Cercles Egaux

po.r deux Cercles jnegaux.

9

dans vn Triangle
dascrire vn Cercle

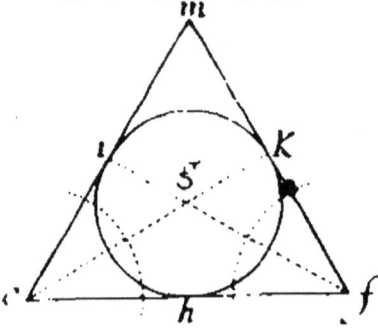

dascrire vn Cercle
autour d'un Triangle

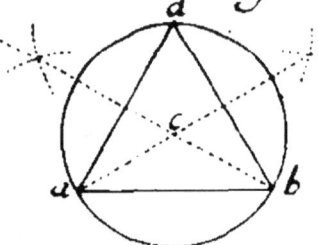

vn Quarre dans vn cercle

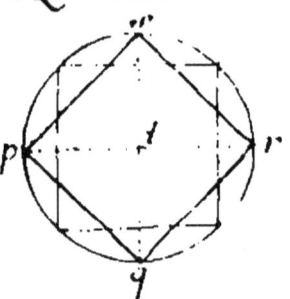

vn Quarre autour d'un Cercle

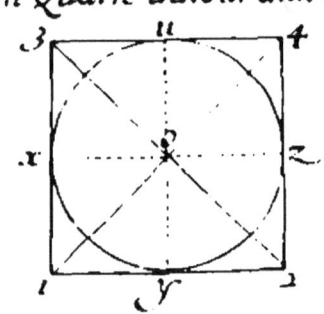

dascrire vn Pentagone.

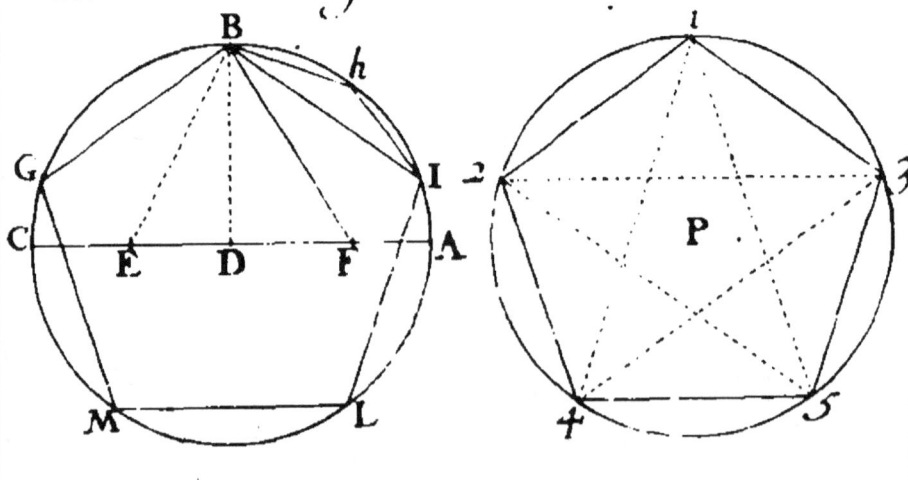

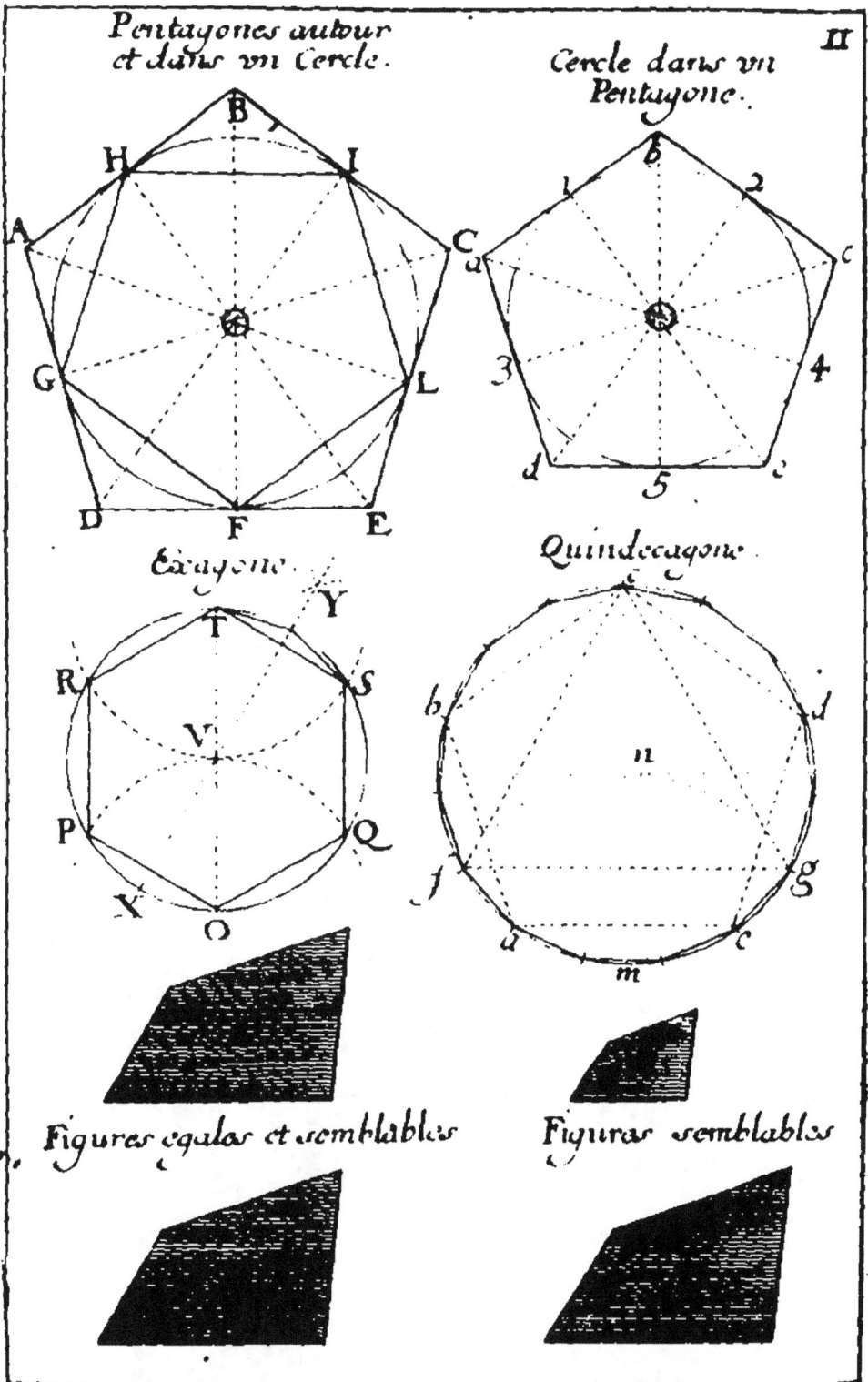

Pentagones autour
et dans un Cercle.

Cercle dans un
Pentagone.

II

Exagone.

Quindecagone.

Figures egales et semblables

Figures semblables

Fig I

Fig II

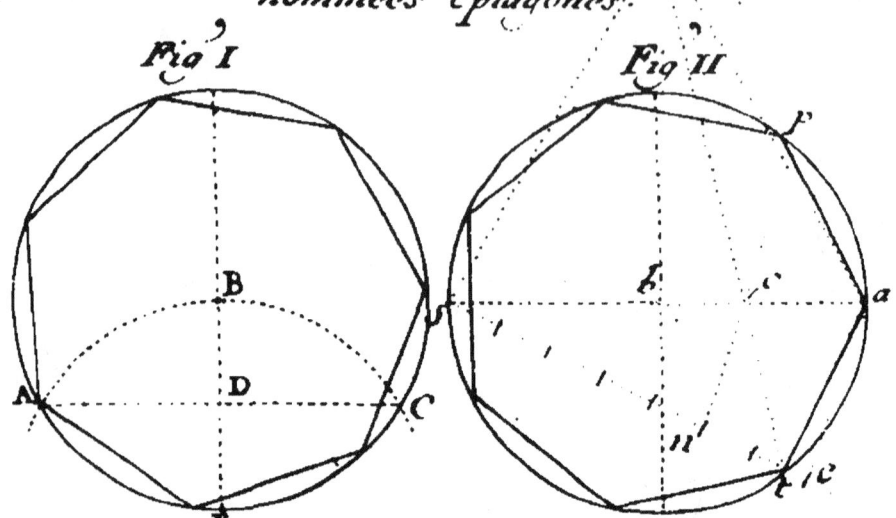

Pour les Figures de 8 et de 9 Costez
nommées Octogones et Eneagones.

Fig III

Fig IV

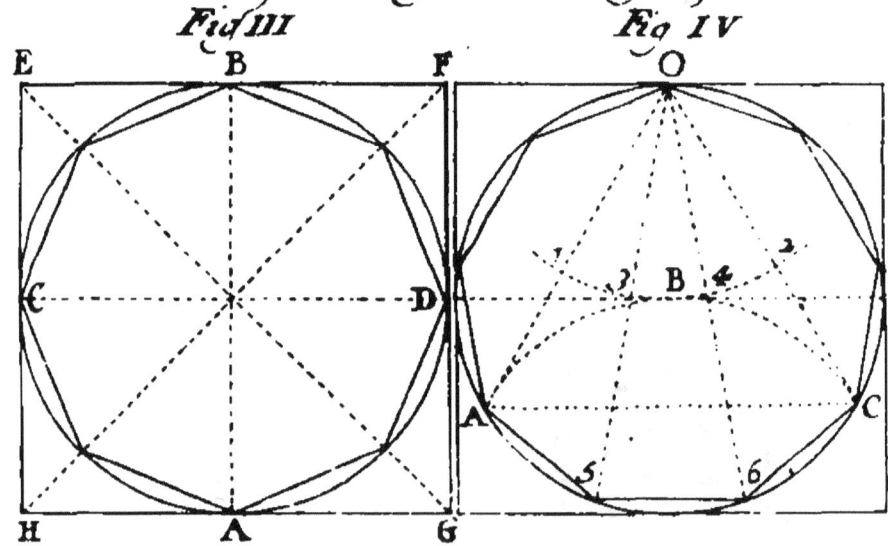

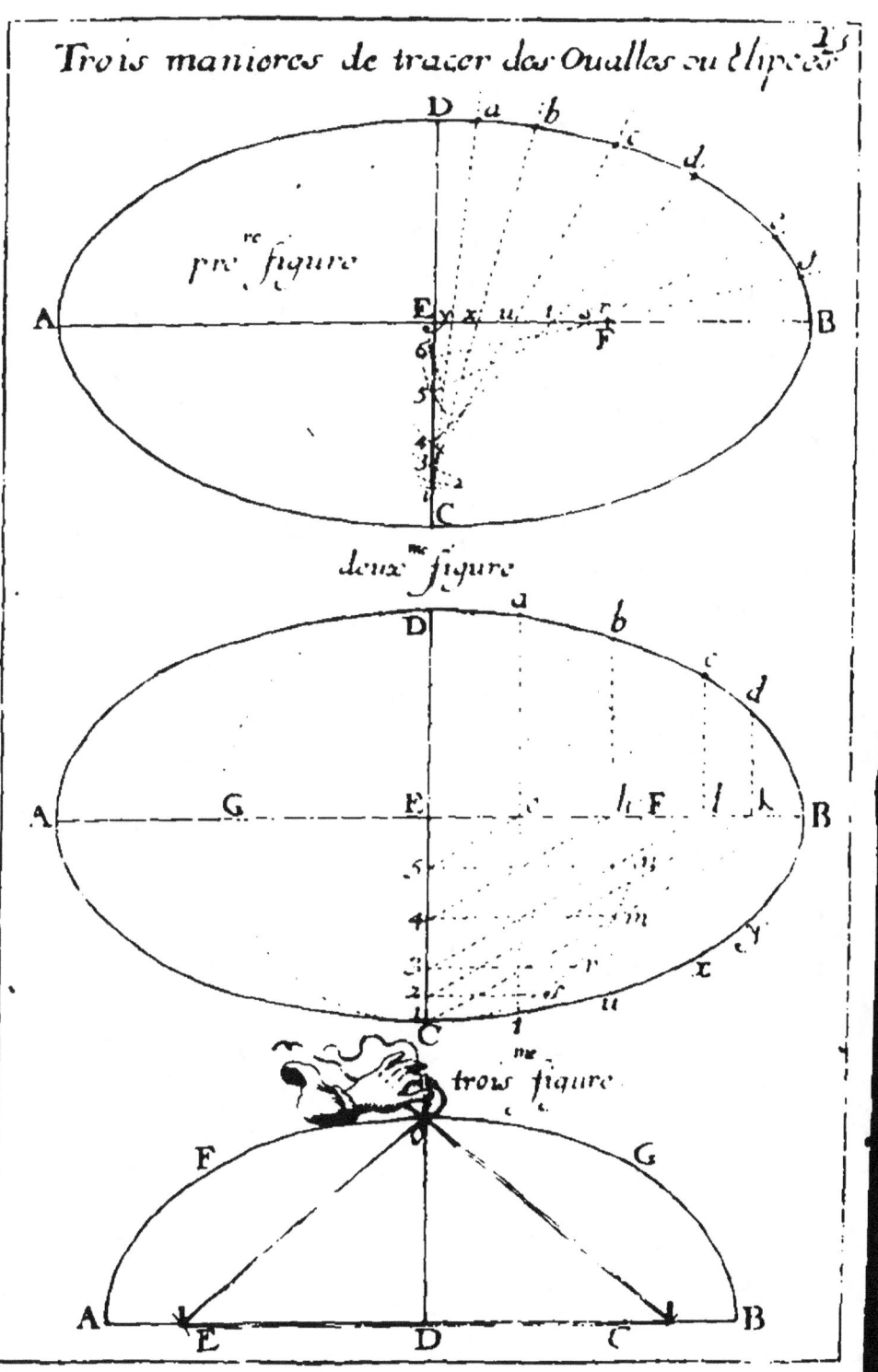

Trois manieres de tracer des Oualles ou Elipces

pre figure

deux figure

trois figure

fig. 1.

E x 4 G
l
o
7
F
B
s
3 5 6
1 e 2 4 A
H 1 e 2 δ
D r P m n 7

Po tracer des Arcs surbaissez. fig. 2.
et des Oualles, par deux ou-
uertures de Compas.

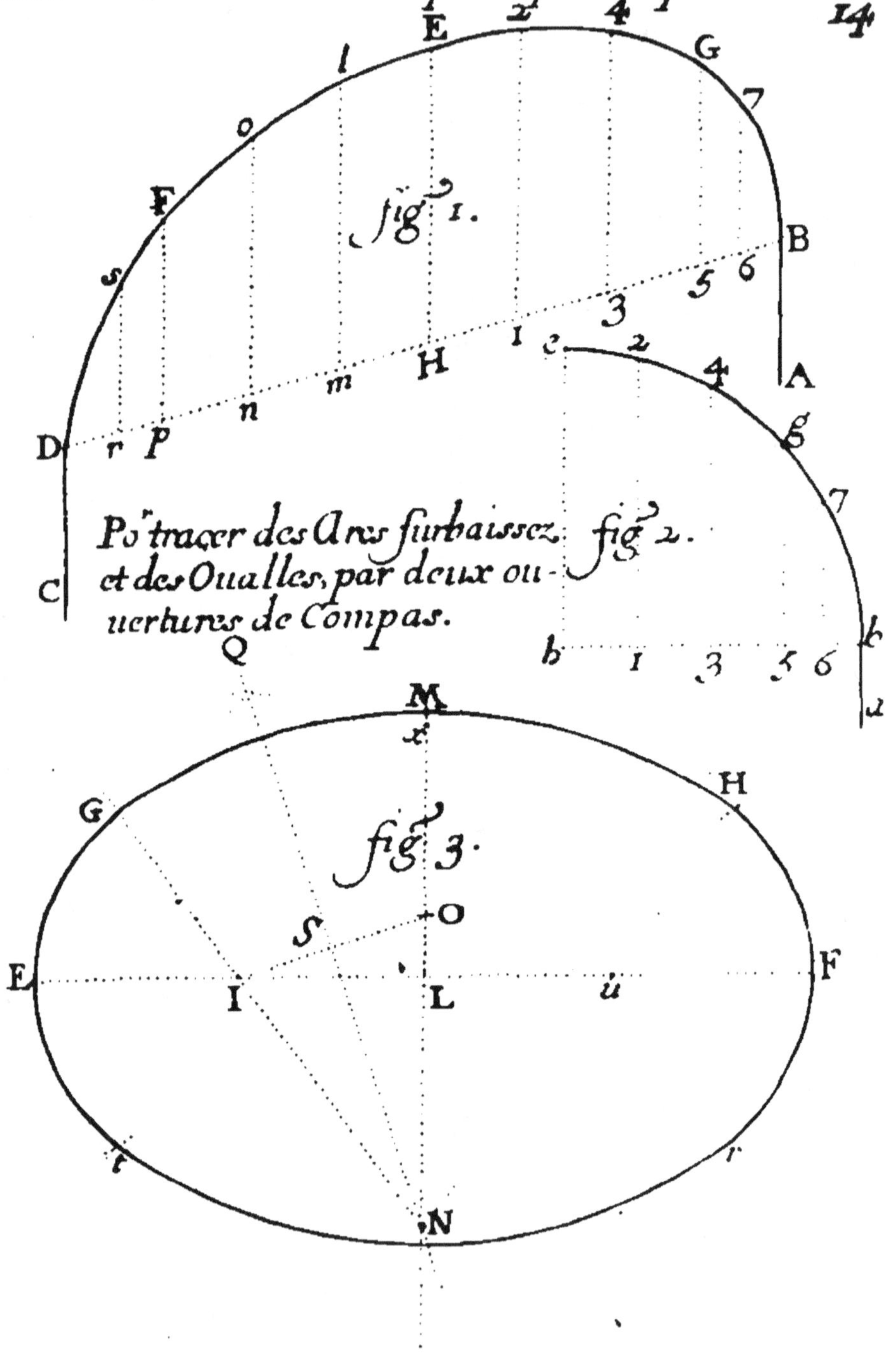

C
Q
b 1 3 5 6 b
u

M
x
G H
fig. 3.
S O
E I L u F
t r
N

DEFINITIONS ou NOMS.

Solide.

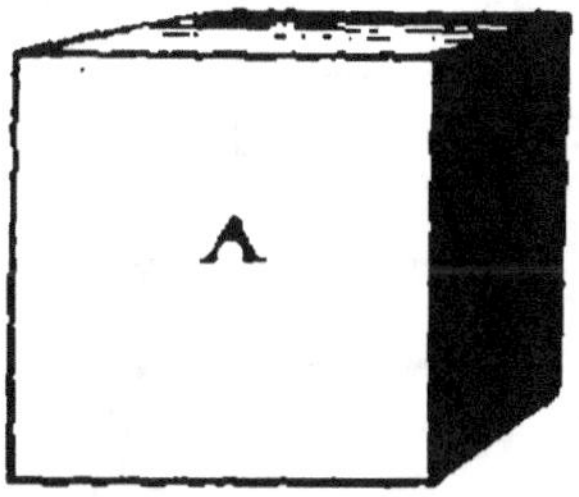

A

B

Ligne perpendiculaire
a vn plan.

D   F

C

E   G

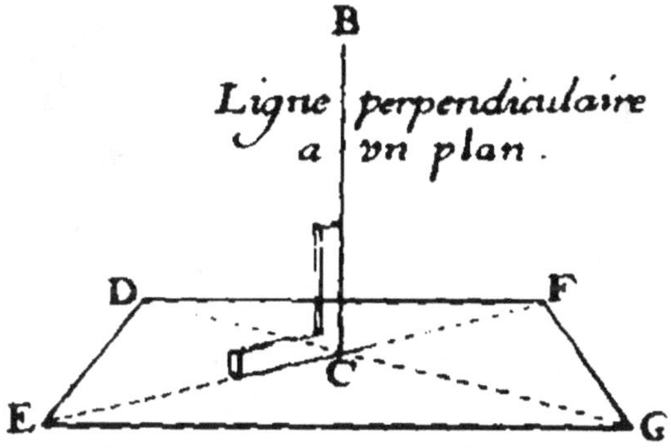

Plan perpendiculaire
a vn Plan.

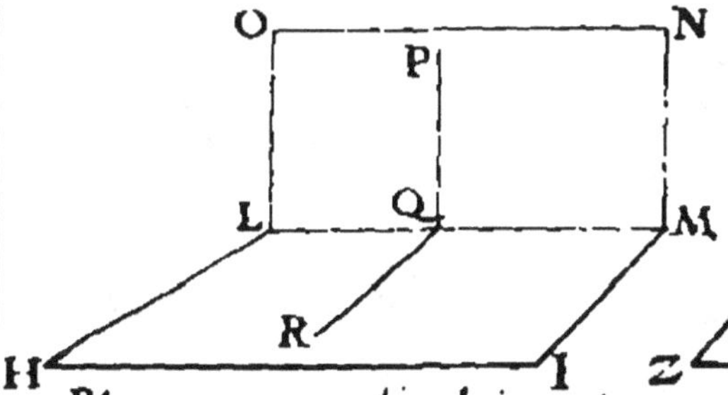

Ligne inclinee
a vn Plan.

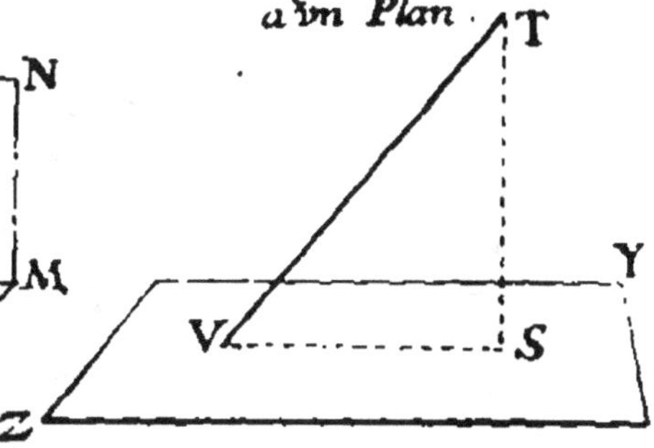

O   P   N

L   Q   M

R

H   I

T

Y

V   S

Z

Plans perpendiculaires et
inclinez Entreux.

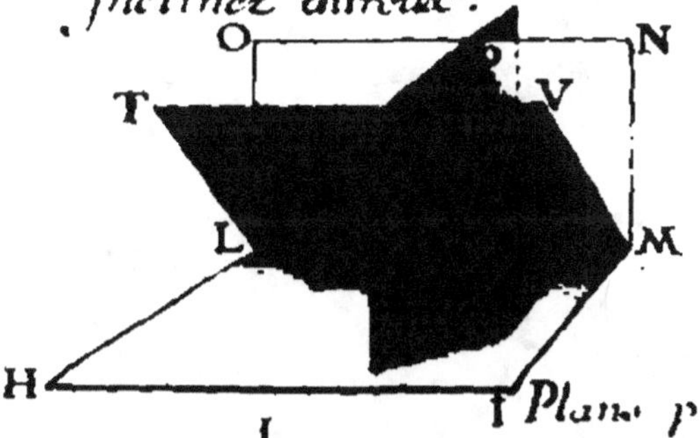

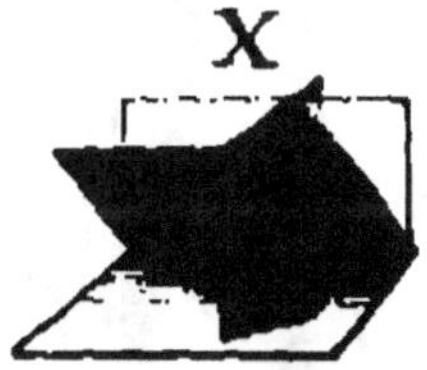

O   N

T   V

L   M

H   I

X

Plans paralels et Incliné.

L   R

I   G

B   C

F   H

A   D

Solides Semblables

Solides egaux et Semblables

Angle Solide.   Piramide de 3 Costez.   Piramide de 4 Costez.

Piramide de 5 Costez.   Cone ou Cornet

Cilindre

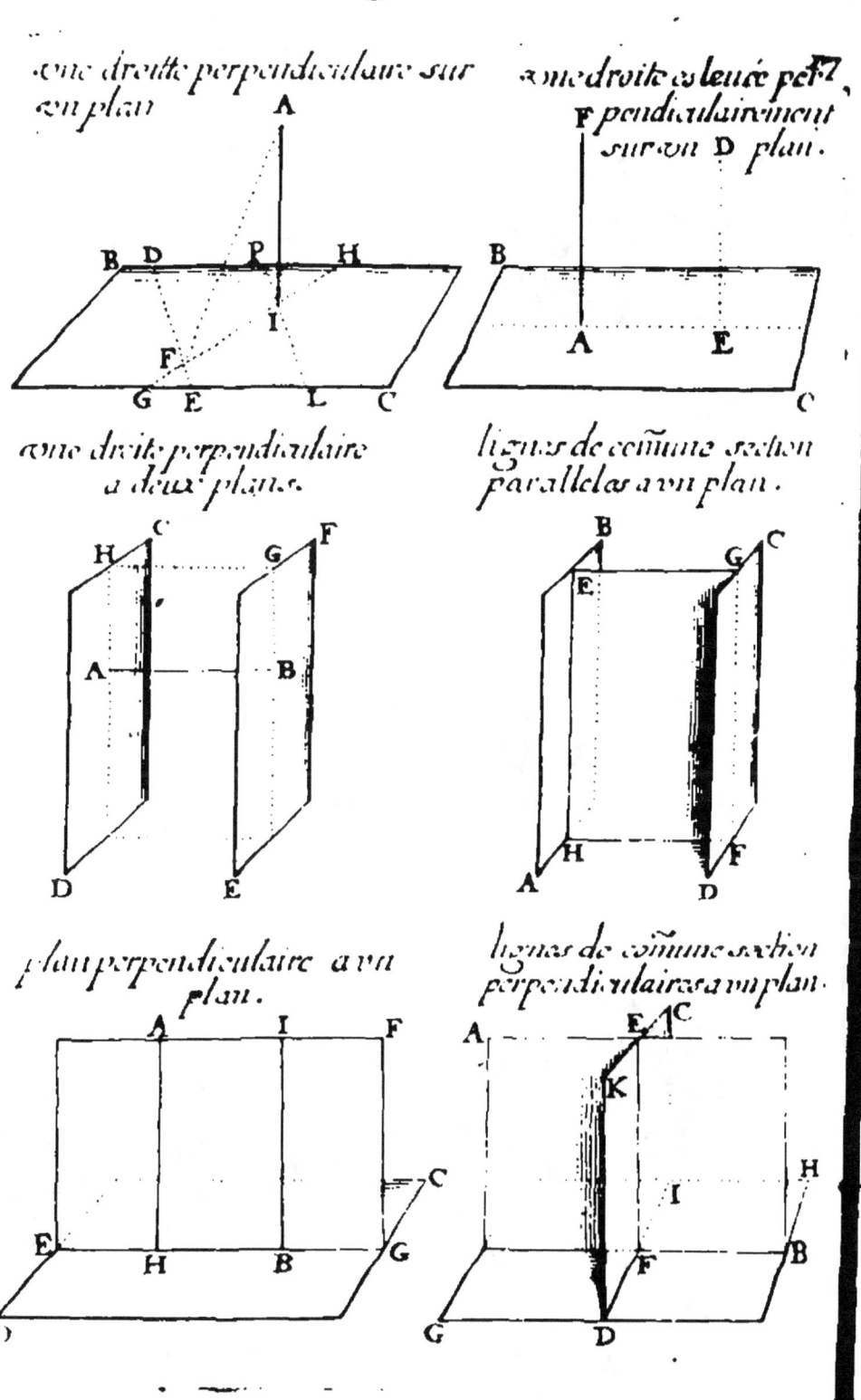

...ane droitte perpendiculaire sur ... en plan

...ne droitte esleuée per-pendiculairement sur son D plan.

...ane droitte perpendiculaire a deux plans.

lignes de comune section paralleles a vn plan.

...lan perpendiculaire a vn plan.

lignes de comune section perpendiculaires a vn plan.

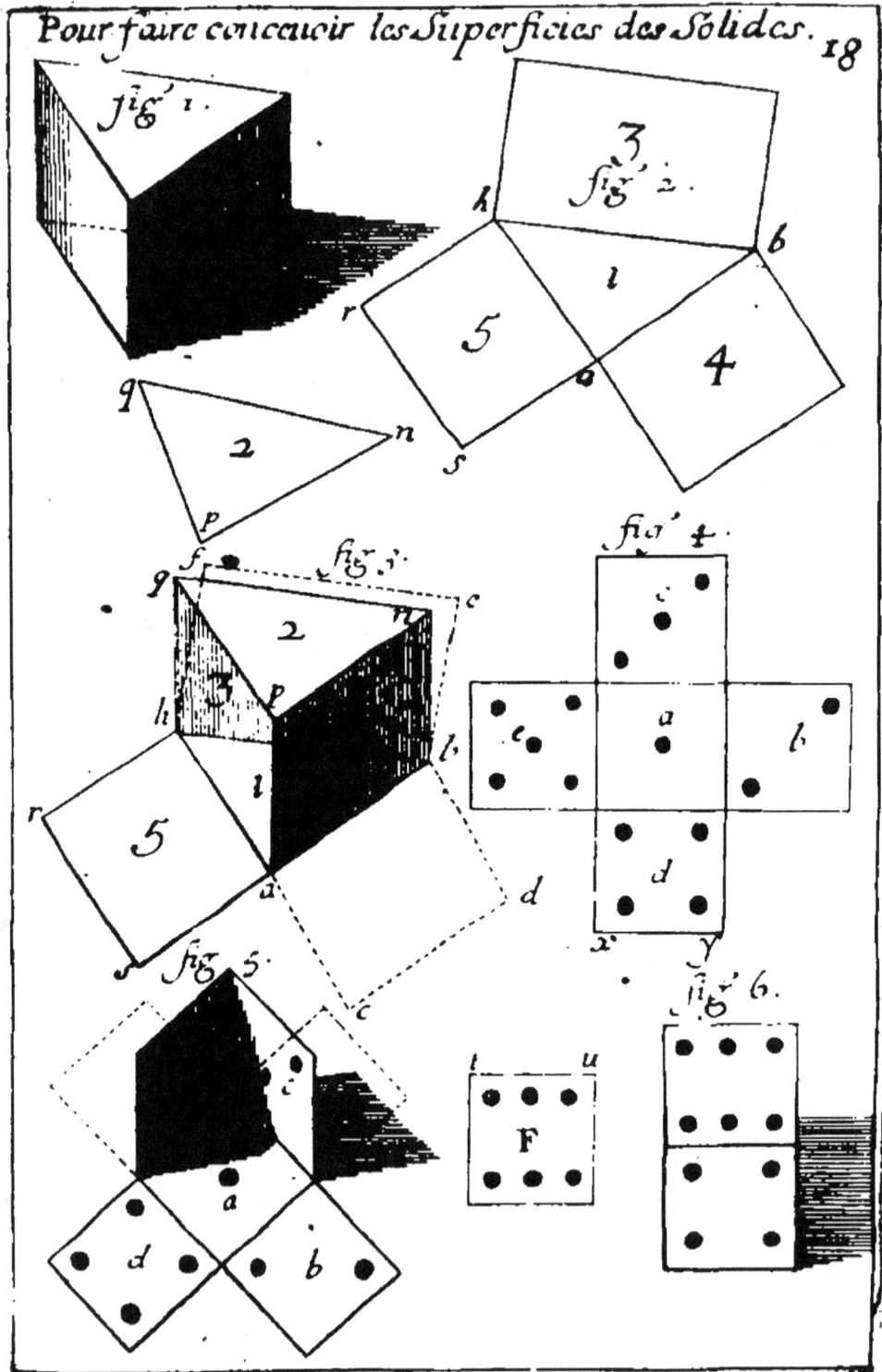

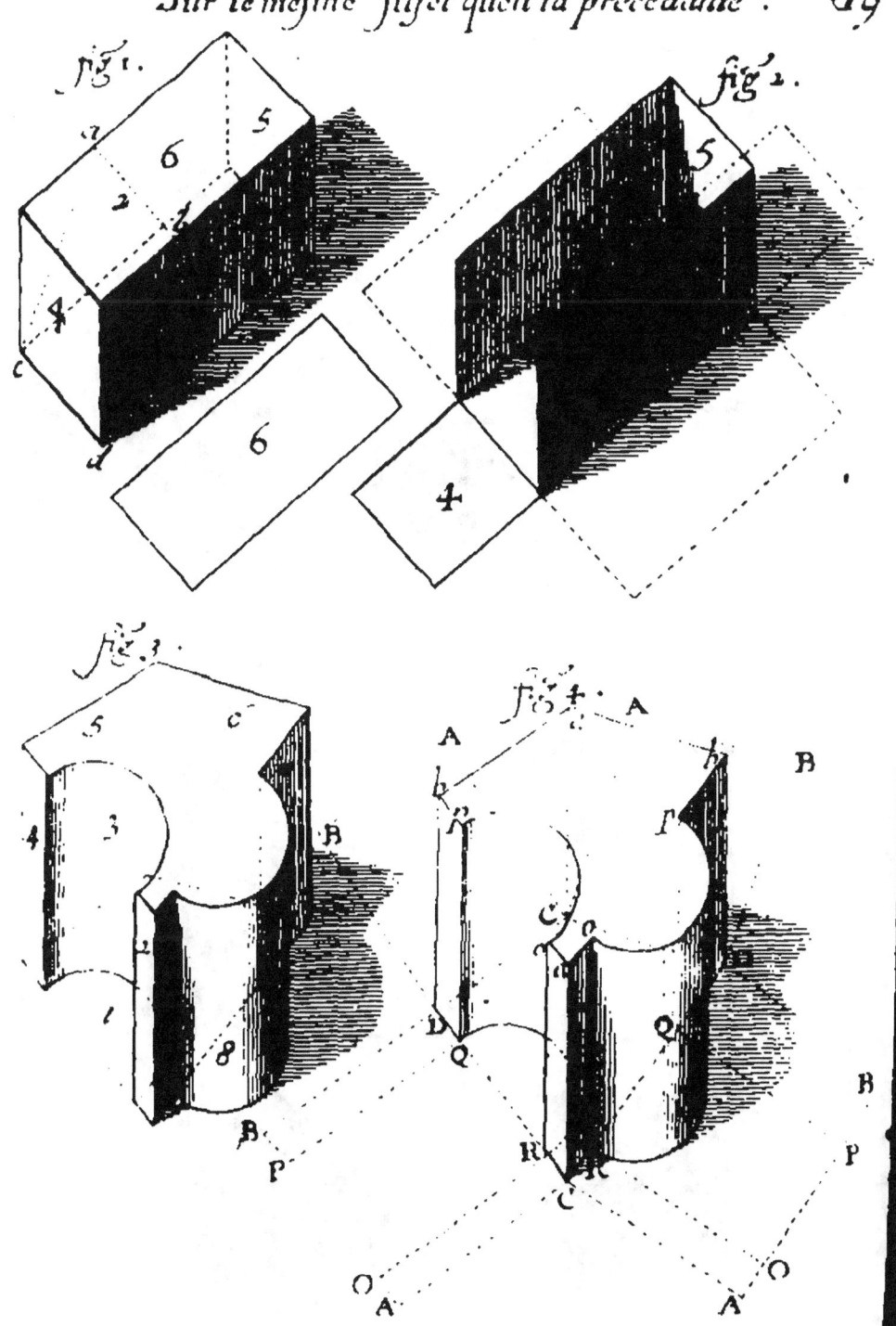

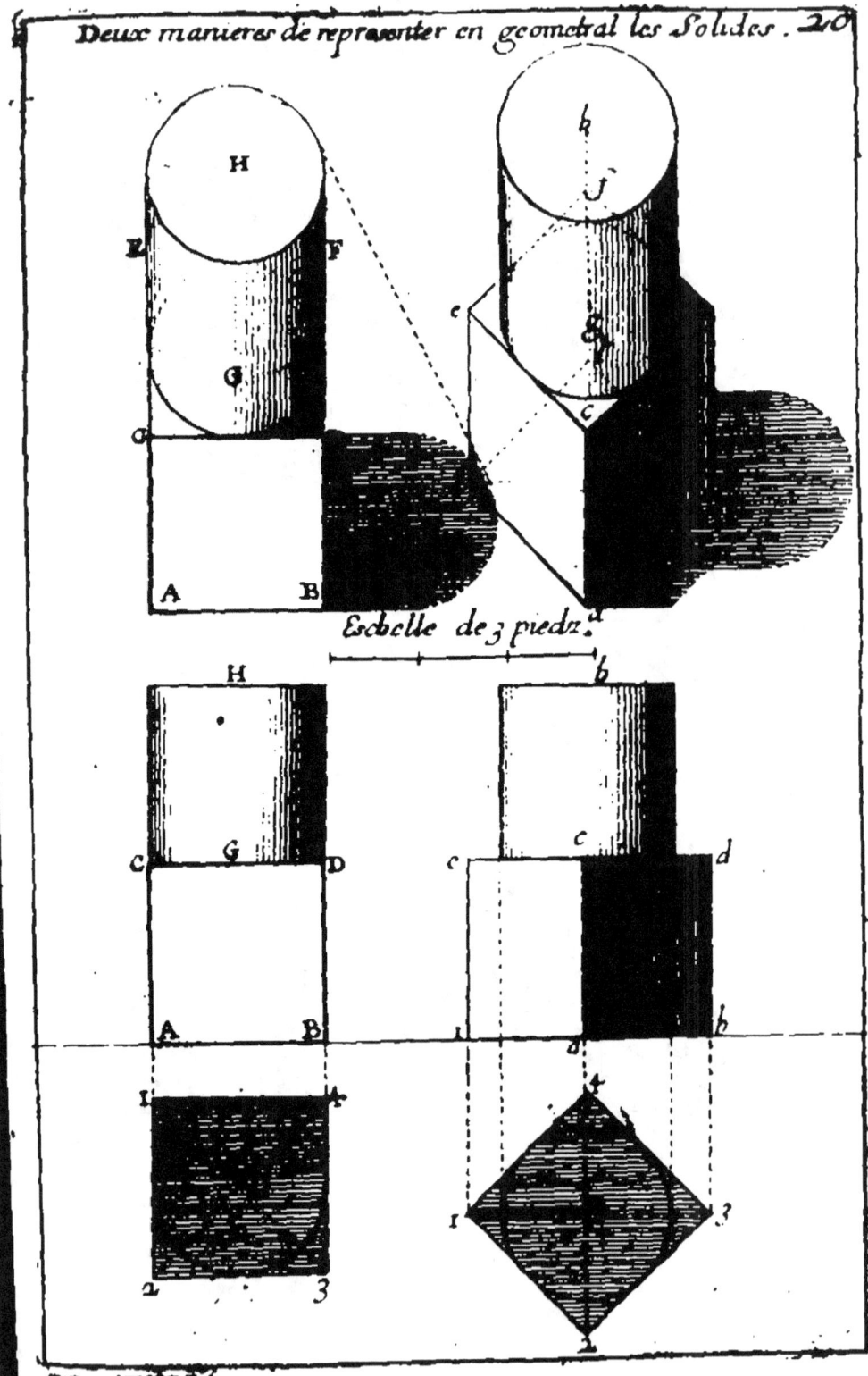

Eschelle de 3 piedz.

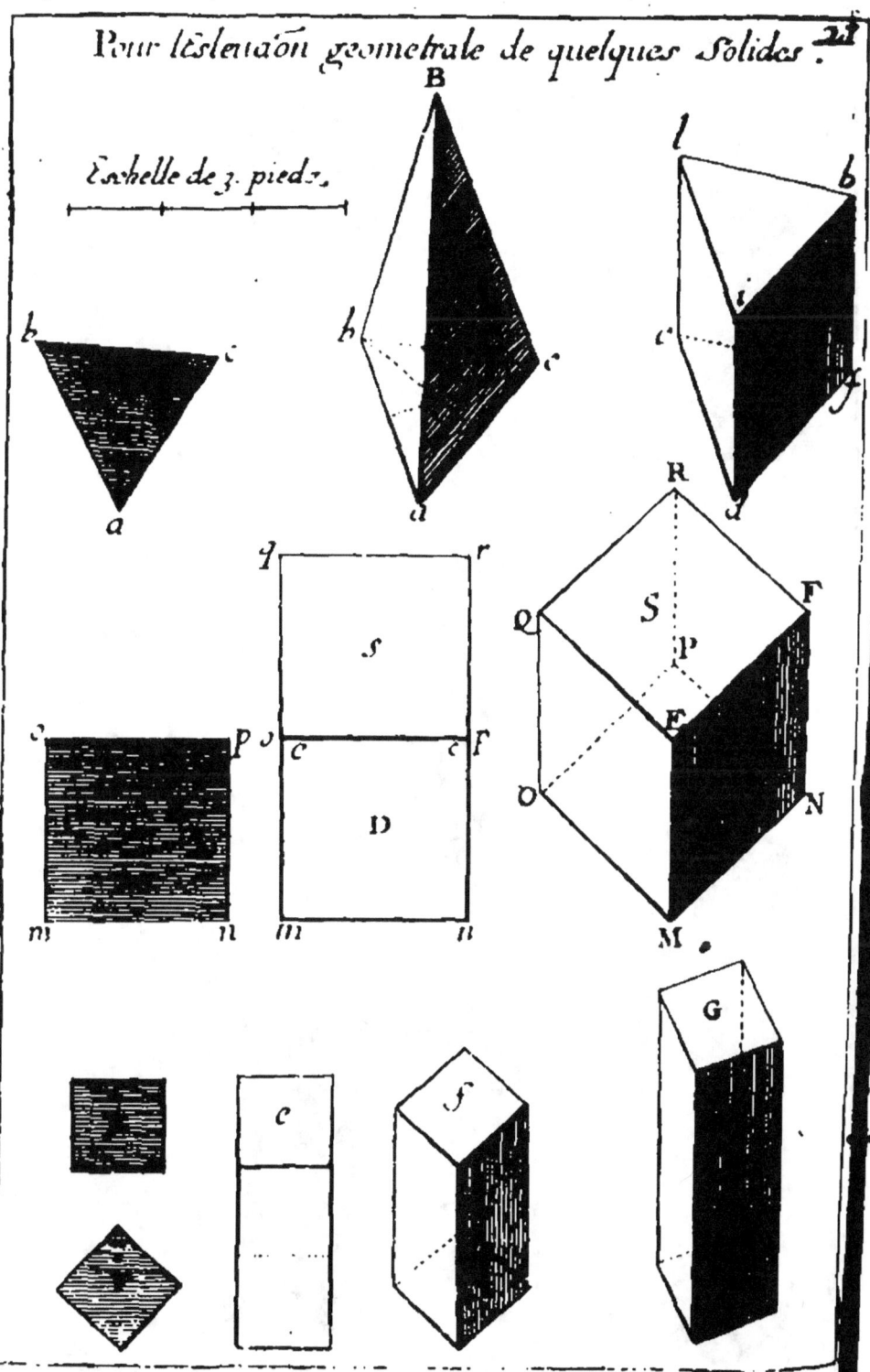

Eschelle de 3. pieds.

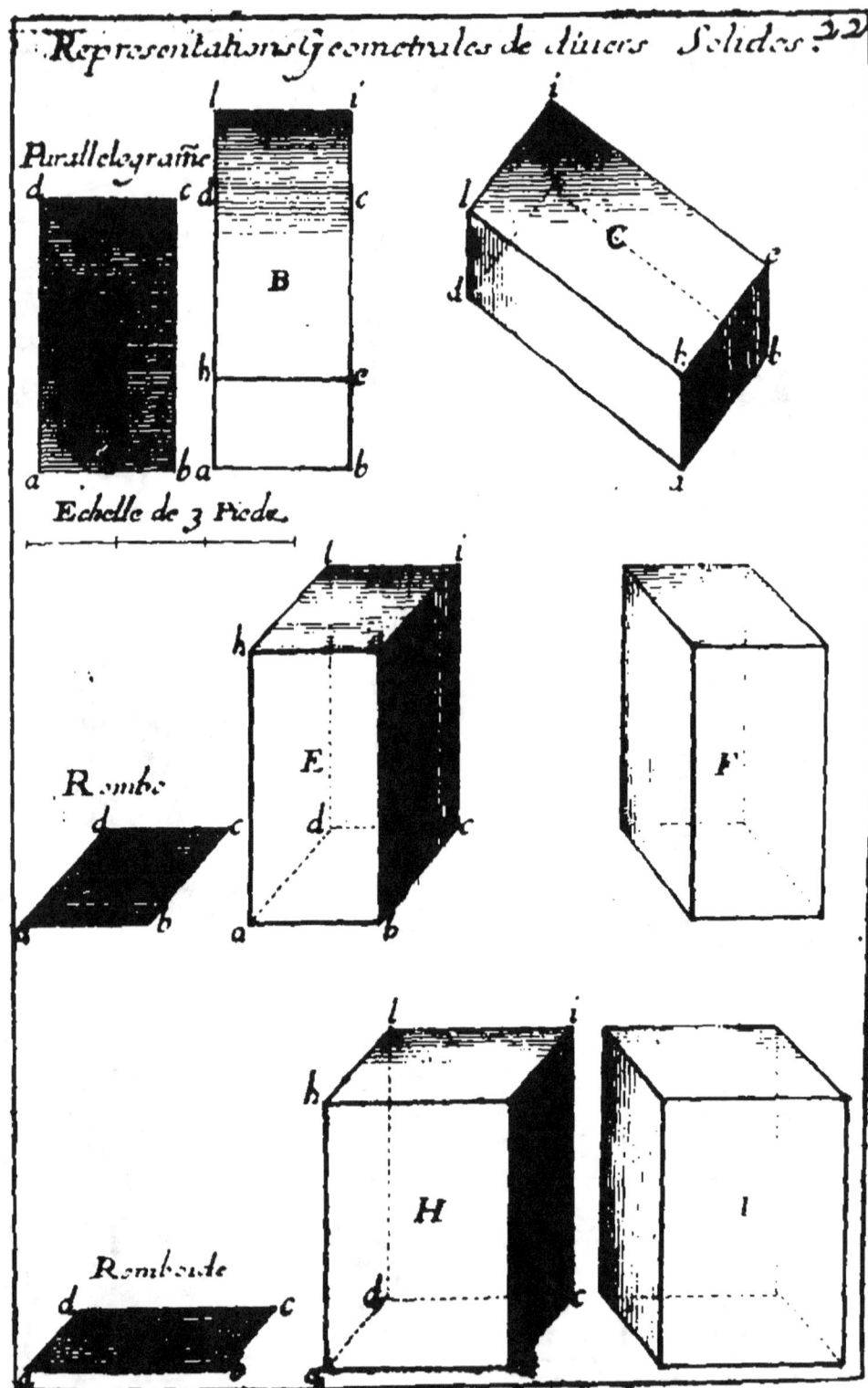

Parallelograme

B

C

Echelle de 3 Piede.

Rombe

E

F

Romboide

H

I

Echelle de 3 pieds.

Trapeze.

A

B

c

b

a

d

Trapeze.

D

E

F

fig. de plus Costez.

G

H

I

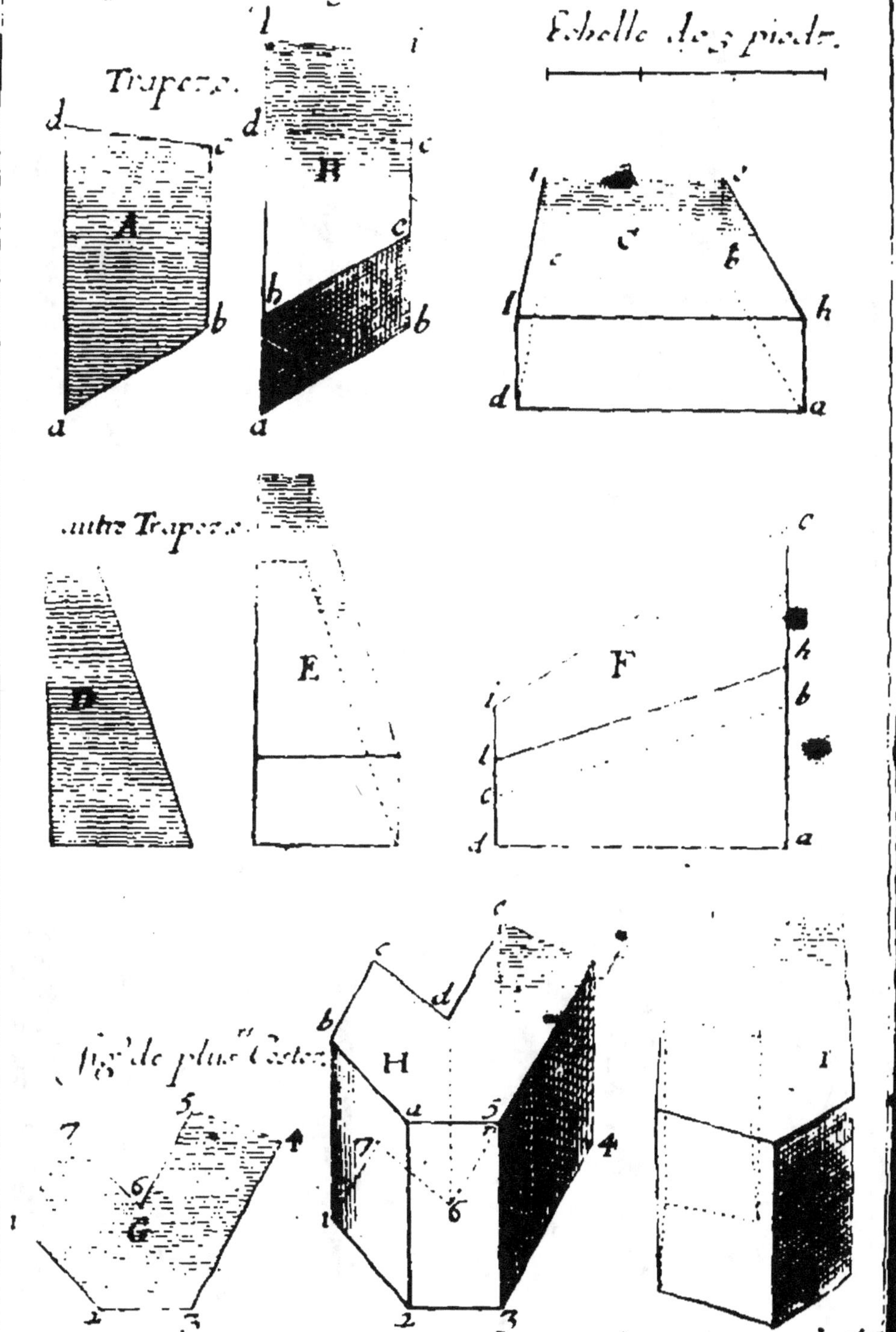

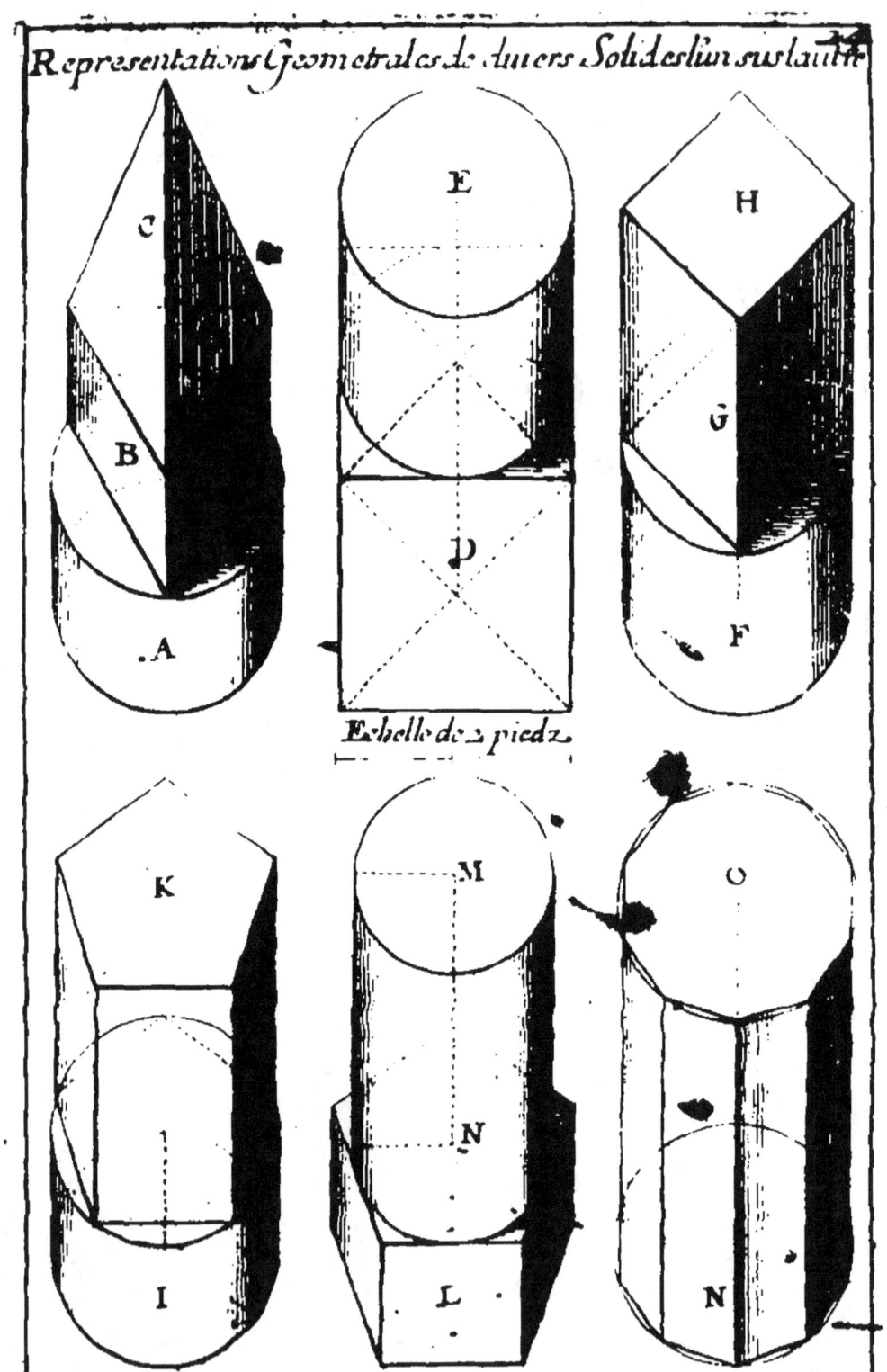

Echelle de 2 piedz

Assiettes, Profil et élévation géométrale, d'un.
Piedestal et partie d'une Colonne dorique.

25

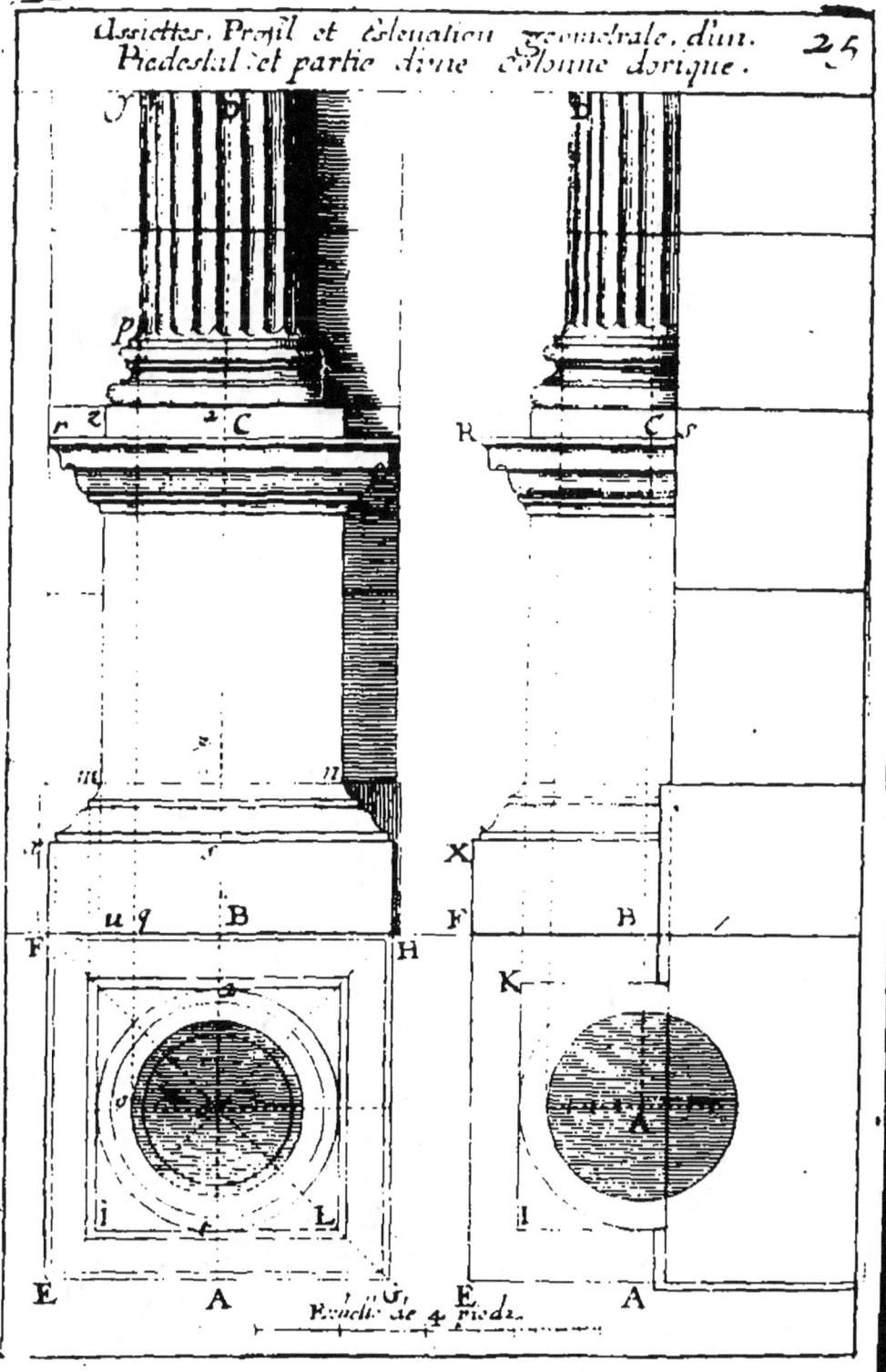

Echelle de 4 Piedz.

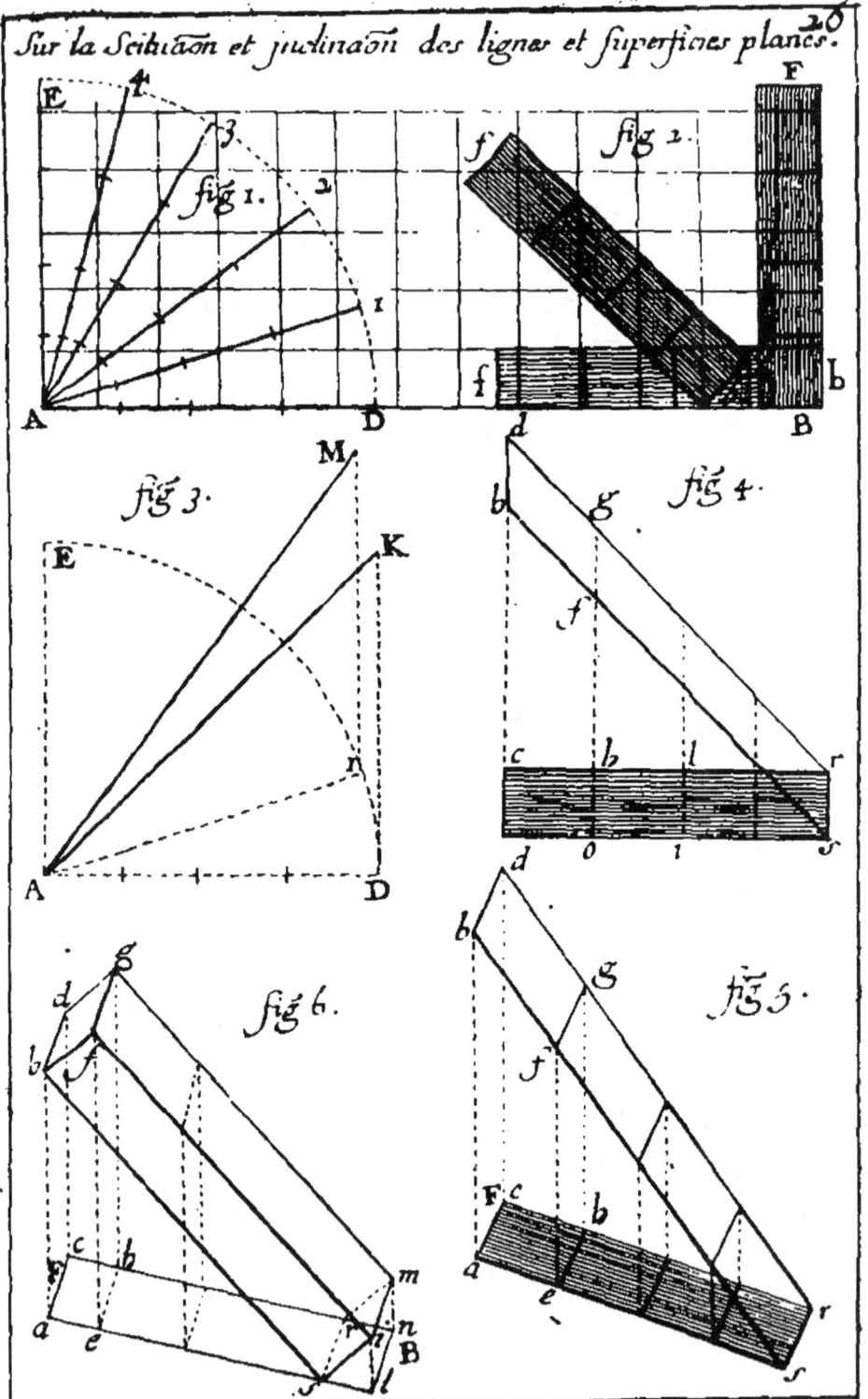

fig 1.

fig 2.

fig 3.

fig 4.

fig 6.

fig 5.

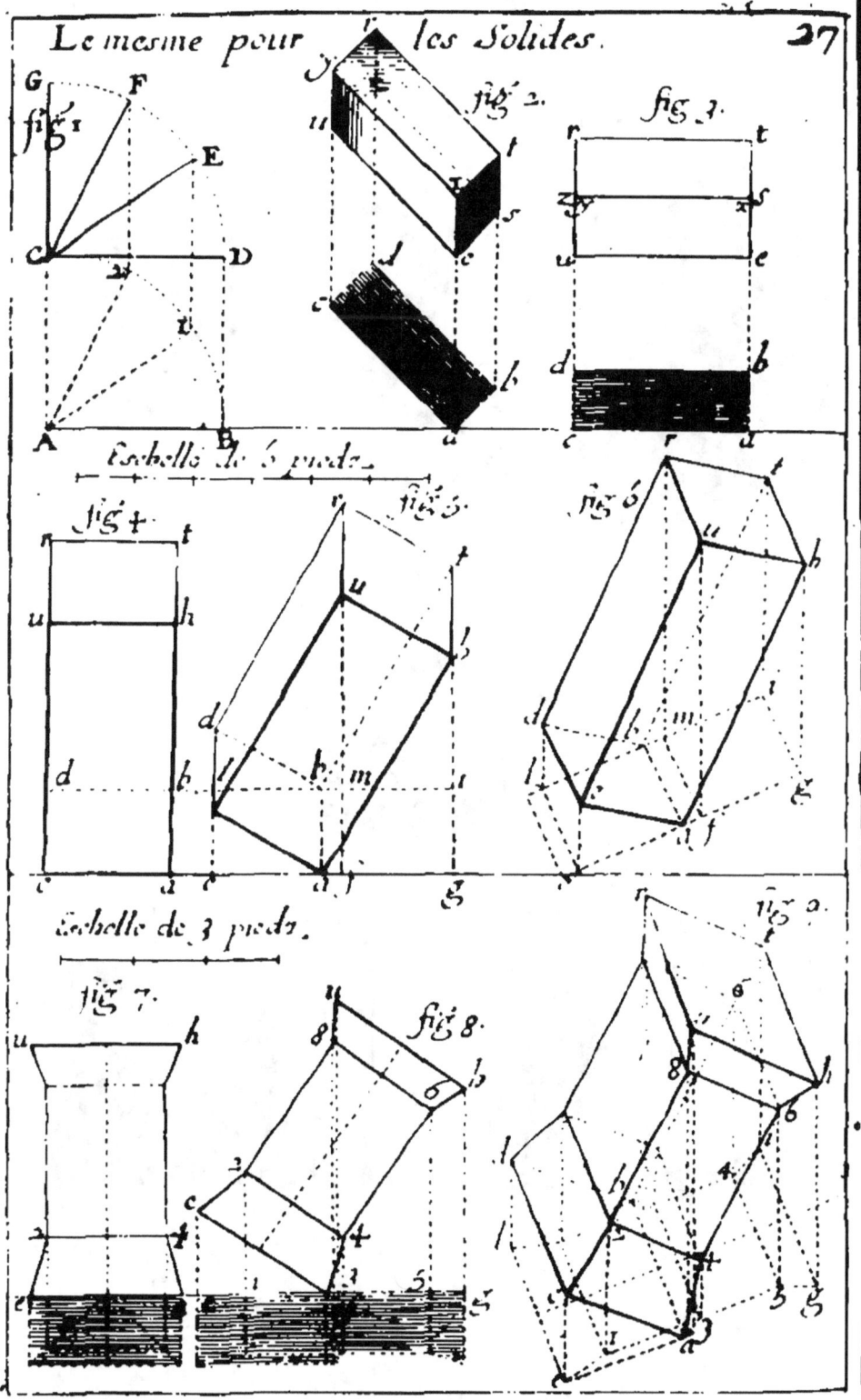

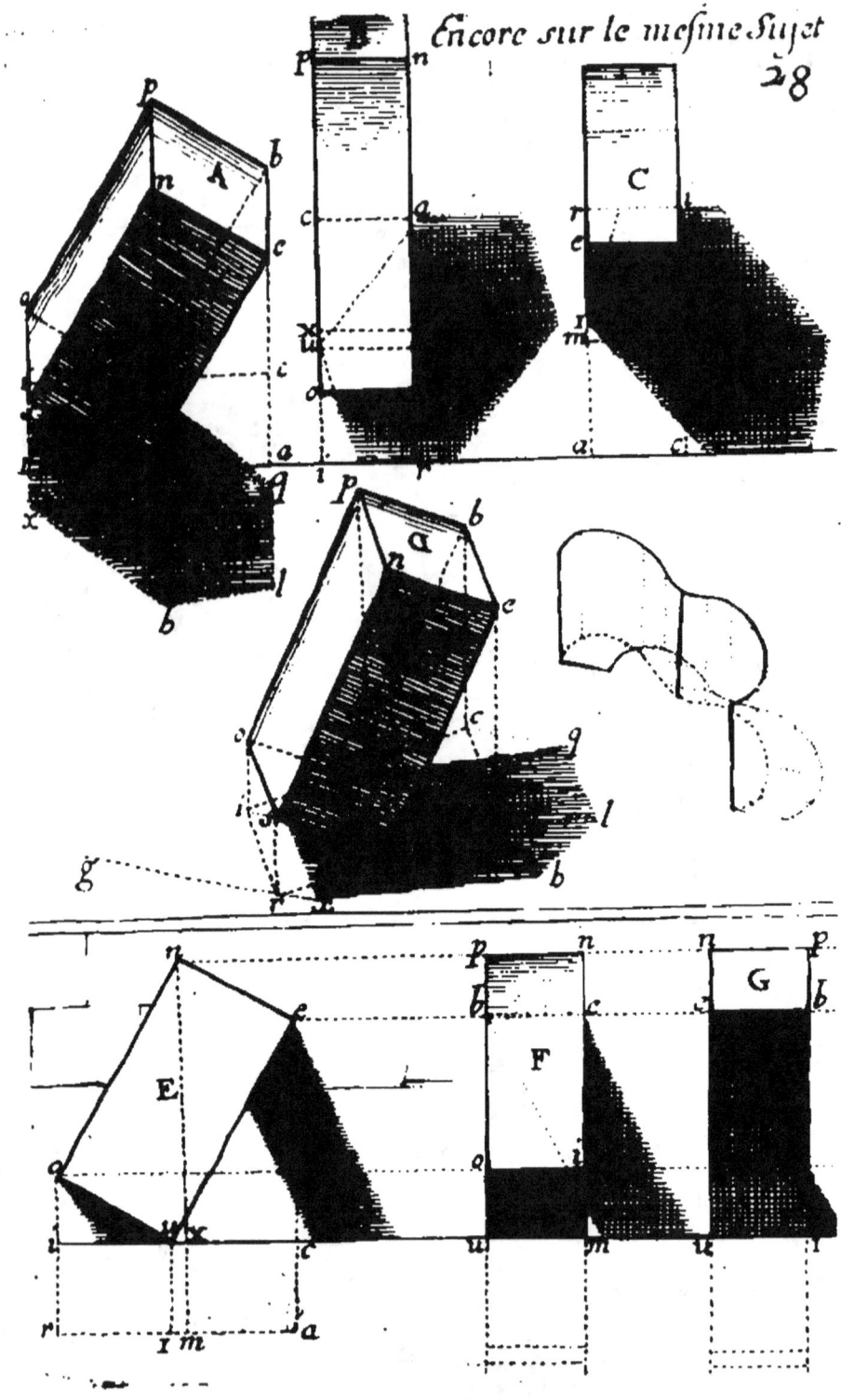

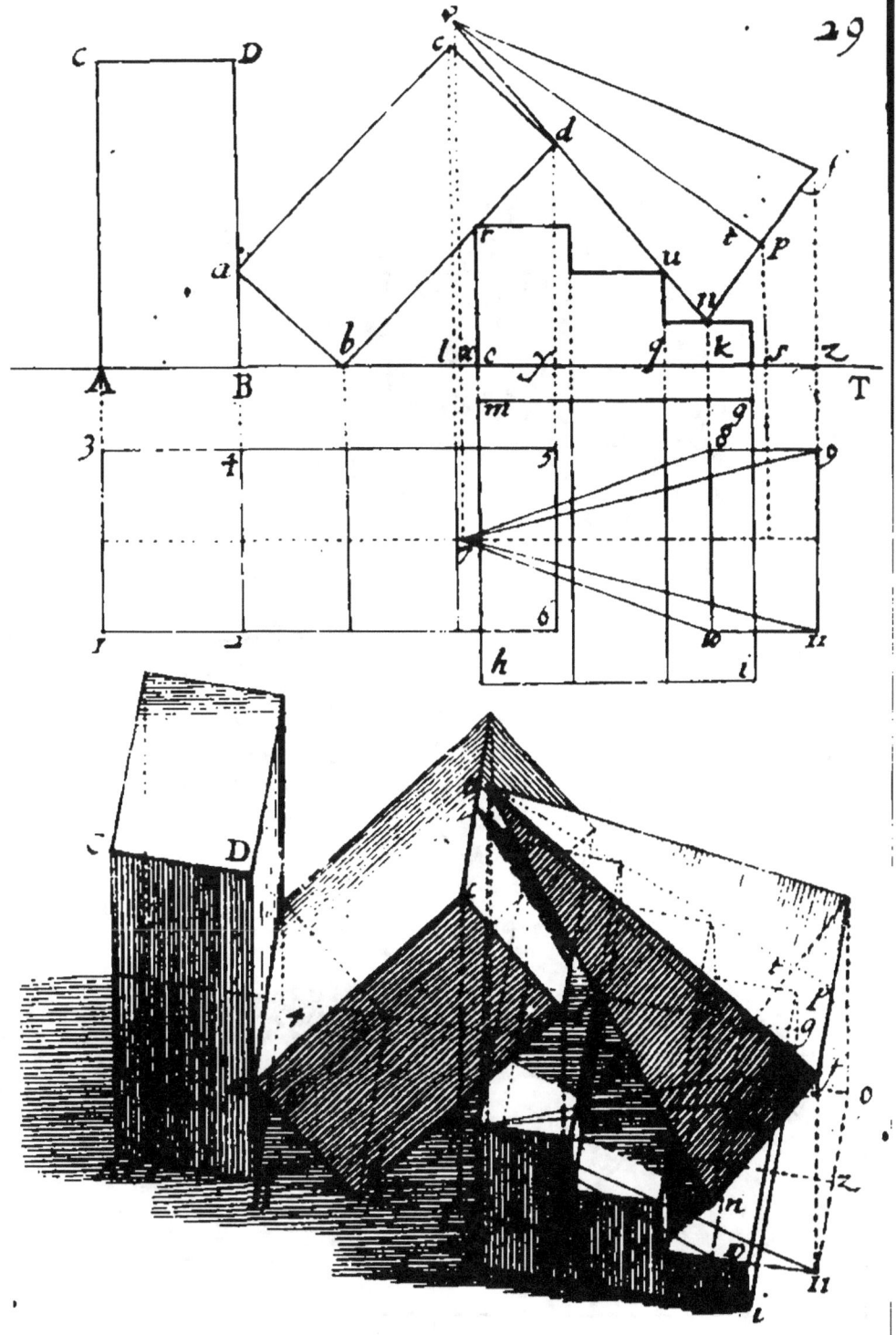

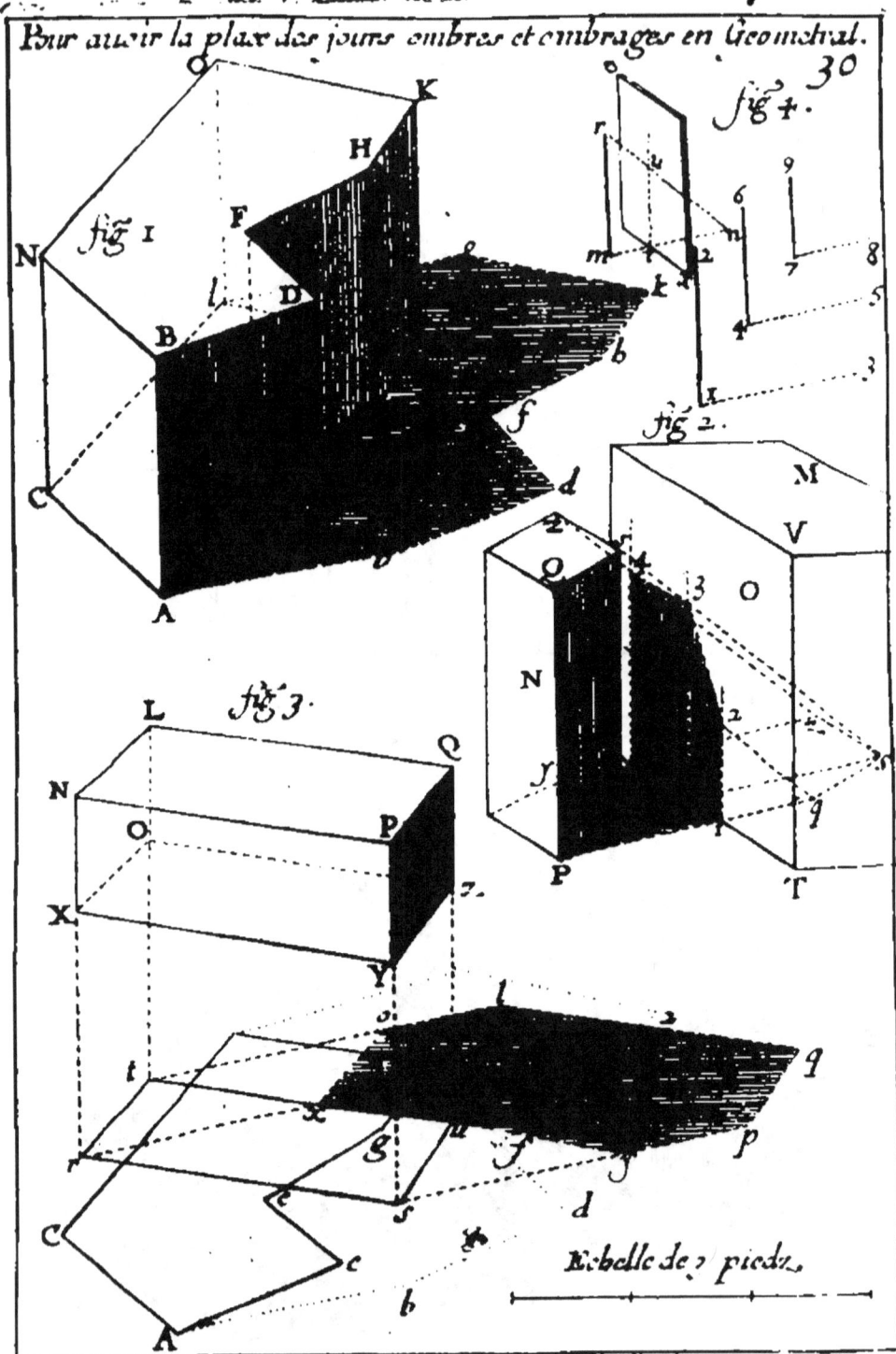

fig. 1

fig. 4

30

fig. 2

fig. 3

Echelle de 2 pieds.

Fig. 1.

Fig. 2.

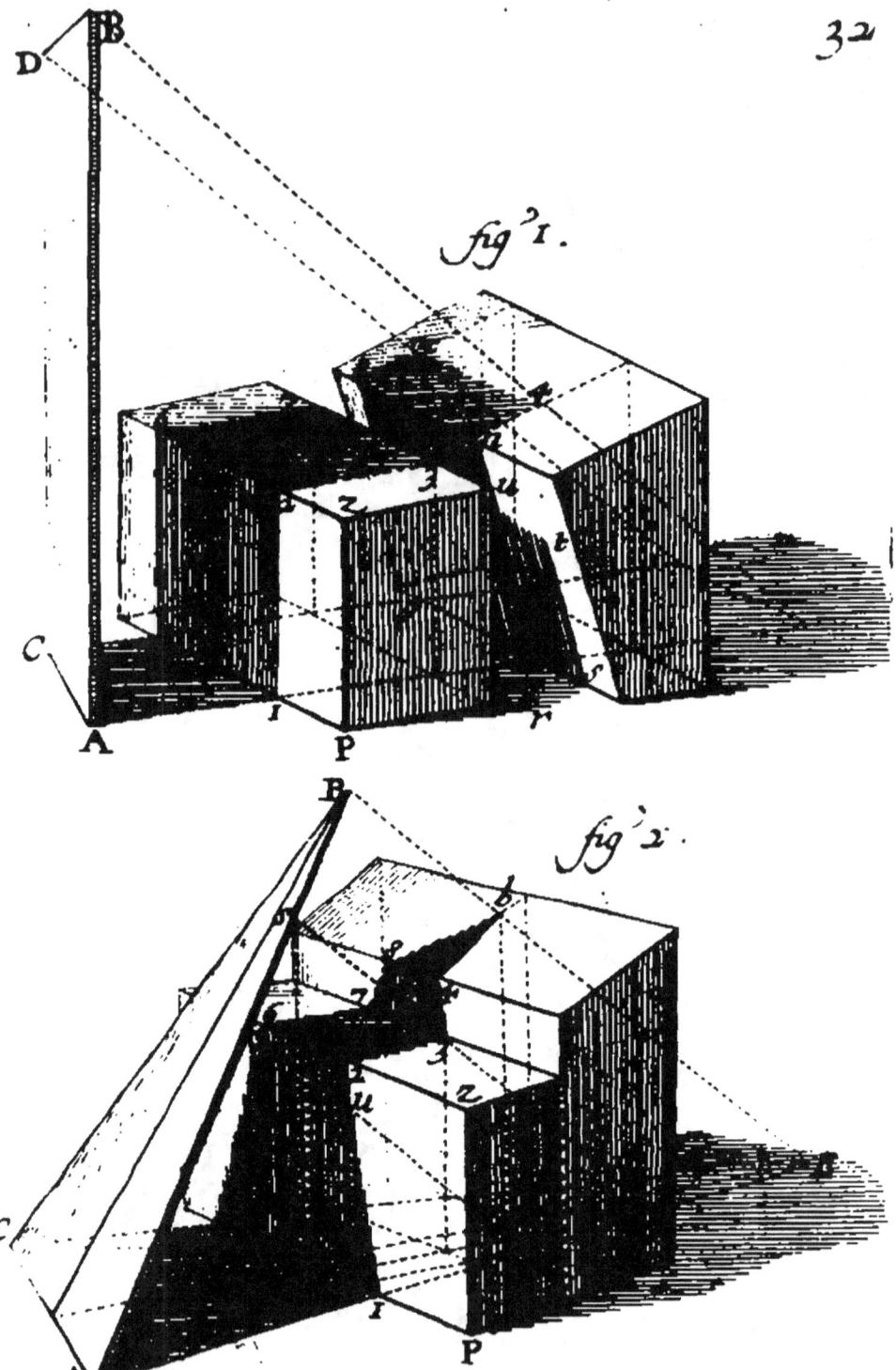

fig. 1.

fig. 2.

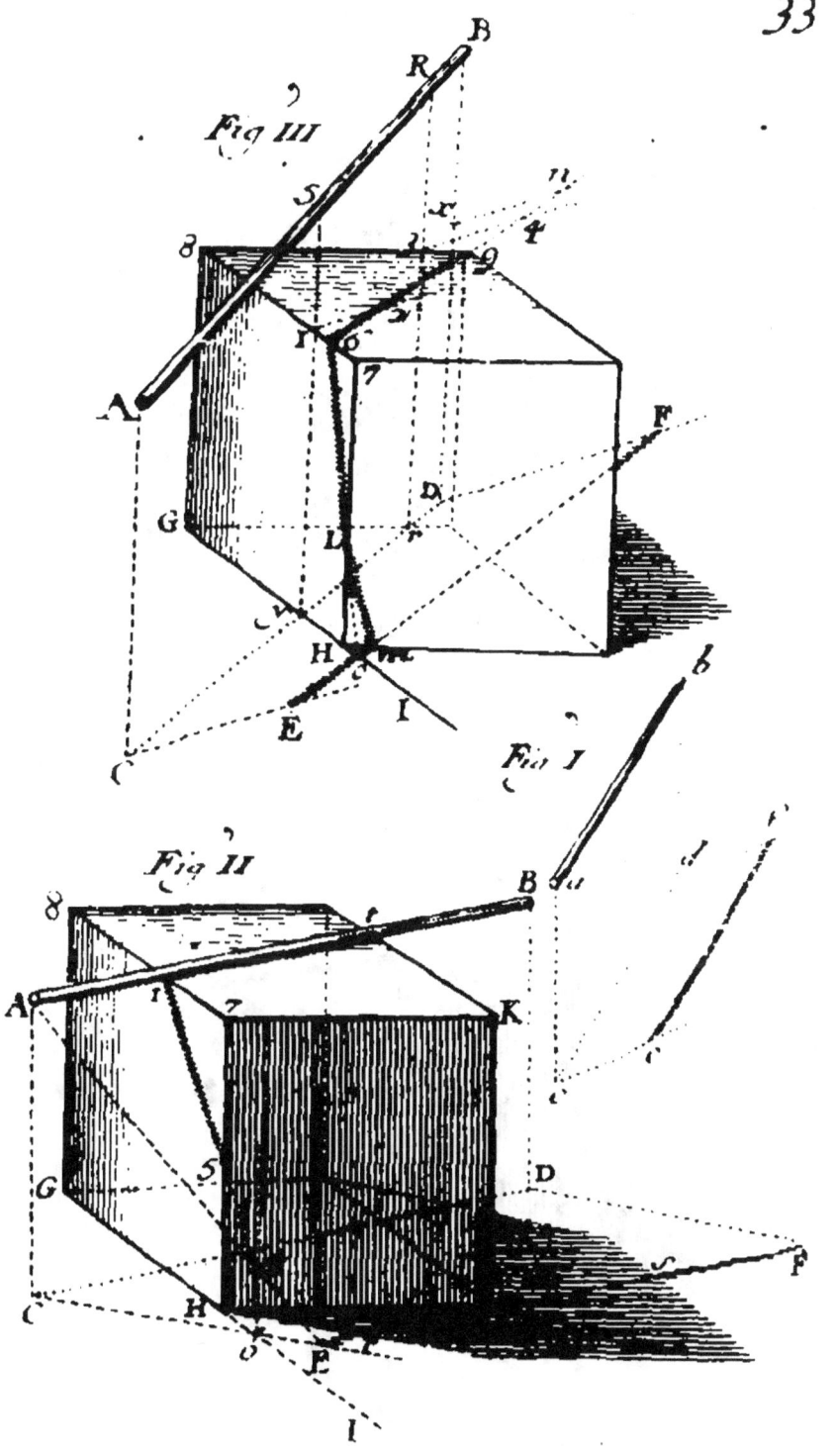

Fig III

Fig I

Fig II

fig. 1.

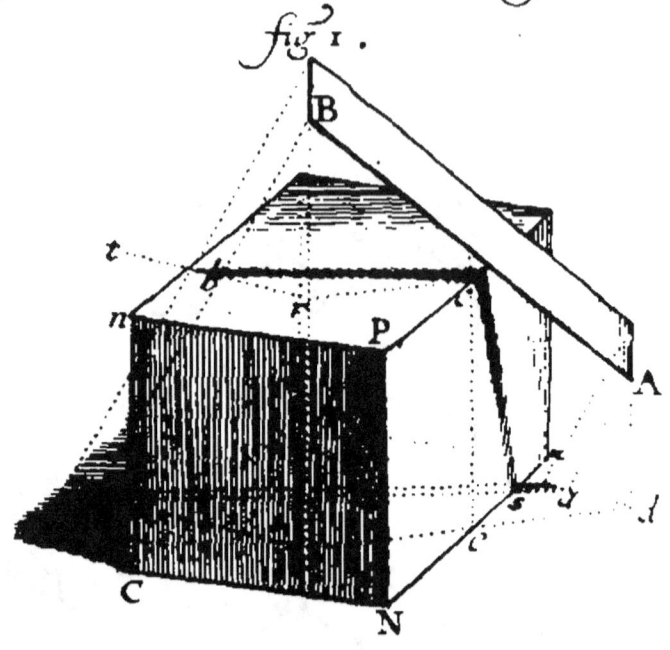

fig. 2.

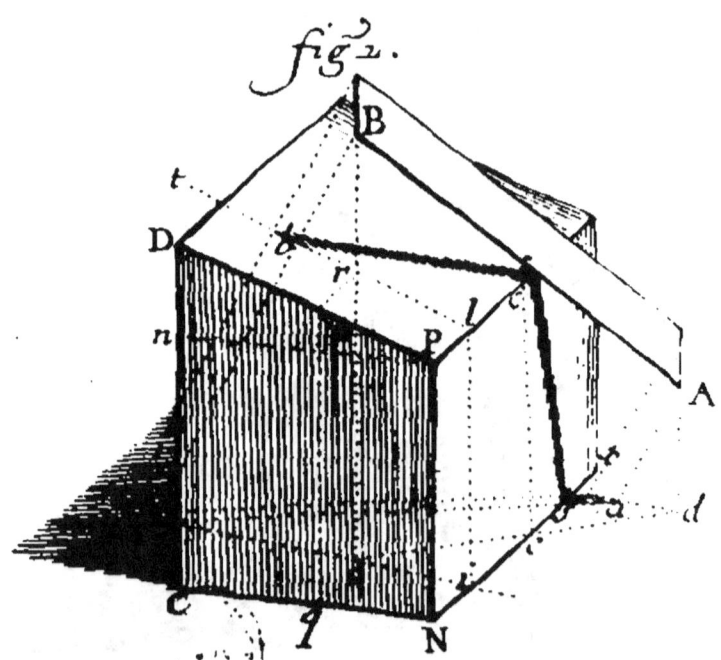

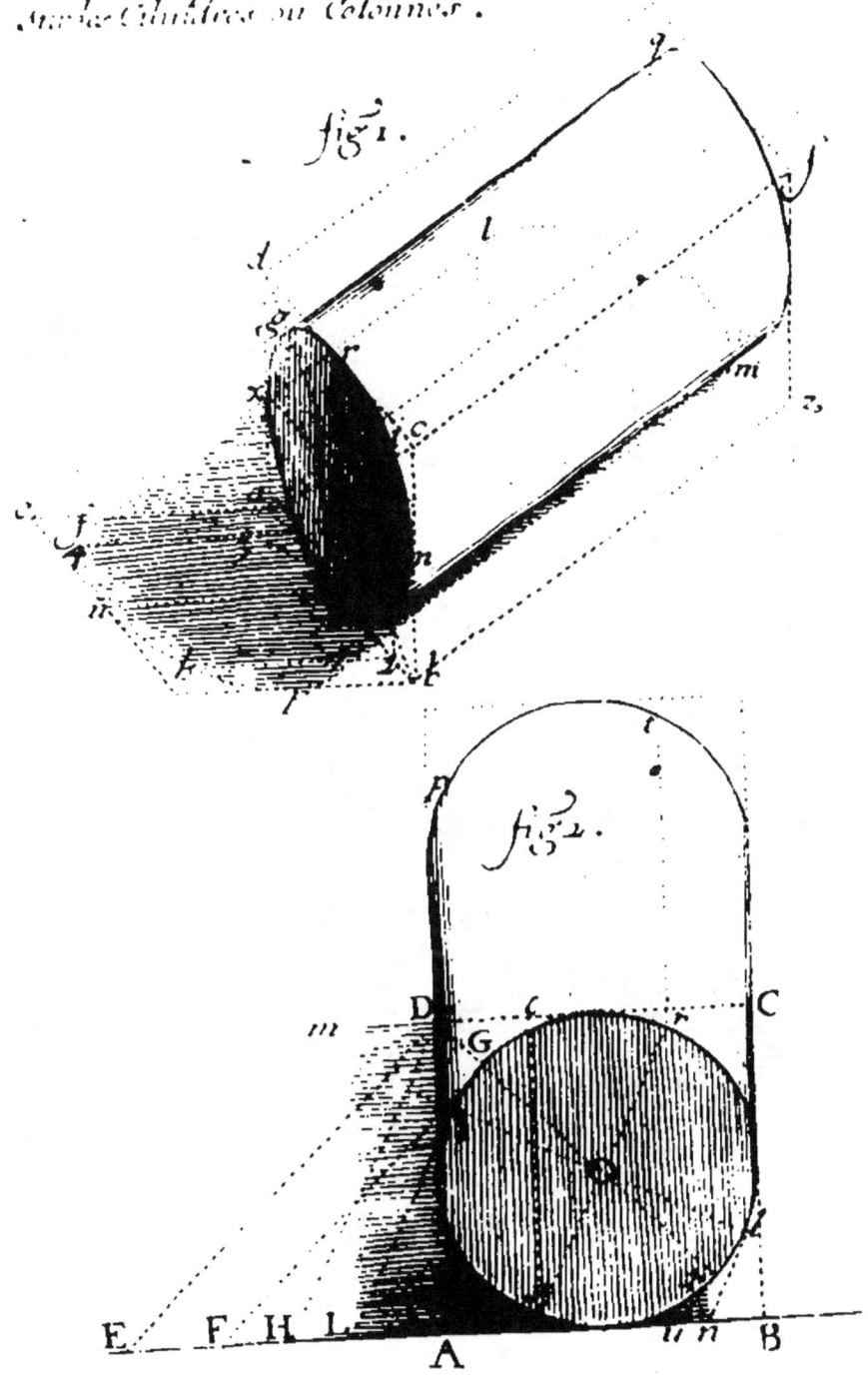

fig. 1.

fig. 2.

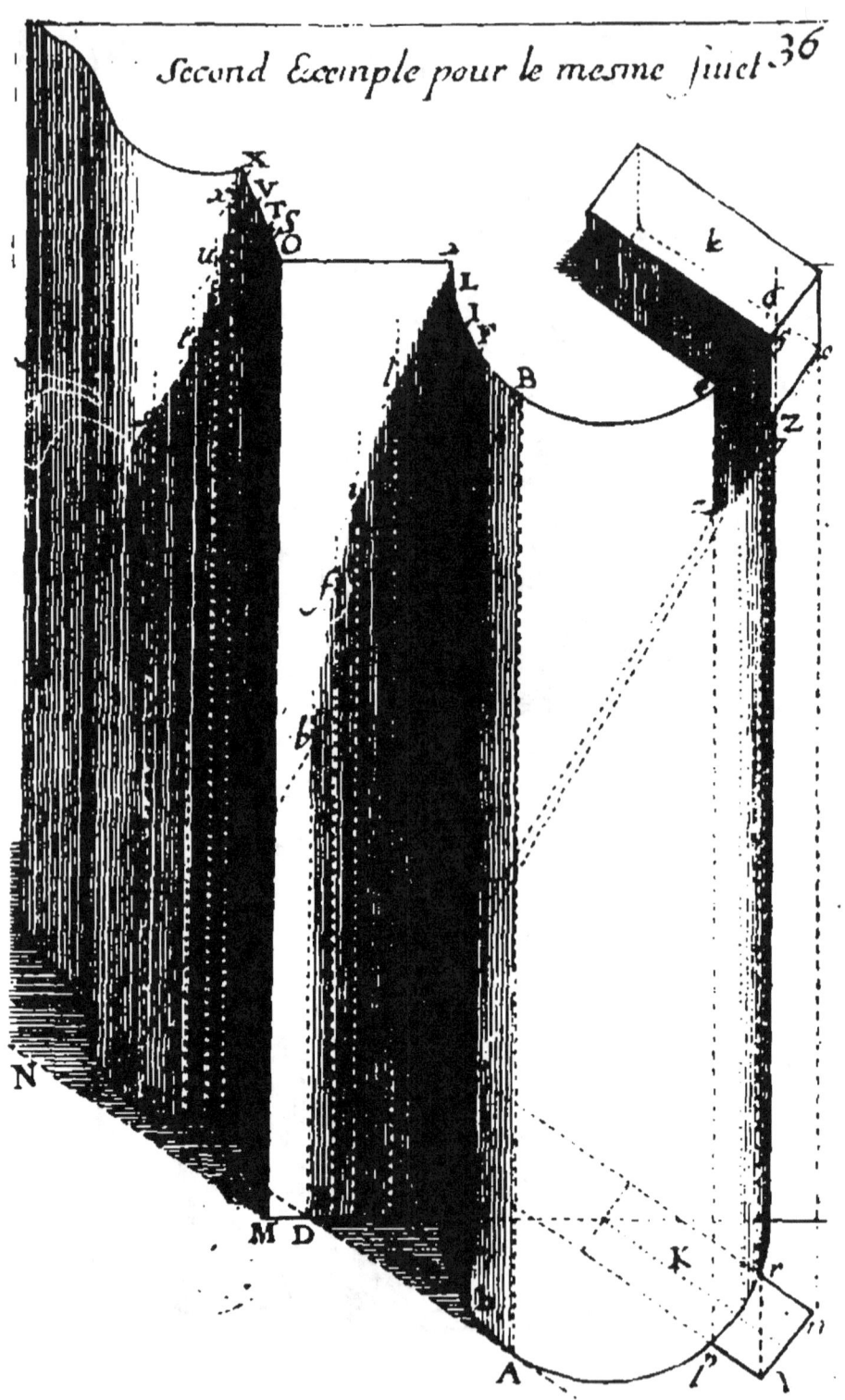

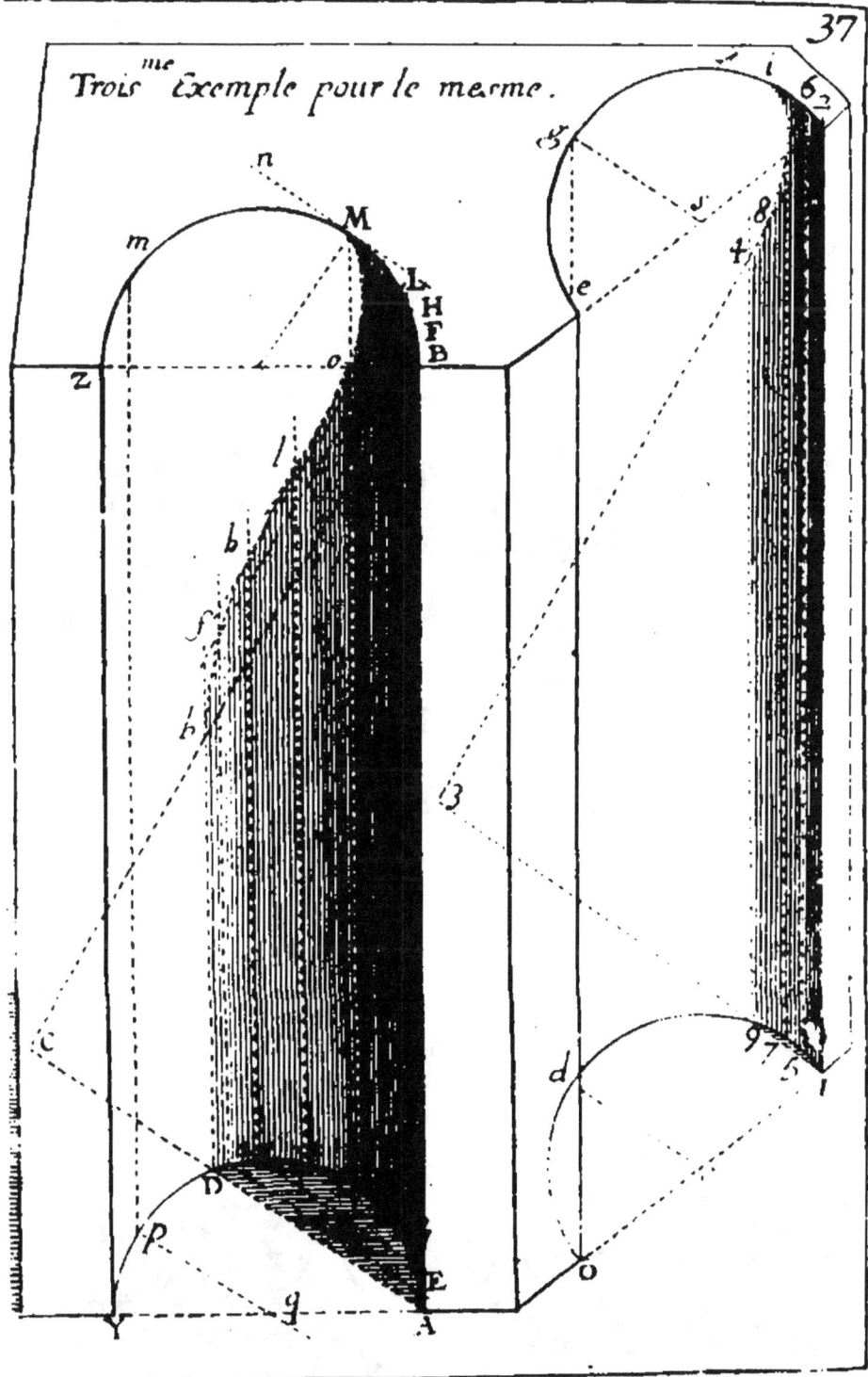

Trois^me Exemple pour le mesme.

Pour trouuer cz occasins dans le Tableau la place du Soleil.

38

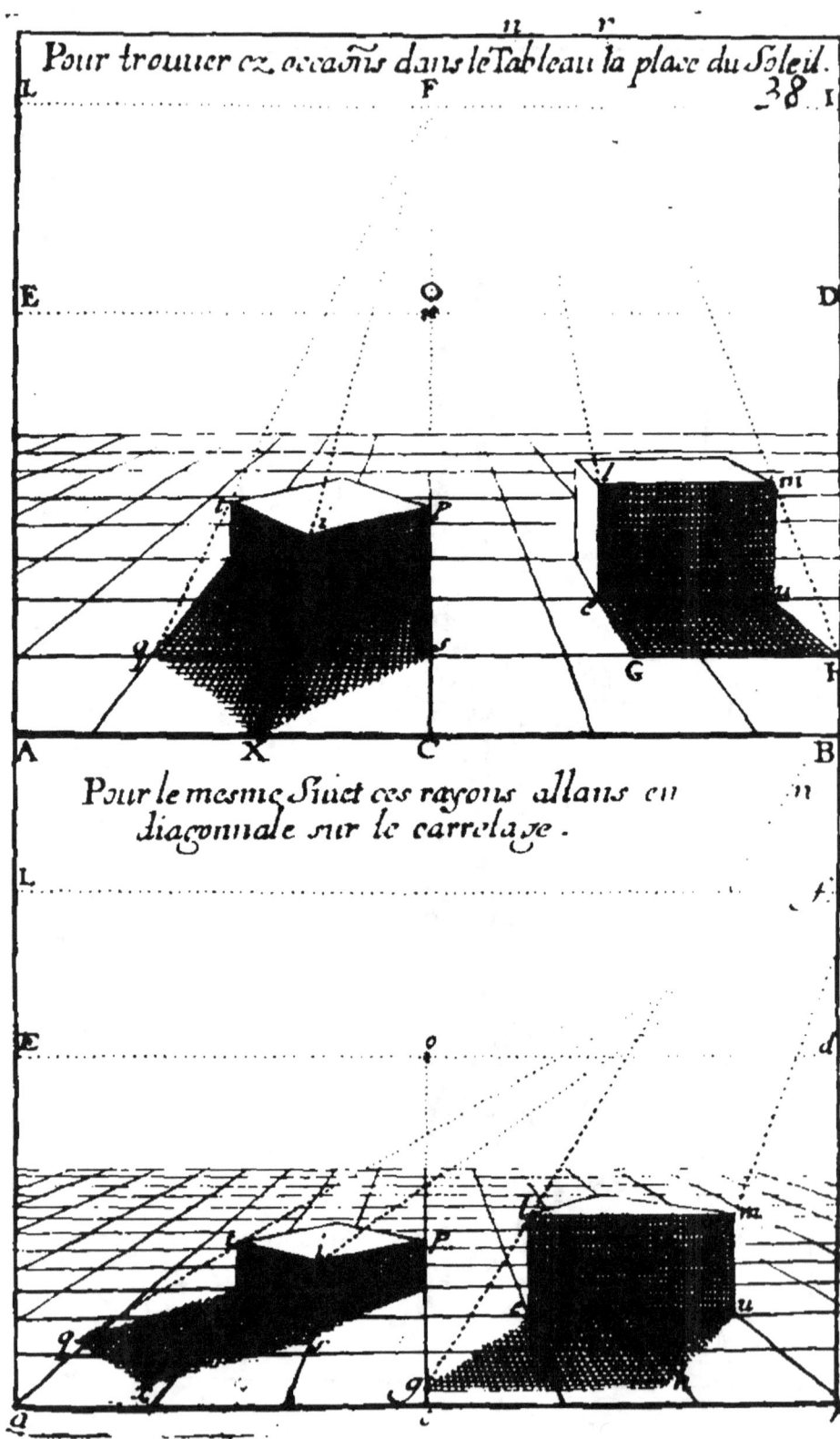

Pour le mesme Siuet ces rayons allans en
diagonnale sur le carrelage.

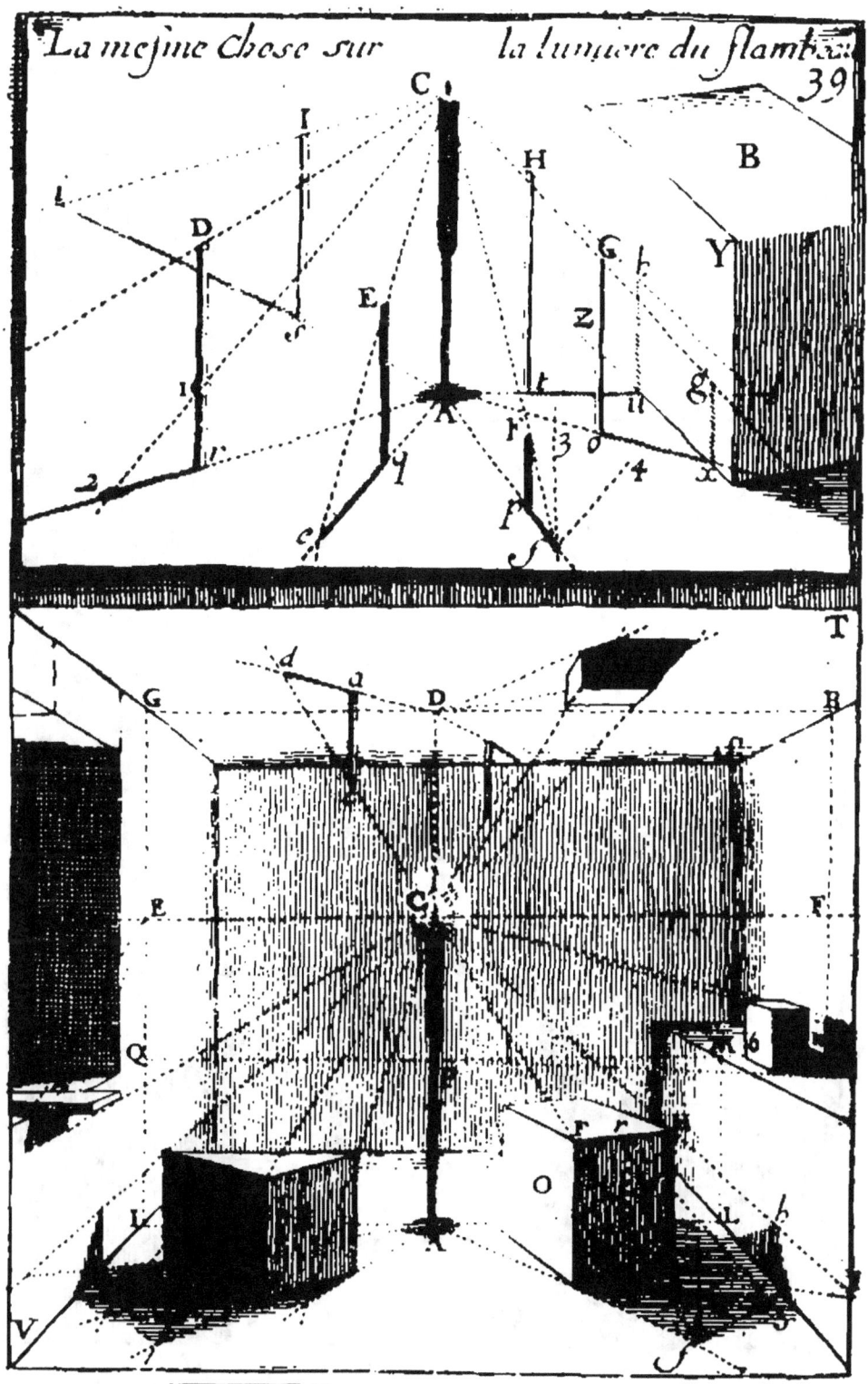

fig. 1

fig. 2

fig. 3.

fig. 4.

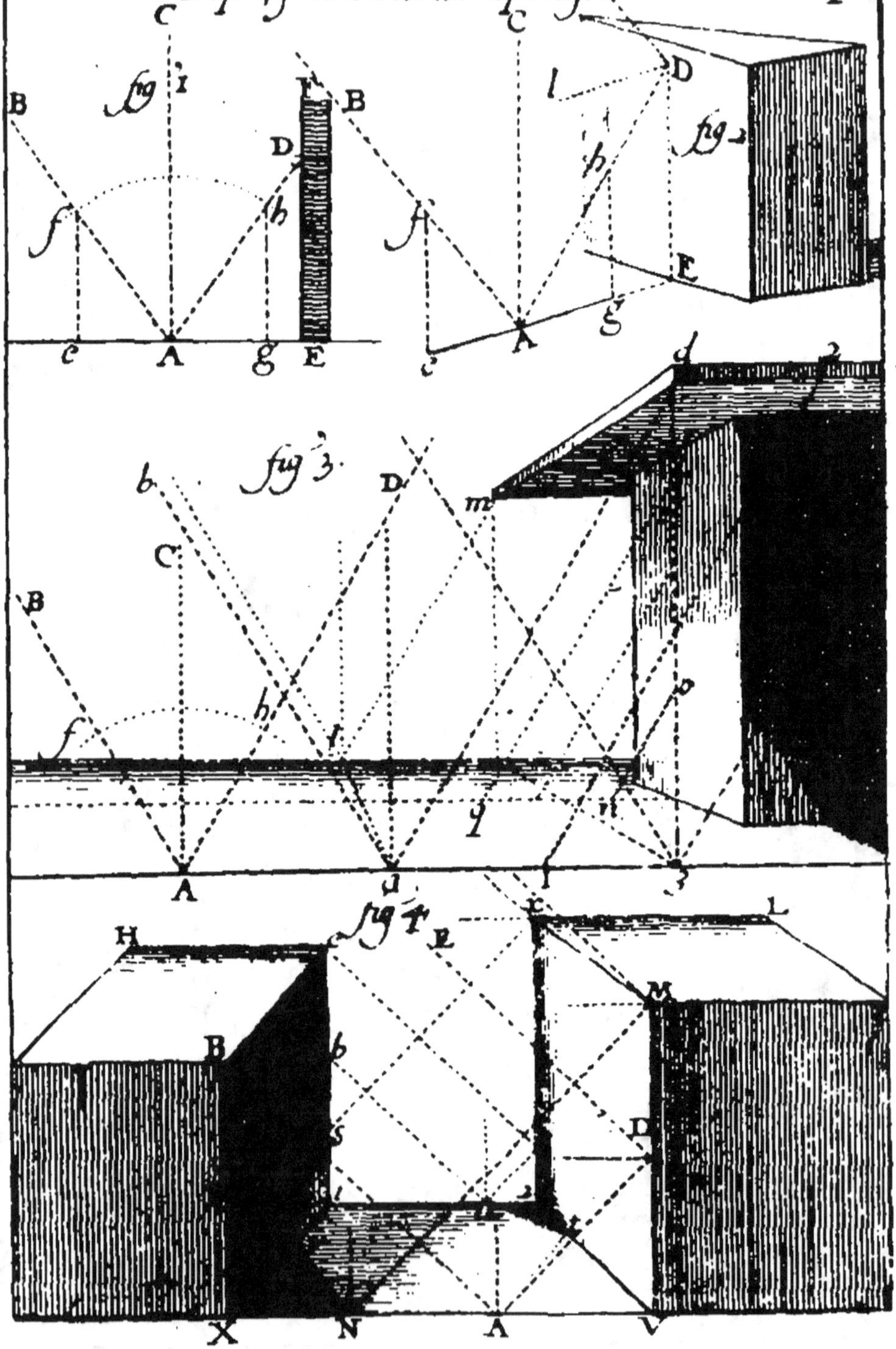

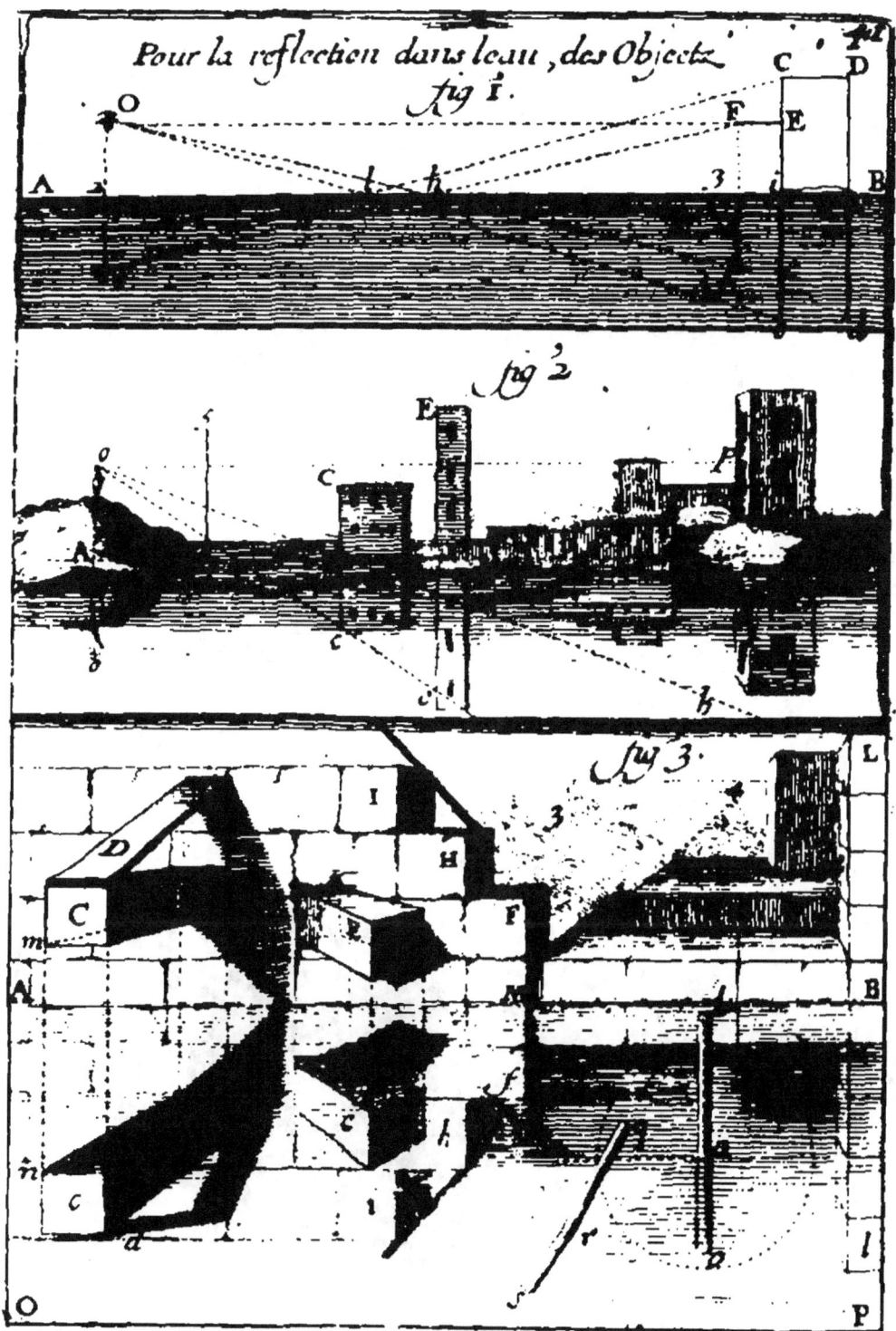

Pour la reflection dans leau, des Objectz
fig 1.

fig 2

fig 3.

Pour Copier une figure égale et Semblable a une
autre donnée de position et le mesme d'un Solide.

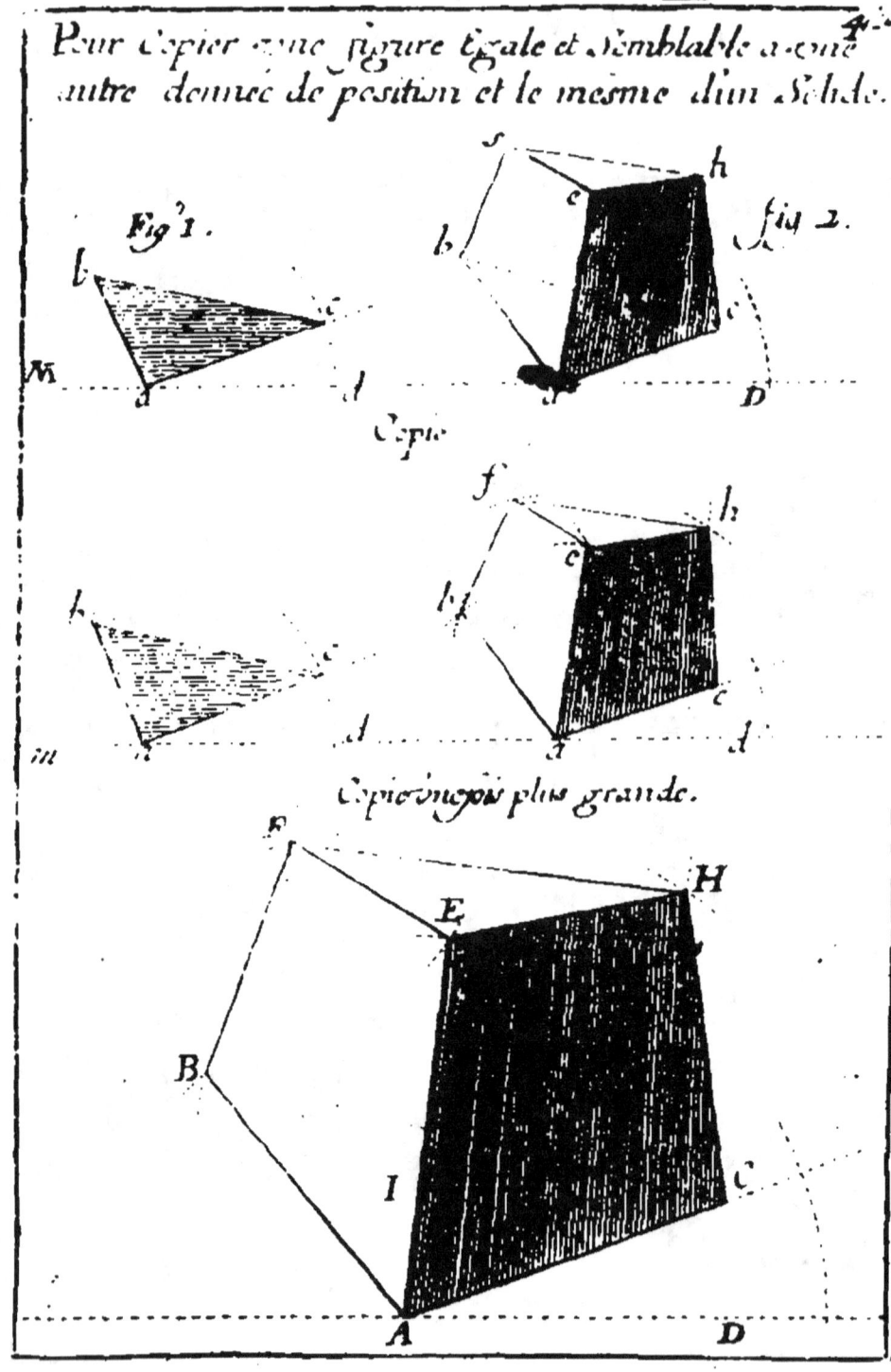

Fig 1.

fig 2.

Copie.

Copie en un peu plus grande.

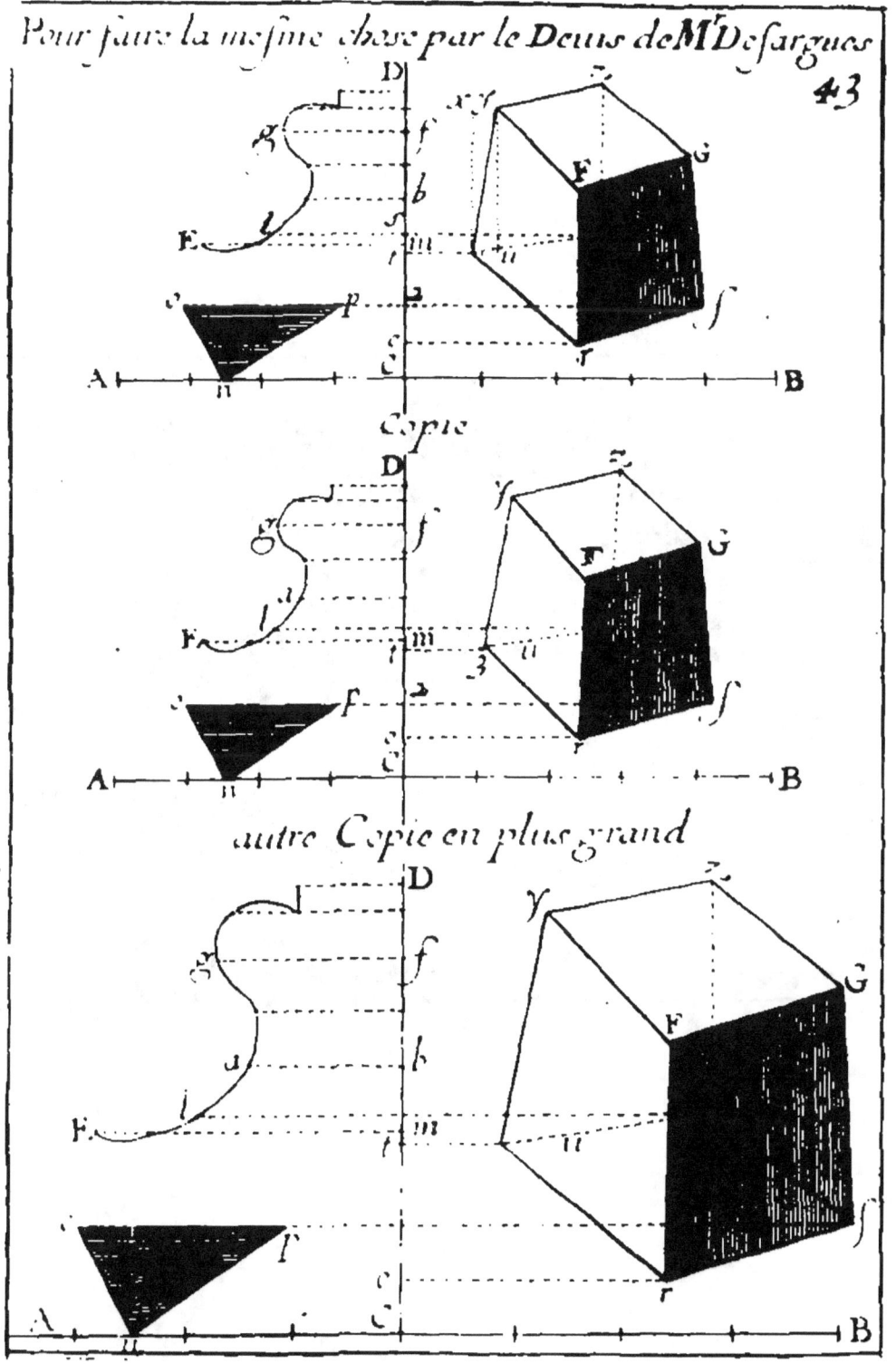

Copie

autre Copie en plus grand

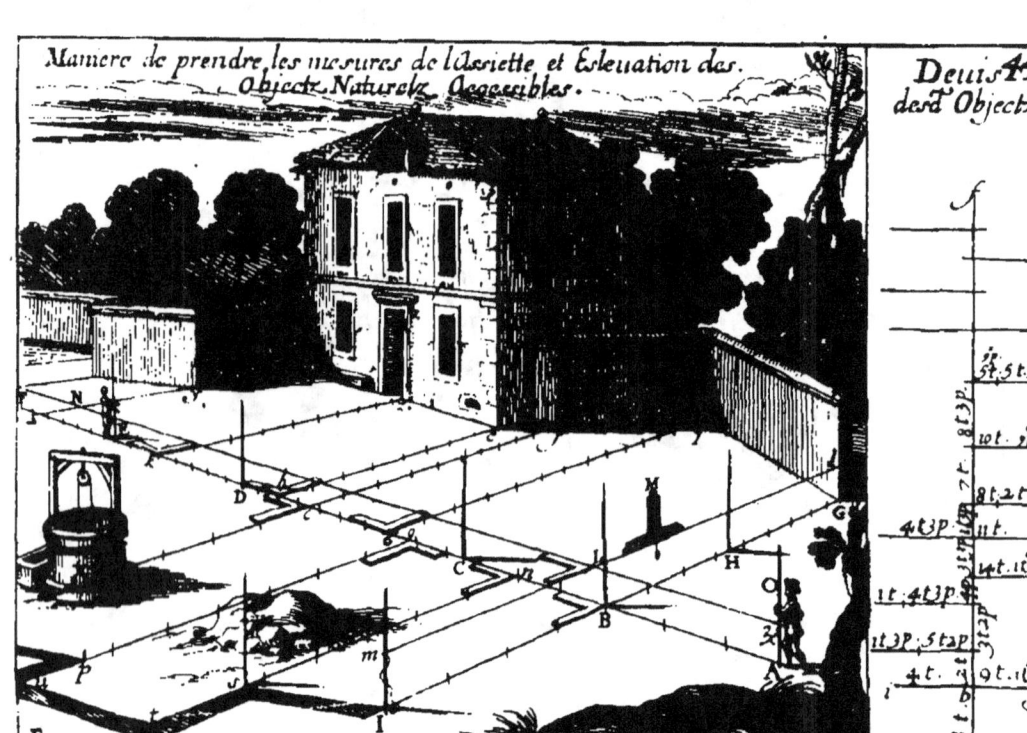

Maniere de prendre les mesures de l'Assiette et Esleuation des.
Objectz Naturelz Accessibles.

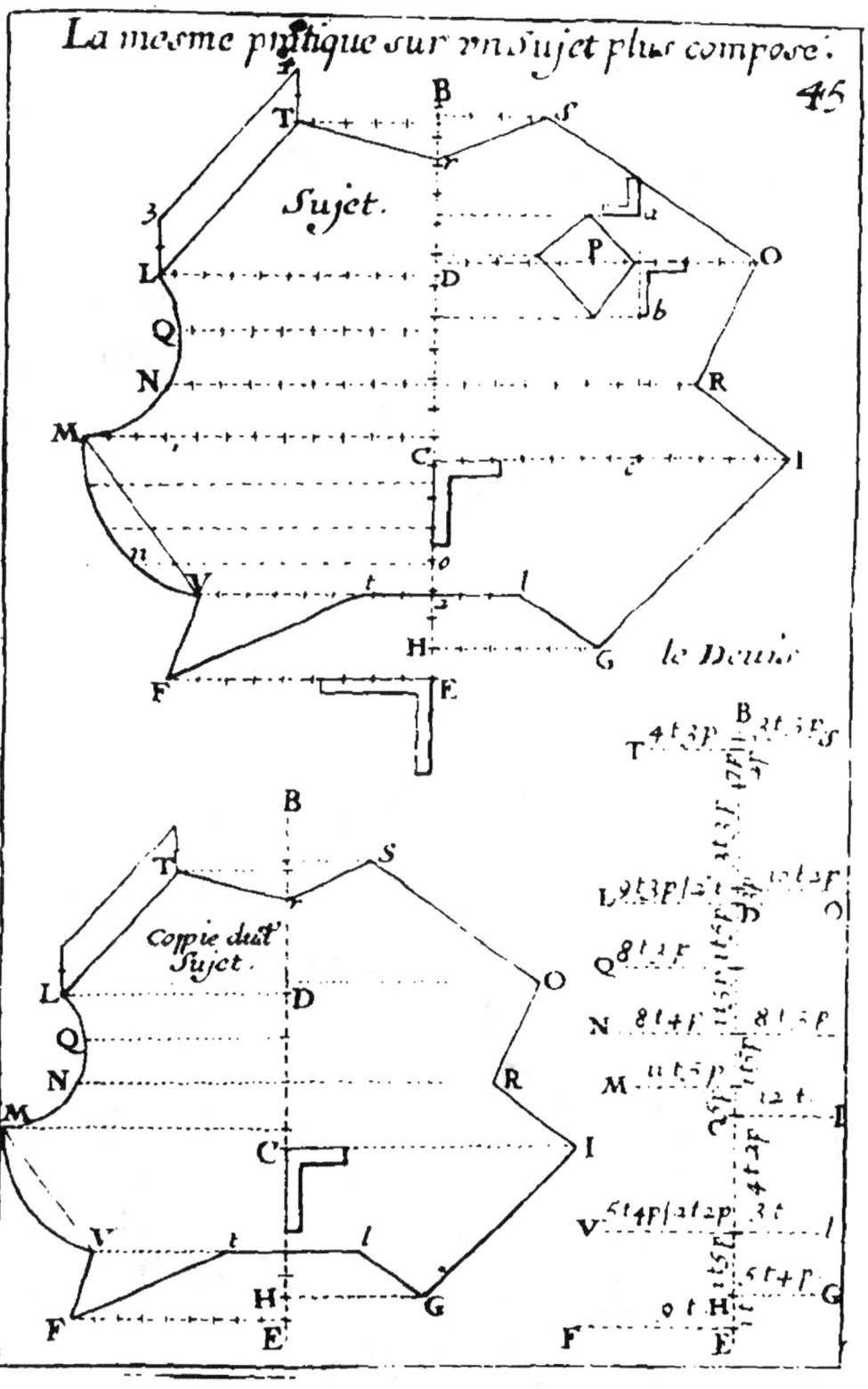

Sujet.

le Dessin

Coppie dut Sujet.

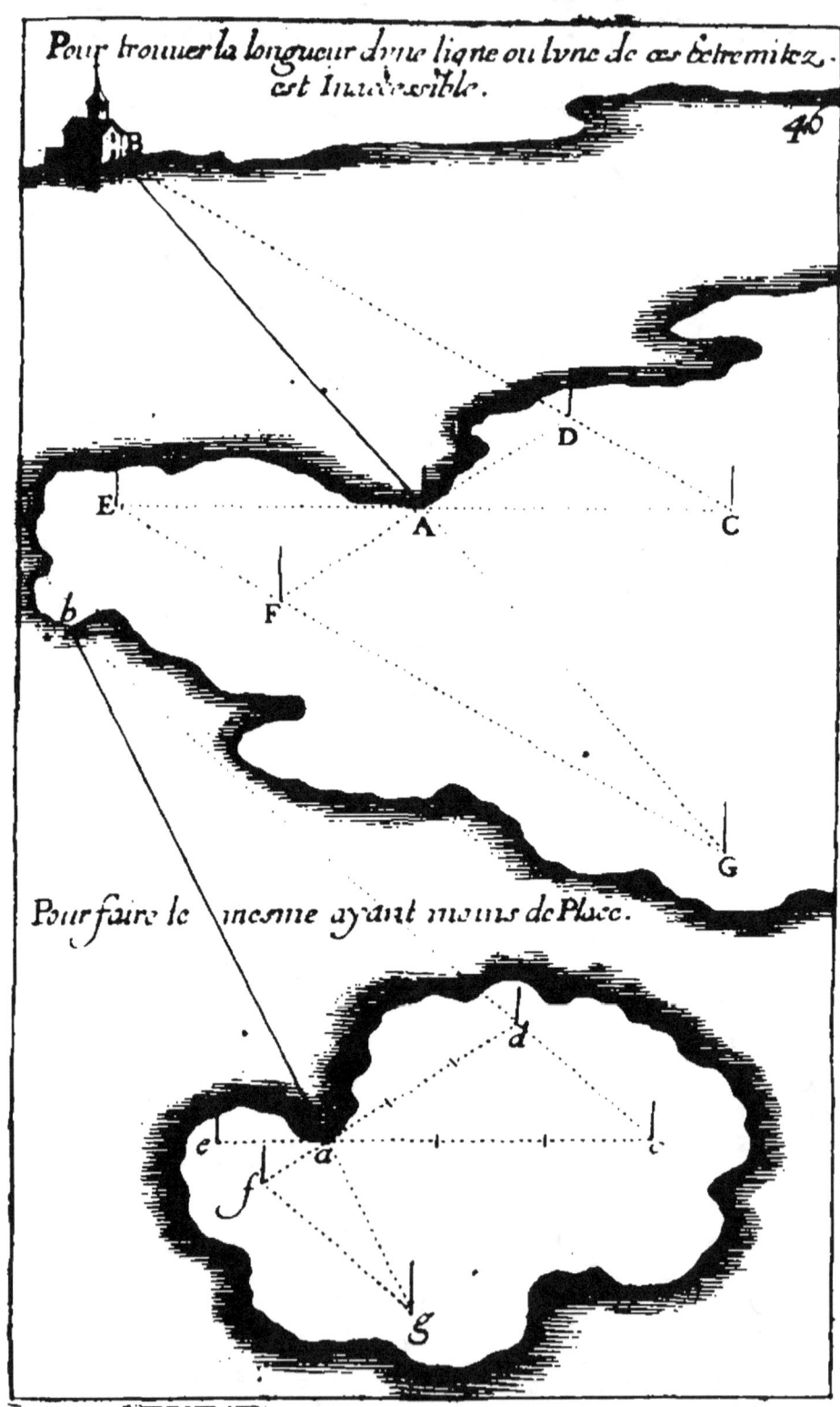

Pour trouuer la longueur d'une ligne ou lvne de ces extremitez est Inaccessible.

40

Pour faire le mesme ayant moins de Place.

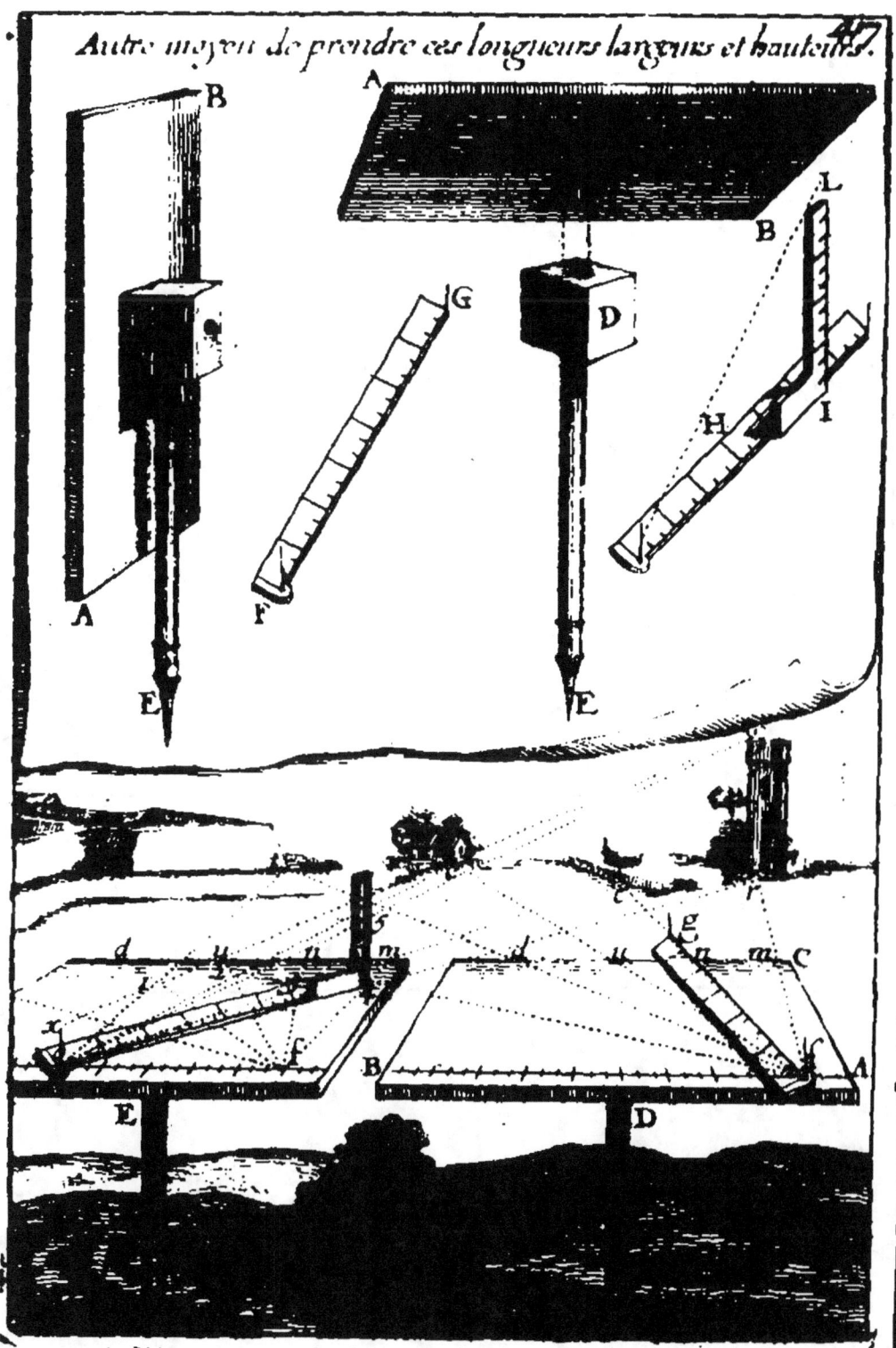

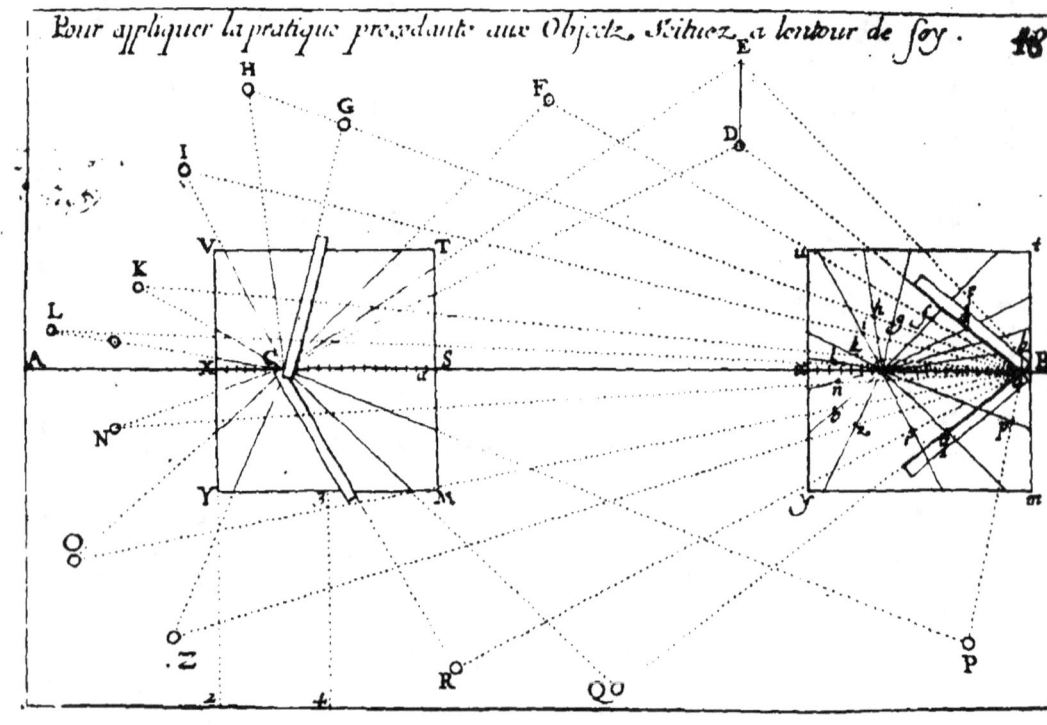

fig. 1. Carelage Egal.

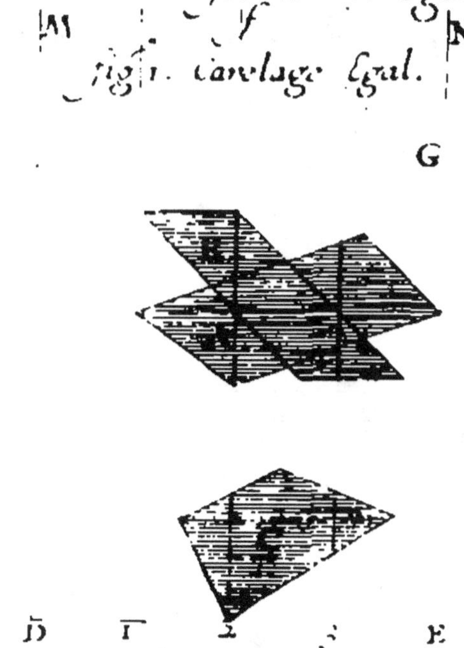

fig. 2. Carelage inegal.

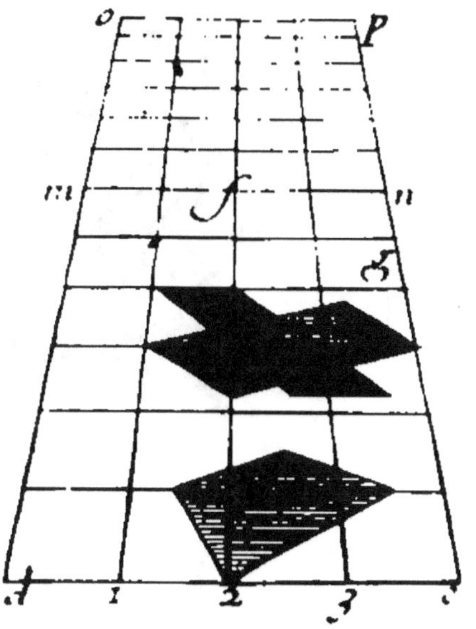

fig. 3.

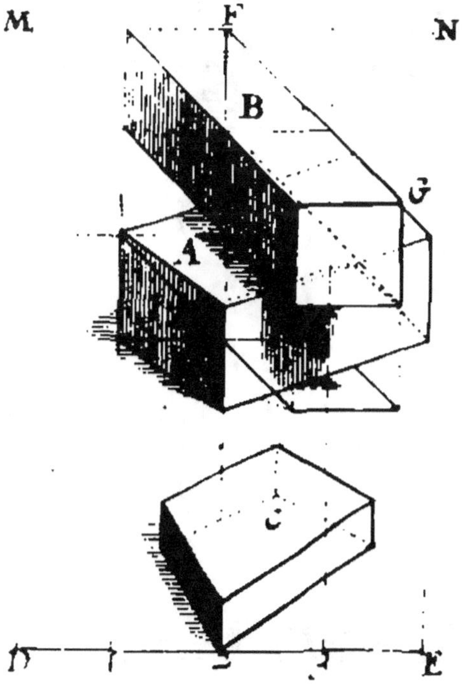

fig. 4.

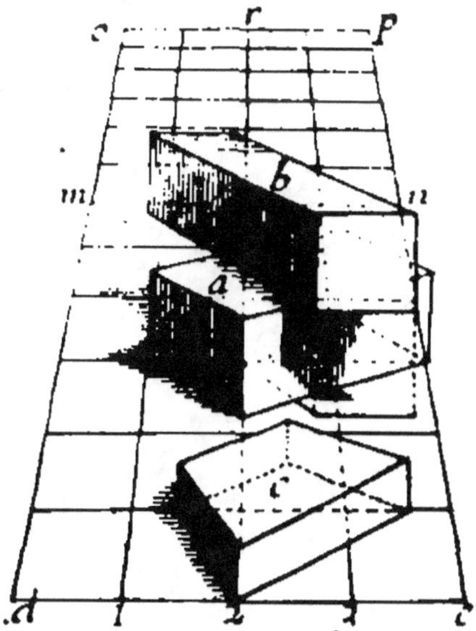

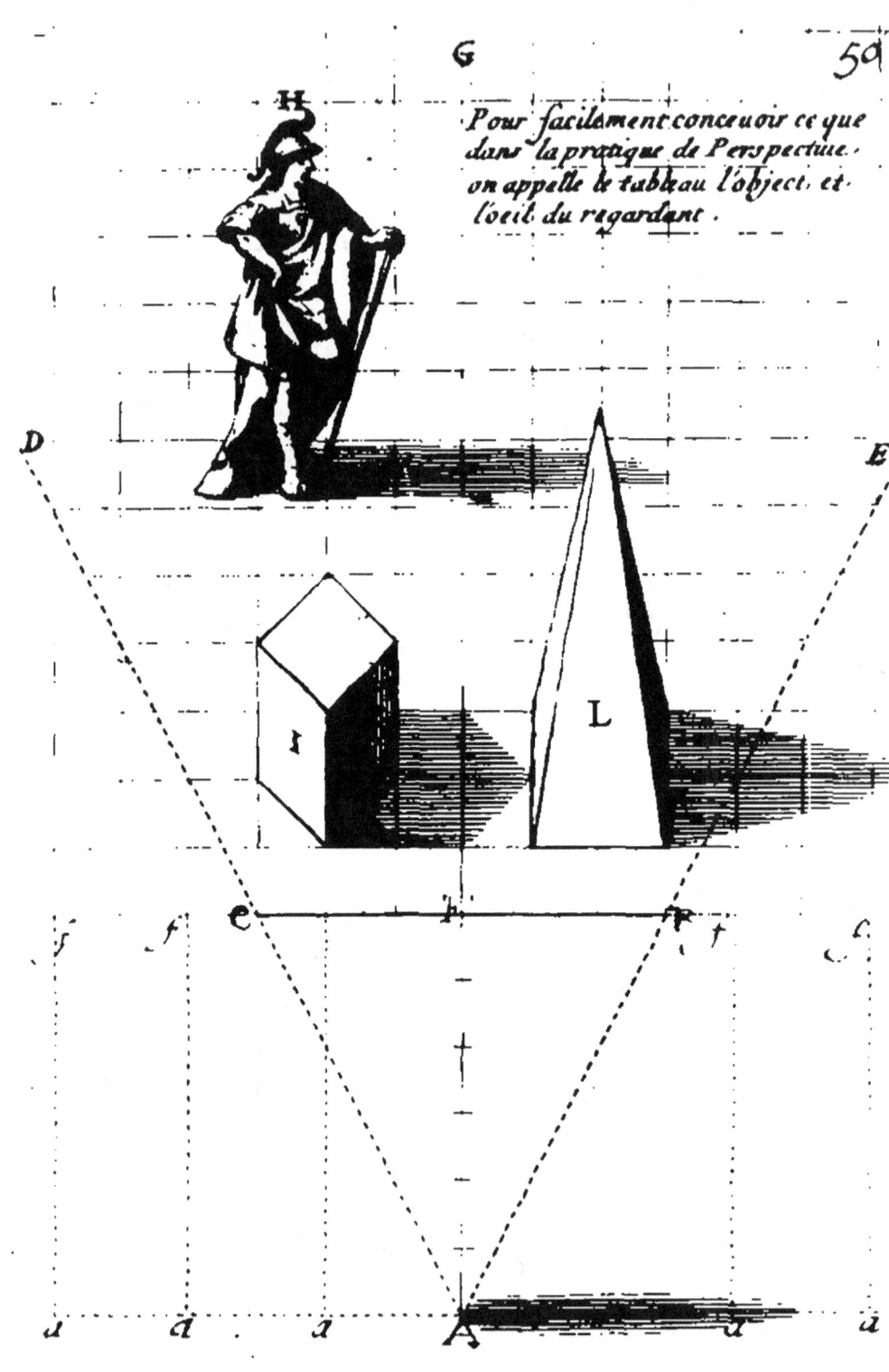

G

H

Pour facilement conceuoir ce que
dans la pratique de Perspectiue
on appelle le tableau l'object, et
l'oeil du regardant.

D   E

L

I

e   r

D   C

a   a   a   A   a   a

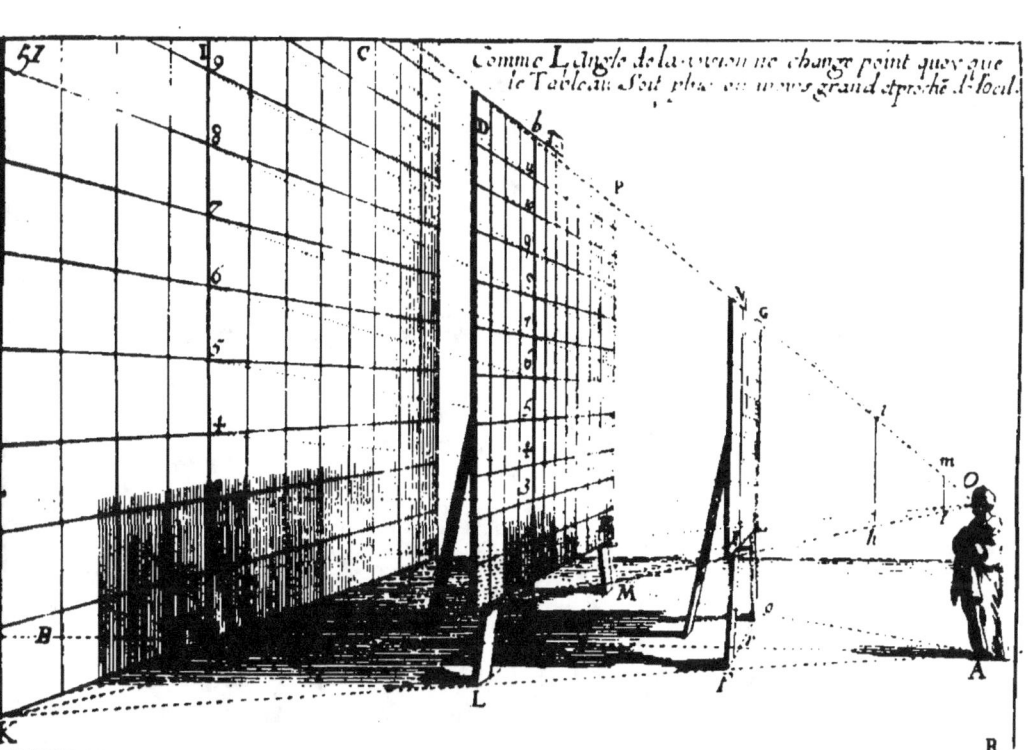

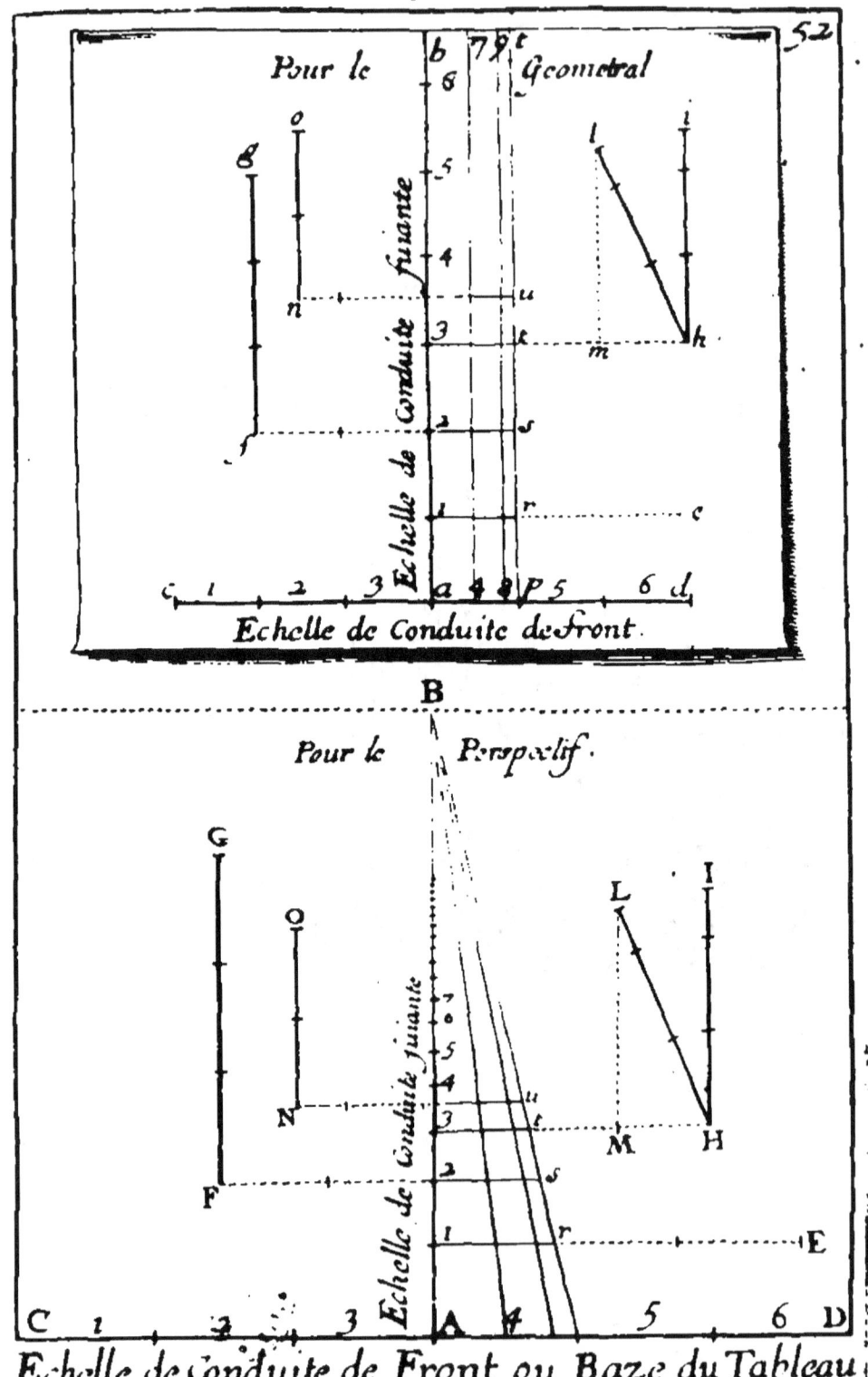

52

Pour le   Geometral

Echelle de Conduite fuiante

Echelle de Conduite de Front.

B

Pour le   Perspectif.

Echelle de Conduite fuiante

Echelle de Conduite de Front ou Baze du Tableau

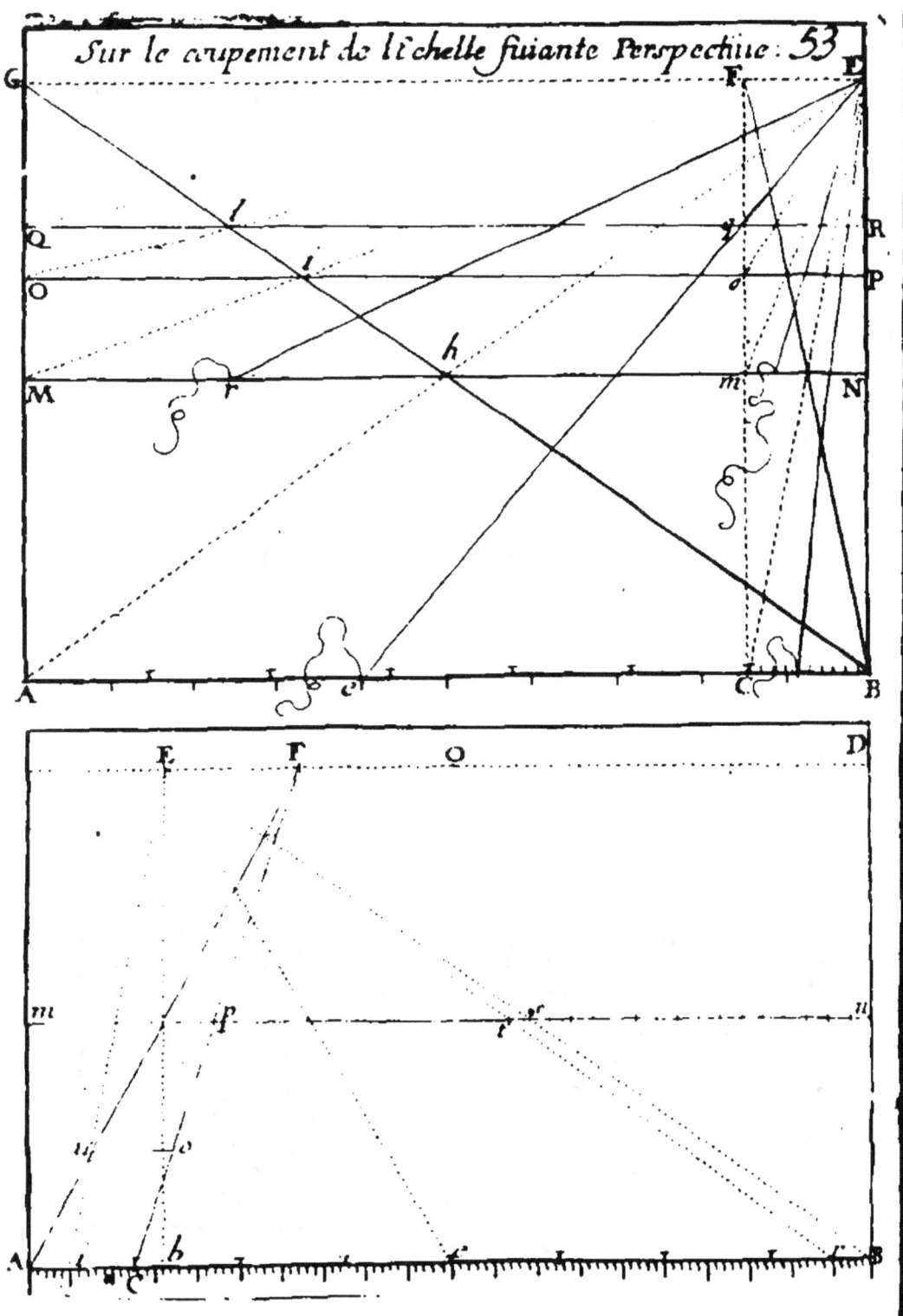

Pour faire voir la place des Coupes Perspectiues
paralelles au plan du Tableau

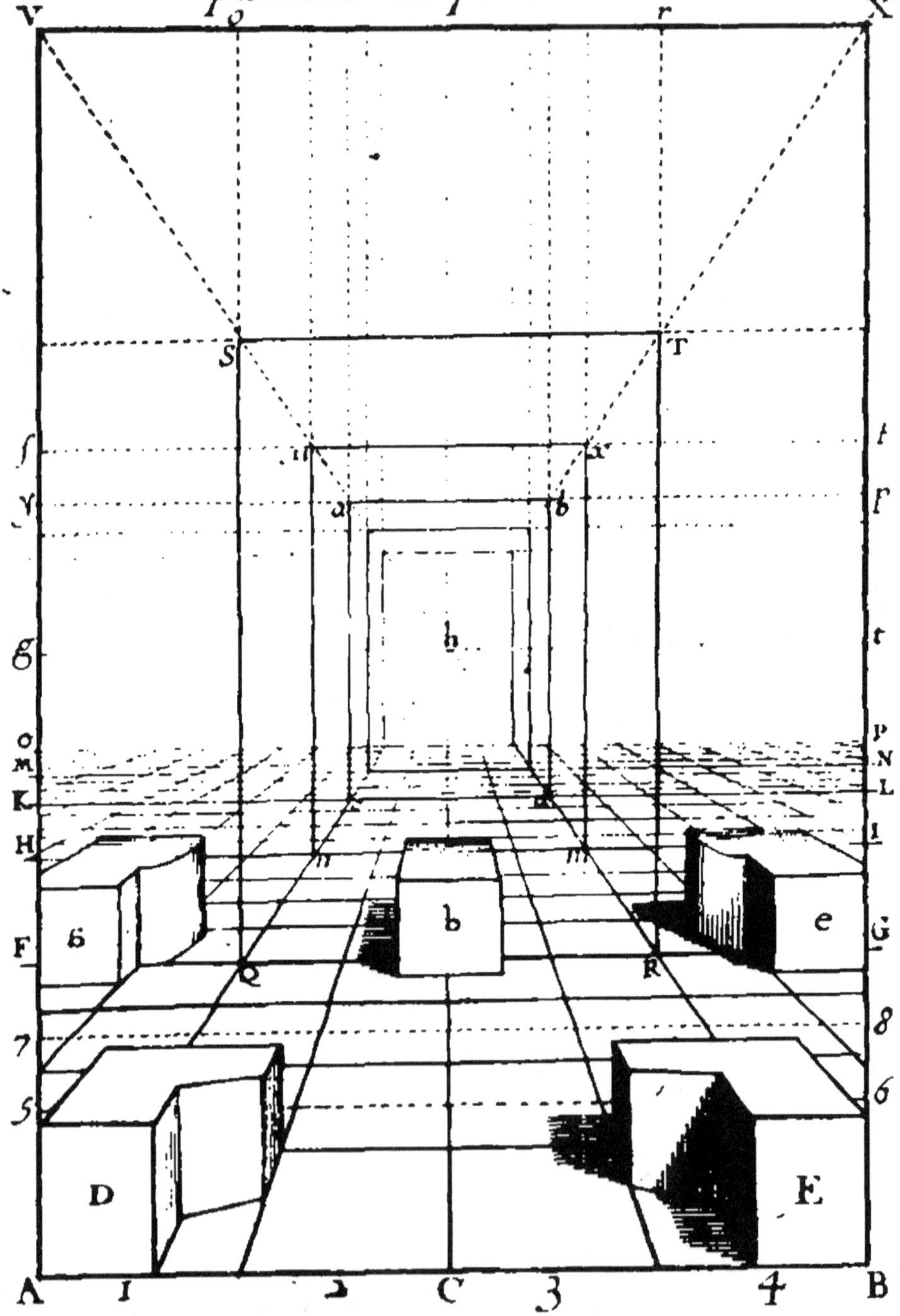

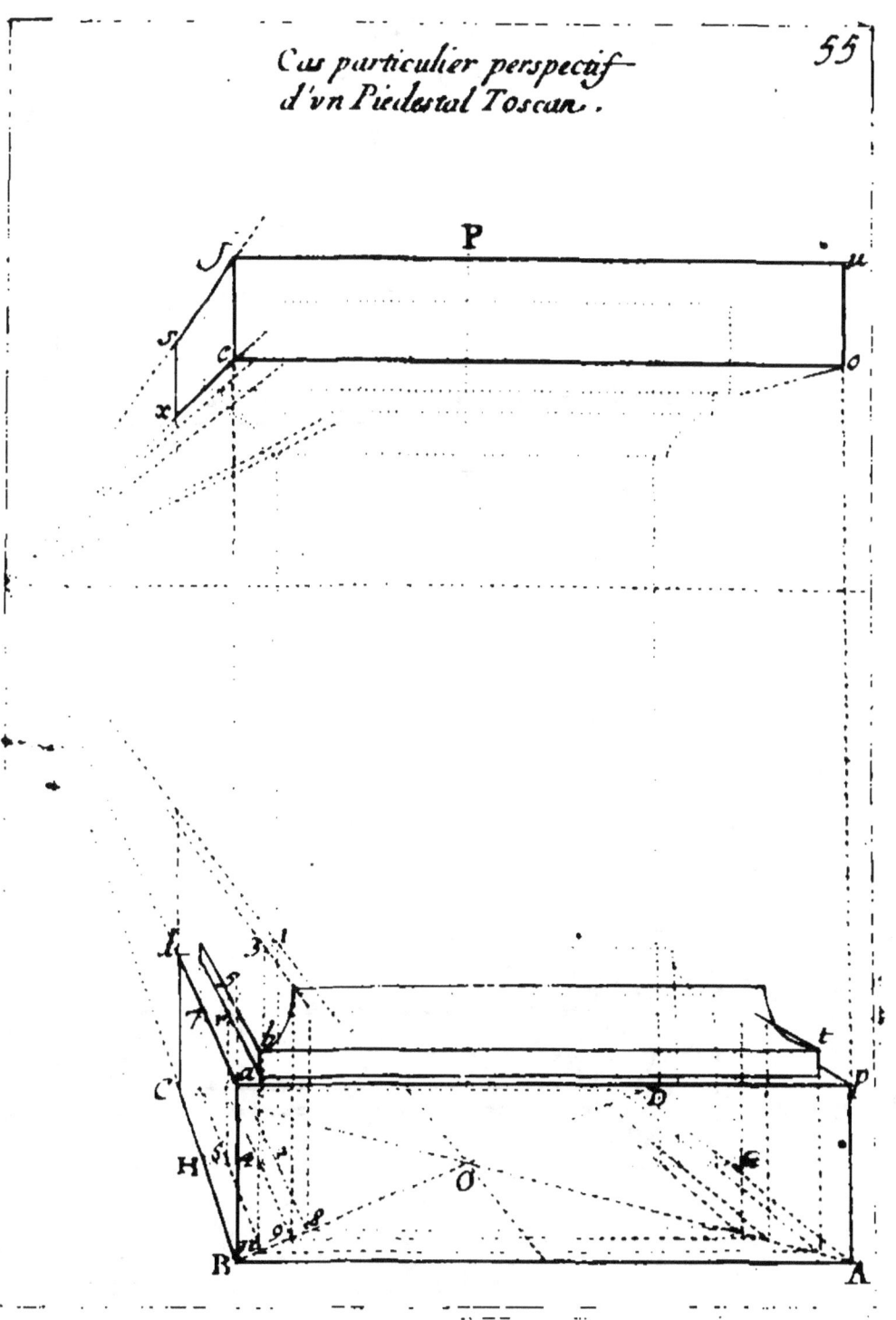

Cas particulier perspectif
d'vn Piedestal Toscan.

Le mesme Piedestal
acheué en son Trait.

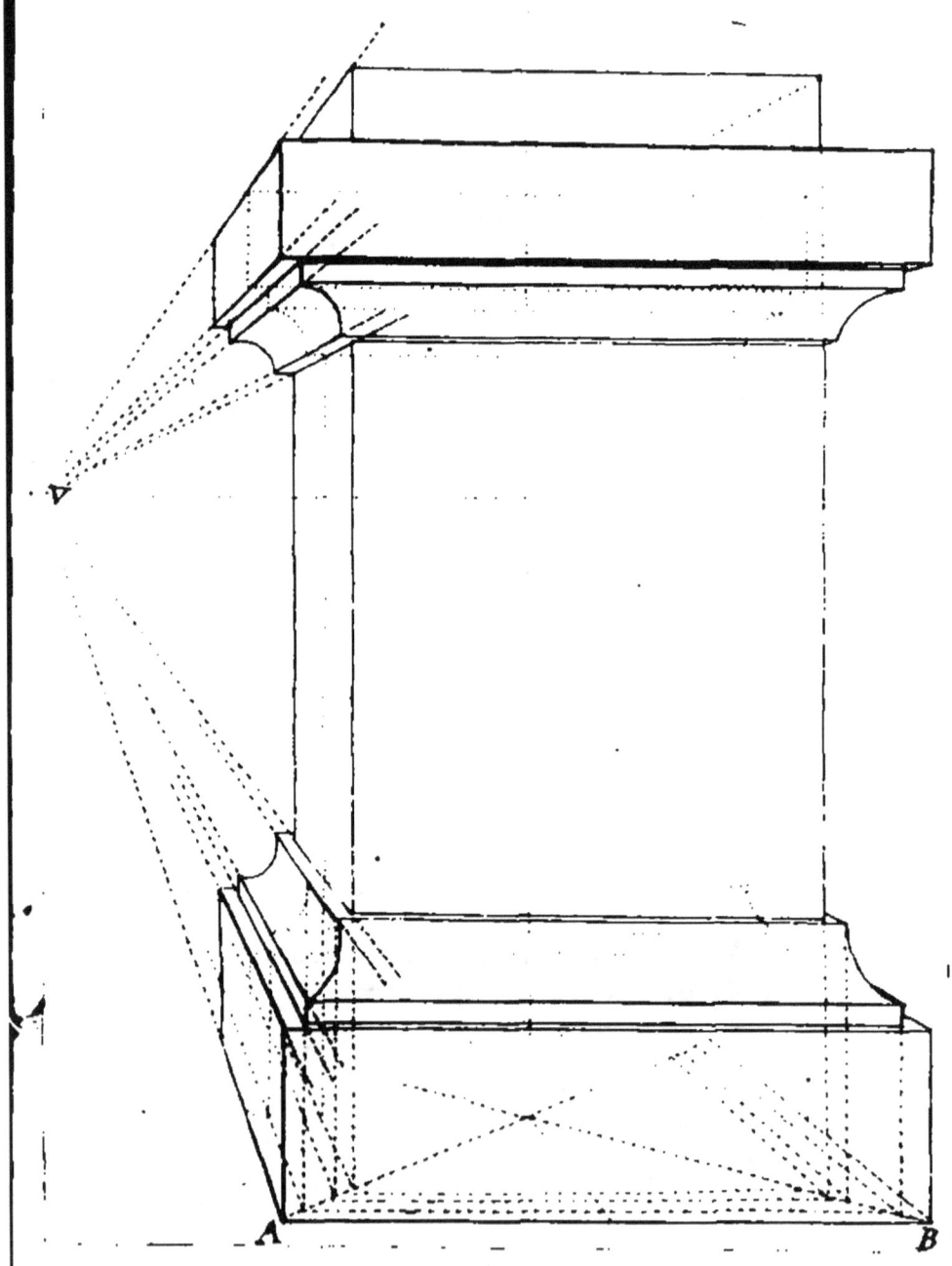

D

A   B

Pour à l'Occasion , faire voir en Perspectiue , plus ou
moins du dedans et dessus d'vn Object ou Sujet .

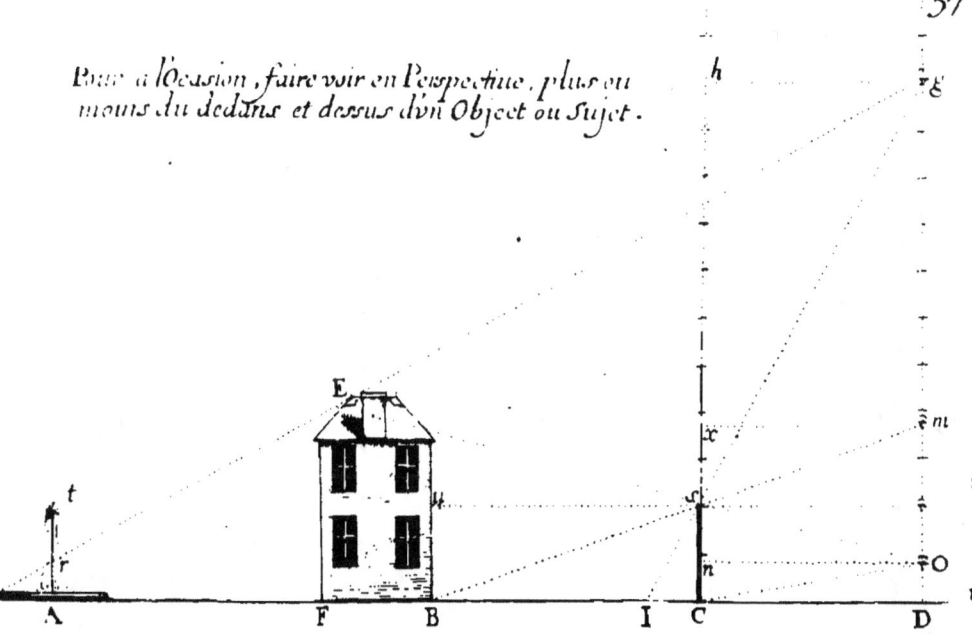

58

Pour prouuer quil ne faut pas deſ=
ſiner ny peindre come l'œil voit=

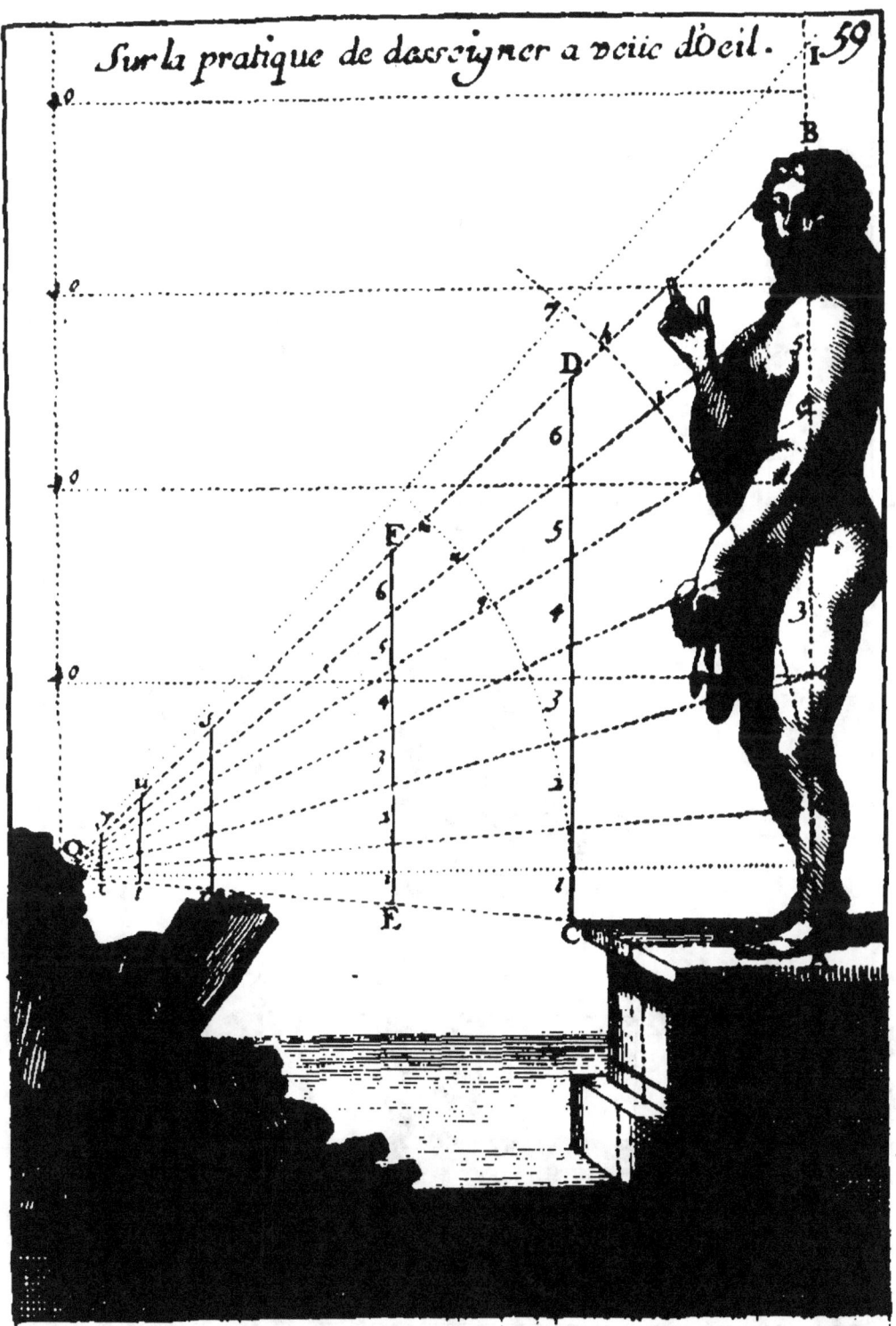

Pour la bonne maniere de desseigner.
a veüe d'oeil

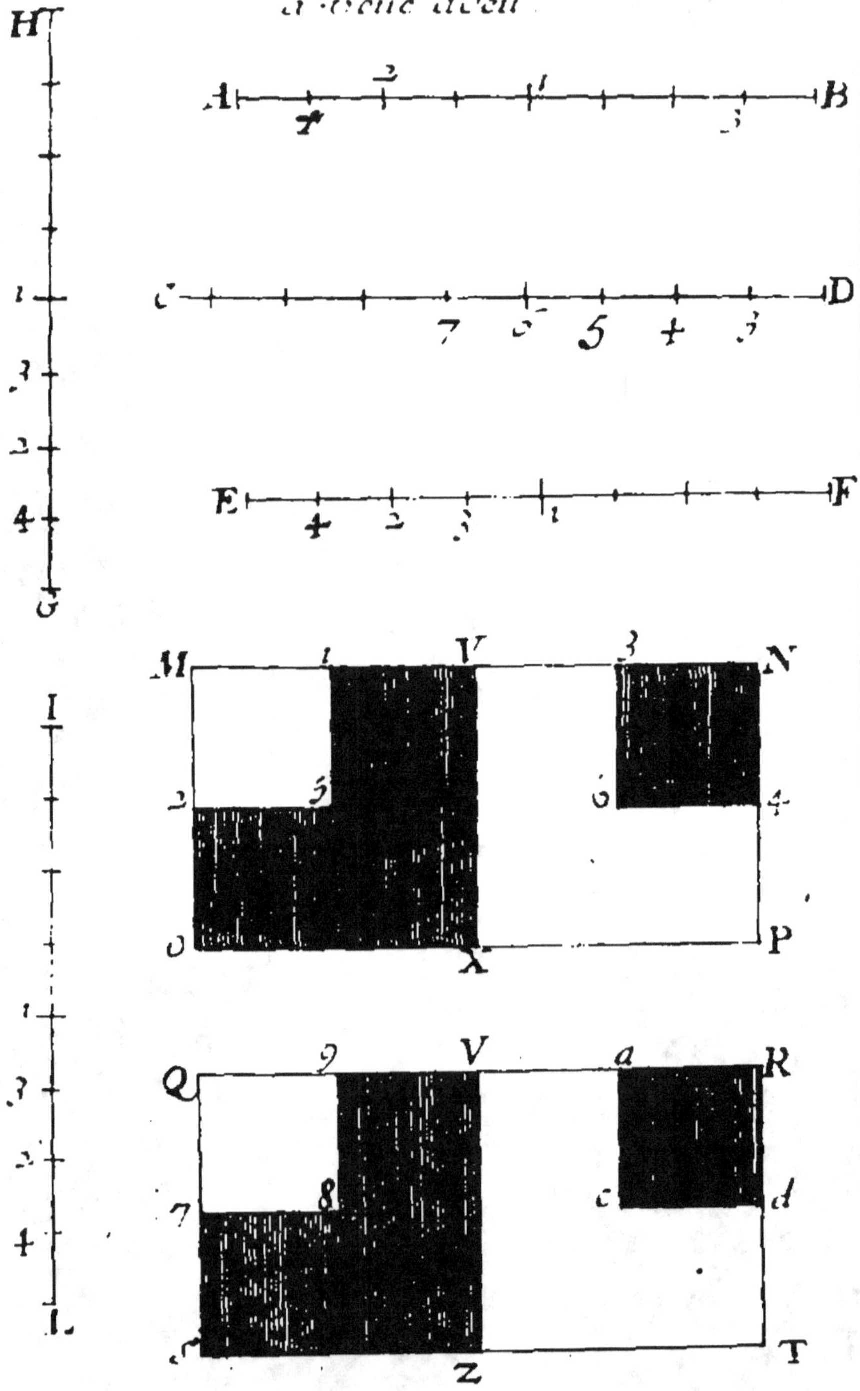

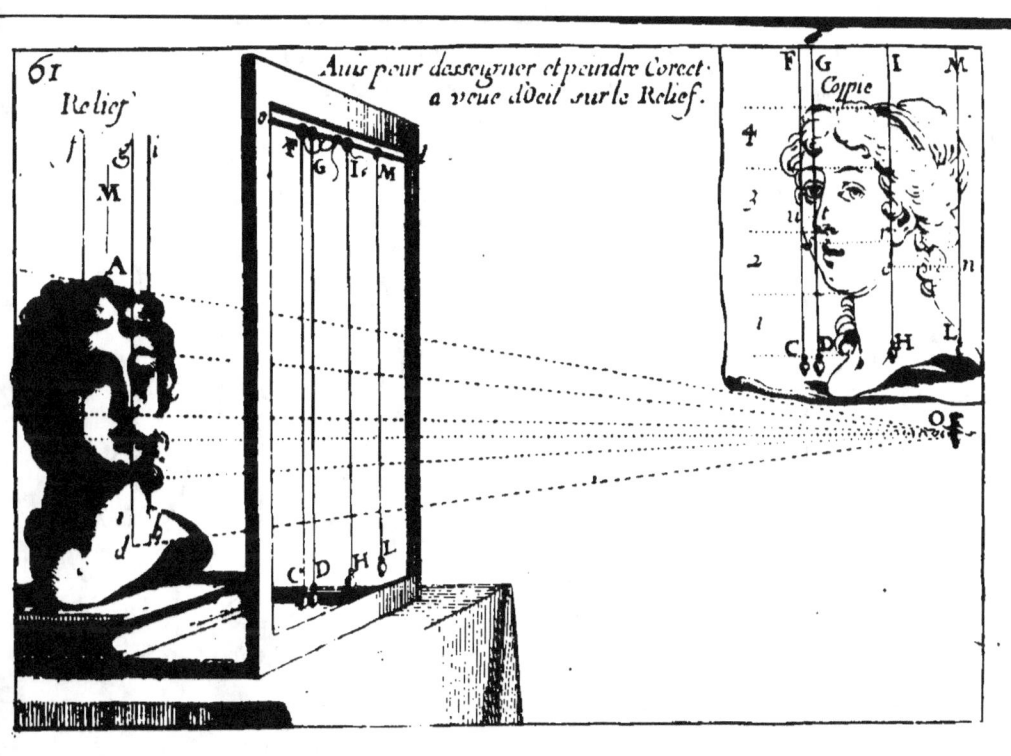

Relief

Auis pour desseigner et peindre Corect
a veue d'Oeil sur le Relief.

Copie

Pour desseigner en Geometral ou Perspectif
les figures humaines par Essieux.

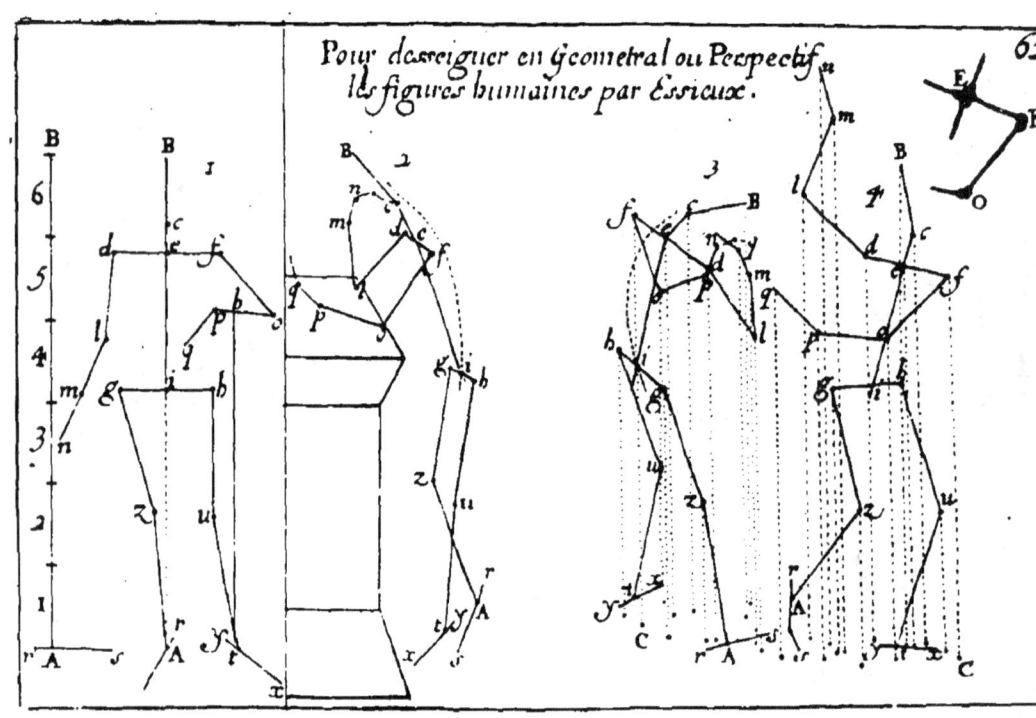

Maniere de trouuer la assiette et Esleuation
Geometralle des Corps jreguliers.

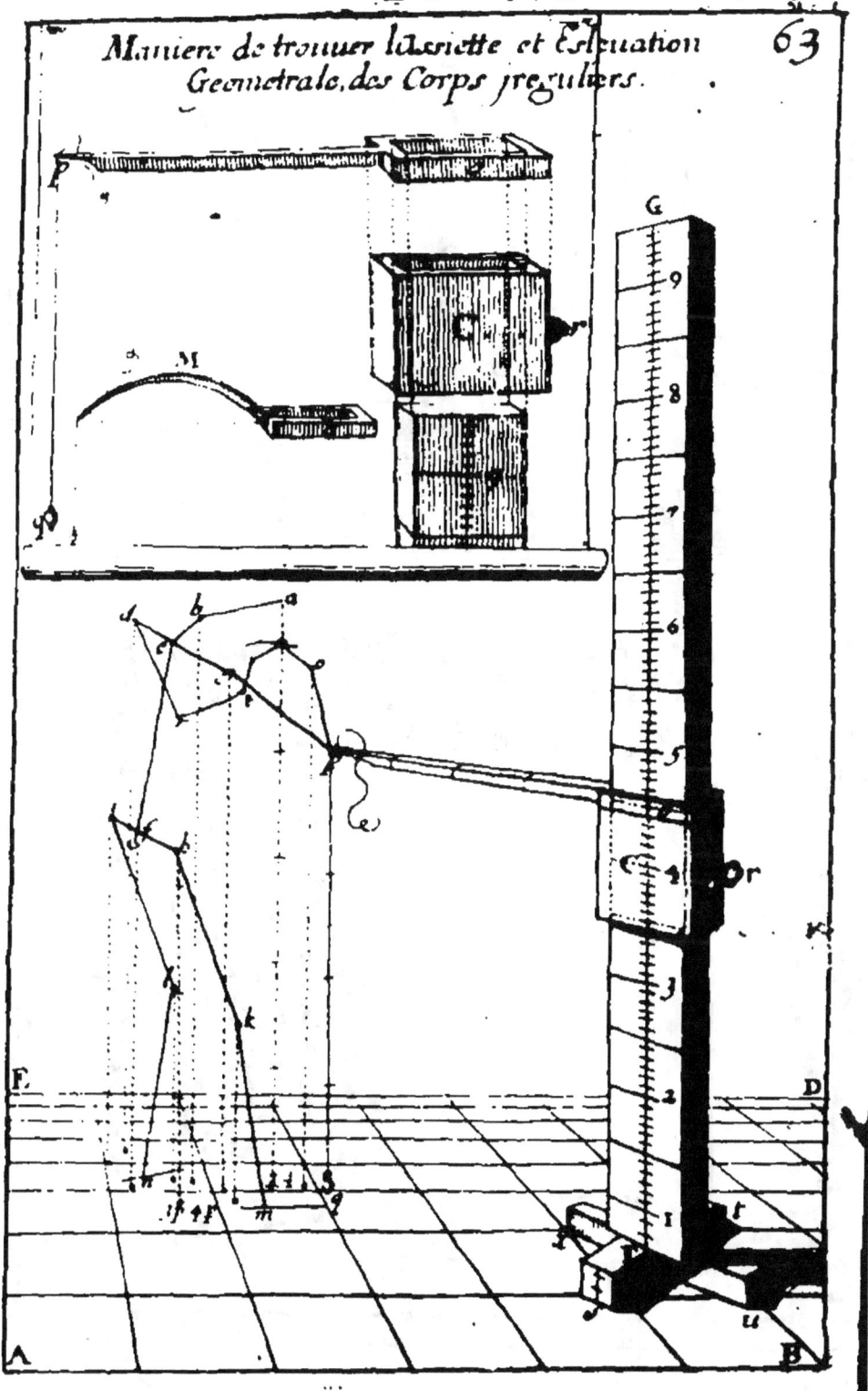

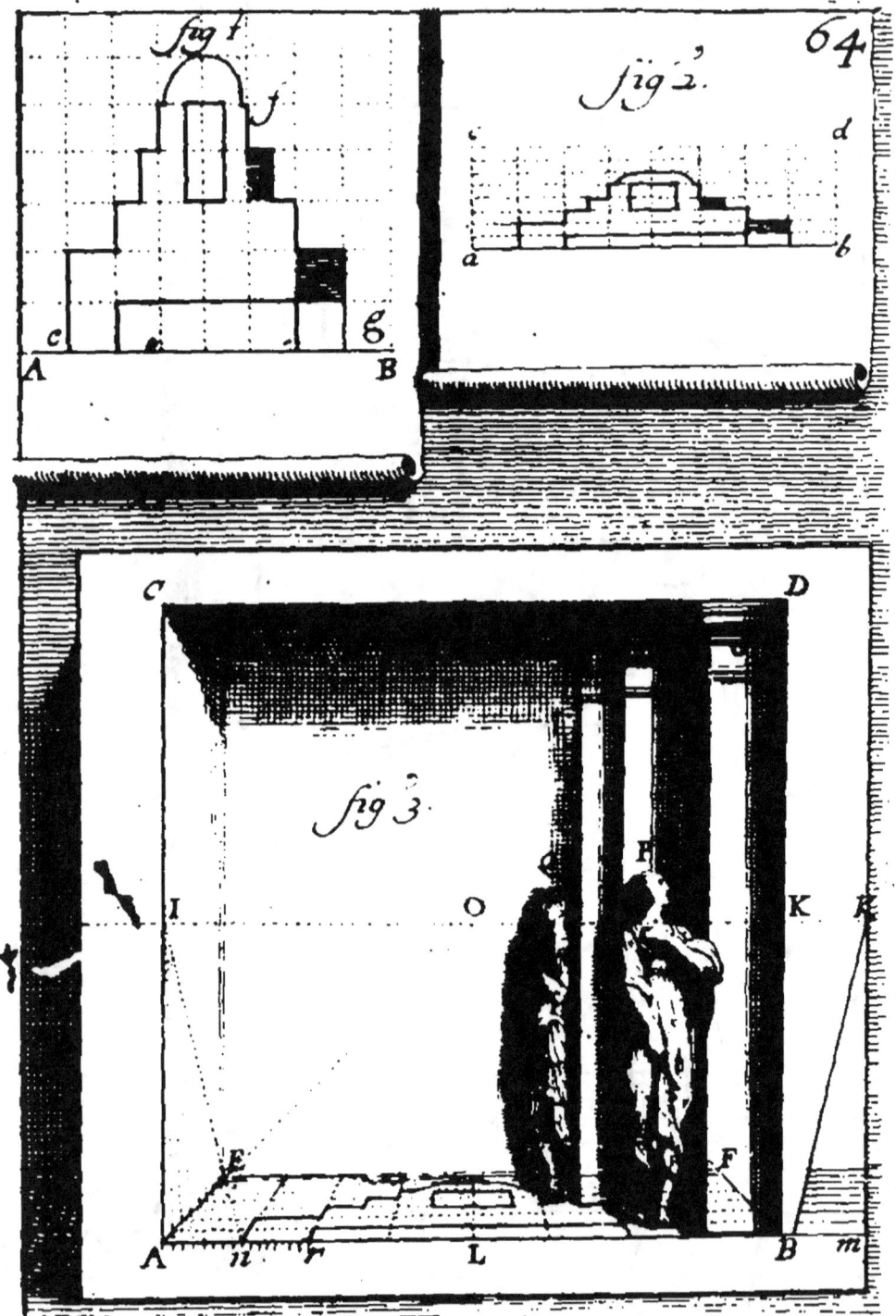

fig 1

fig 2

64

fig 3

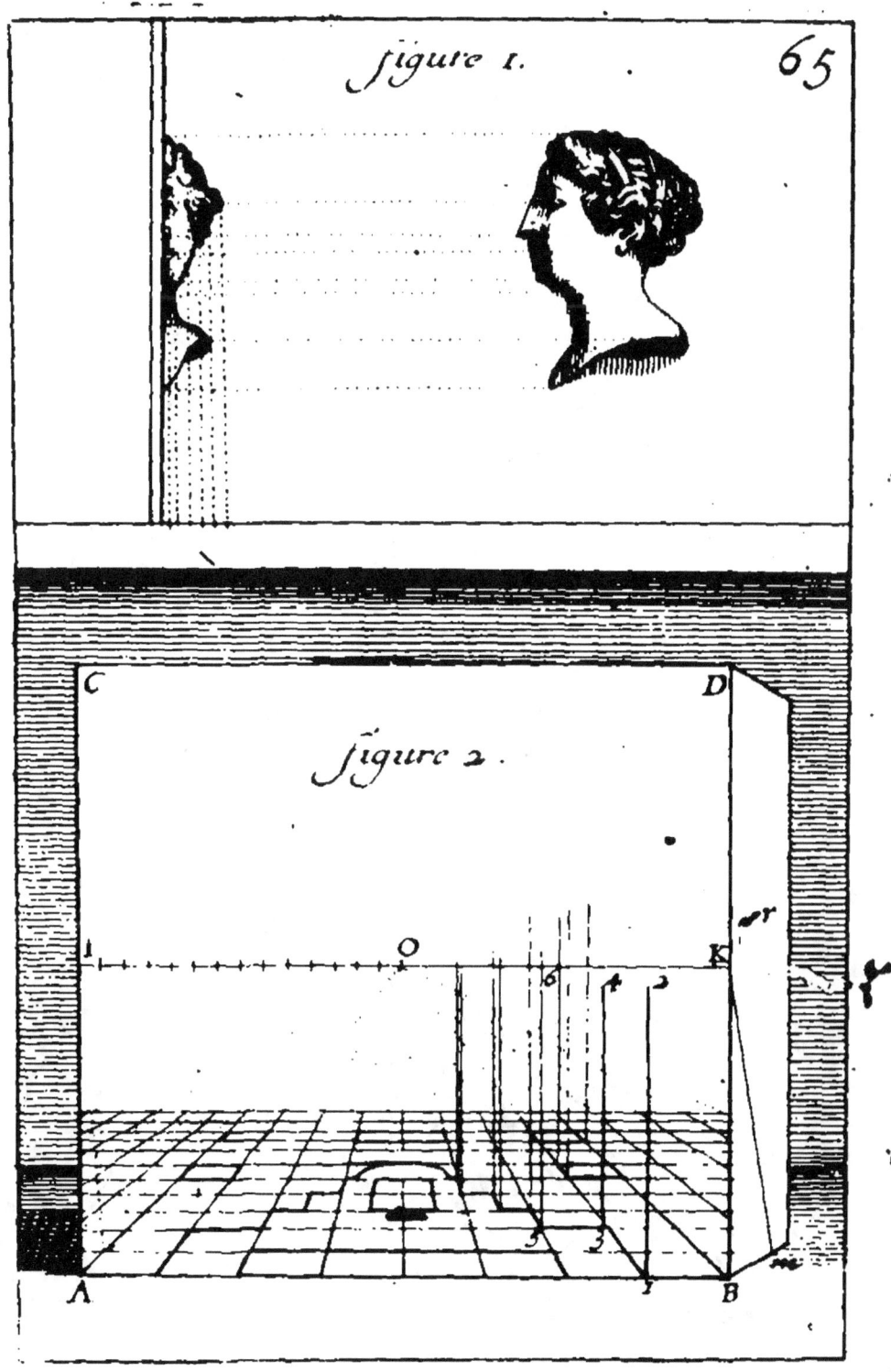

figure 1.

figure 2.

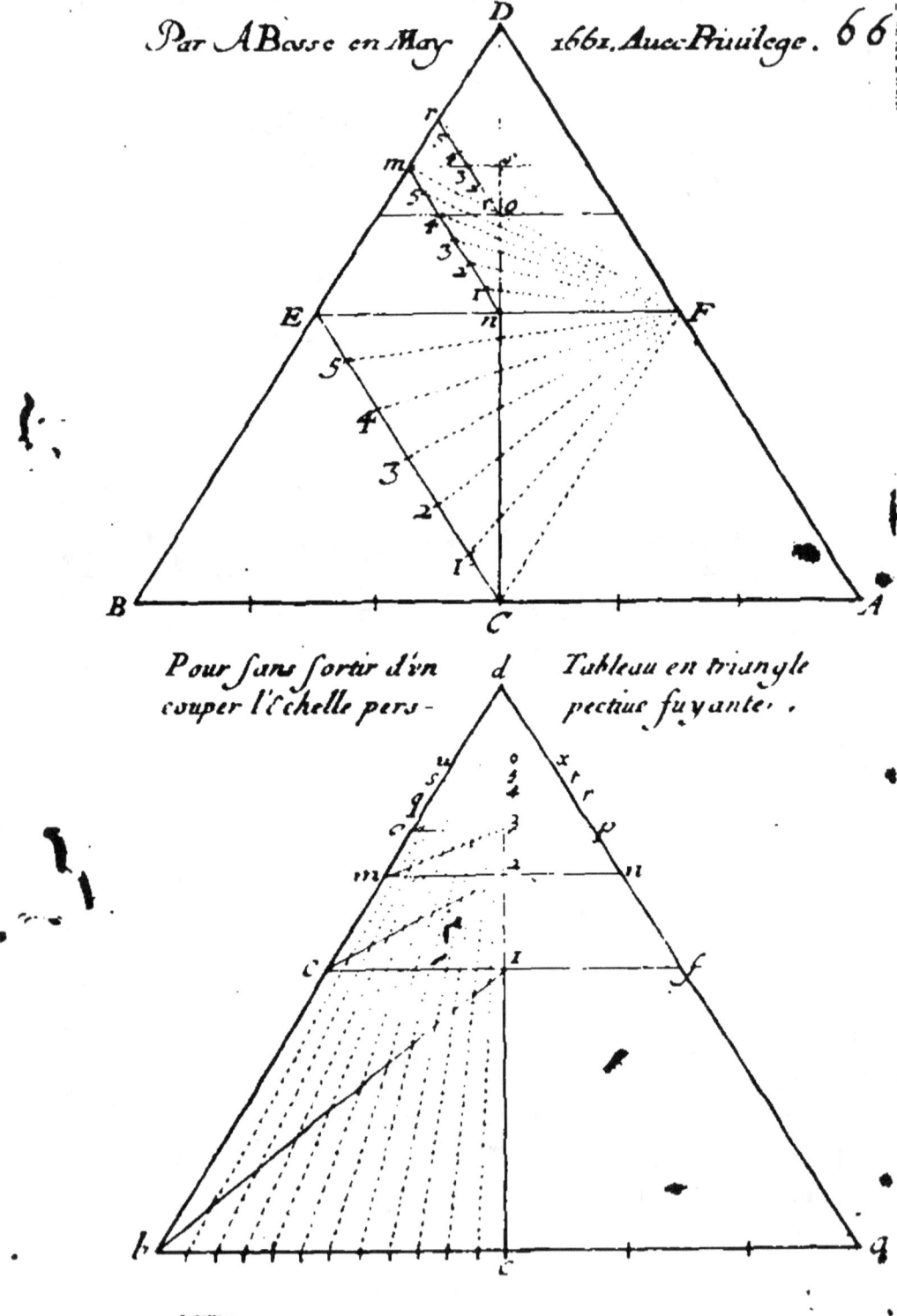

Pour sans sortir d'vn   d   Tableau en triangle
couper l'Echelle pers-   pectiu fuyante.

Assiette ou Plan, Profil et Eslevation   Geometrale, d'vne Maison D'talie,
tirez du Second liure de   A Palladio Architecte Italien.

A   Eschelle de 6 Thoises.   B

www.ingramcontent.com/pod-product-compliance
Lightning Source LLC
Chambersburg PA
CBHW071530220526
45469CB00003B/714